獨逸 遺傳工學法의 理解 I

- 遺傳工學法(GenTG)·胚芽保護法(ESchG) 및 줄기細胞法(StZG)을 中心으로 -

Verständnis für das deutsche Gentechnikrecht I

獨逸 遺傳工學法의 理解 I

- 遺傳工學法(GenTG)·胚芽保護法(ESchG) 및 줄기細胞法(StZG)을 中心으로 -

趙寅成 著

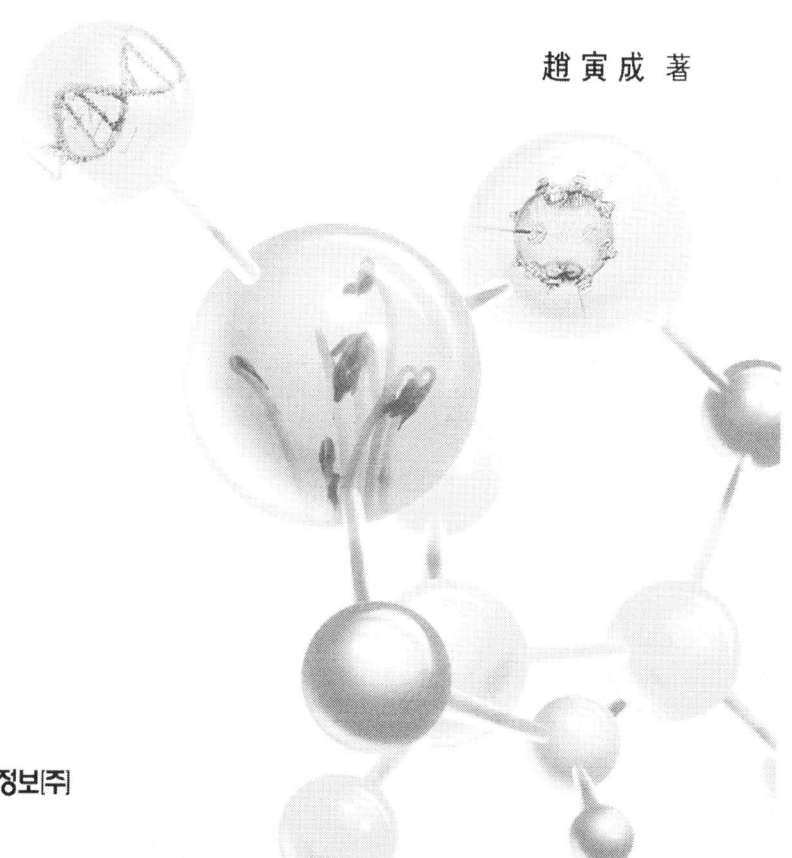

KSi 한국학술정보㈜

머리말(Vorwort)

본서는 그동안 필자가 헌법·행정법 및 환경법·과학기술법 관련 학술지에 발표한 글 가운데 獨逸 遺傳工學法(Gentechnikrecht)으로서 주로 遺傳工學法(GenTG)·胚芽保護法(ESchG) 및 줄기細胞法(StZG)에 관한 것을 모아 수정·가필한 것이다. 비록 본서의 내용이 淺學非才한 글들이지만, 遺傳工學法에 관하여 특히 독일을 중심으로 비교법적으로 연구하는 학생을 위한 입문서로서 감히 세상에 내놓는다. 이를 계기로 향후 遺傳工學法의 체계·대상 및 독자성 등 기본 문제에 대하여 공법적으로 활발하게 논의되기를 기대해 본다.

아무쪼록 본서가 우리나라의 遺傳工學法 분야의 발전에 조금이나마 보탬이 되기를 기원한다.

2008년 11월
대전 한남대학교 연구실에서
趙寅成

略語表(Abkürzungsverzeichnis)

a.a.O.	am angegebenen Ort(전게서 / 전게논문)
Abs. 1	Absatz 1(제1항)
Anm.	Anmerkung(각주)
Art. 5	Artikel 5(제5조)
Aufl.	Auflage(판)
AöR	Archiv des öffentlichen Rechts(법학잡지)
BauGB	Baugesetzbuch(건설법전)
Bd. 2	Band 2(제2권)
BGB	Bürgerliches Gesetzbuch(민법전)
BImSchG	Bundes-Immissionsschutzgesetz(연방임미시온방지법)
BVerfG	Bundesverfassungsgericht(연방헌법재판소)
BVerfGE	Entscheidungendes Bundesverfassungsgerichts(연방헌법재판소 판결집)
BVerwG	Bundesverwaltungungsgericht(연방행정법원)
BVerwGE	Entscheidungendes Bundesverwaltungsgerichts(연방행정법원 판결집)
ders.	derselbe(동인)
Diss.	Dissertation(박사학위논문)
DVBl.	Deutsches Verwaltungsblatt(법학잡지)
DÖV	Die Öffentliche Verwaltung(법학잡지)
ebd.	ebenda(동인의 전게서 / 논문)
EGV	Vertrag zur Gründung der Europäischen Gemeinschaft(유럽공동체조약)
EuGH	Gerichtshof der Europäischen Gemeinschaft(유럽법원) Vertrag zur
EUV	Gründung der Europäischen Union(유럽연합조약)
ESchG	Embryonenschutzgesetz(배아보호법)
f.	folgende Seite(바로 이하 면)
ff.	folgende Seiten(이하 계속되는 면)
Fn.(FN)	Fußnote(각주)
GenTG	Gentechnikgesetz(유전공학법)
GG	Grundgesetz(기본법 / 독일의 헌법)
H. 12	Heft 12(제12권)
Hg.	Herausgeber(편저자)
JuS	Juristische Schulung(법학잡지)
JZ	Juristenzeitung(법학잡지)
Kap. 4	Kapitel 4(제4장)
Lfg. 5	Lieferung 5(제5보급판)
NJW	Neue Juristische Wochenschrift(법학잡지)
NVwZ	Neue Zeitschrift für Verwaltungsrecht(법학잡지)
Rn.	Randnummer(갓번호 / 방주)
S.	Seite(면)
StZG	Stammzellgesetz(줄기세포법)
VerwArch	Verwaltungsarchiv(법학잡지)
VwGO	Verwaltungsgerichtsordnung(행정법원법)
VwVfG	Verwaltungsverfahrensgesetz(행정절차법)
VwVG	Verwaltungsvollstreckungsgesetz(행정집행법)
VwZG	Verwaltungszustellungsgesetz(행정송달법)

차례

제1장

生命・遺傳工學法(Recht der Bio - und Gentechnik)의 體系(要約)

第1節 序 說

Ⅰ. 生命工學 (Biotechnik)과 遺傳工學 (Gentechnik)

1. 傳統的 生命·遺傳工學 (Herkömmliche Bio－und Gentechnik)
2. 現代的 生命·遺傳工學 (Moderne Bio－und Gentechnik)
3. 특히 遺傳工學 (Gentechnik)
   a) 자연과학적 기초
   b) 기술적 기초
4. 現代的 生命·遺傳工學의 適用分野
   a) 식물 및 동물 생산
   b) 의료 및 기초연구
   c) 의약품, 식품, 기타 생산물
   d) 환경, 기술, 분석절차 (Analyseverfahren)

Ⅱ. 生命 · 遺傳工學法
(Recht der Bio - und Gentechnik) 개설

1. 傳統的 生命工學法 (Recht der herkömmlichen Biotechniken)
2. 現代的 生命 · 遺傳工學法 (Recht der moderne Bio - und Gentechnik)
   a) 미국 (USA)과 유럽공동체 (EG)의 발전
   b) 독일의 발전
      aa) 초기 법 규정
      bb) 1989년 11월 6일자 카셀 행정재판소 (VGH Kassel)의 판결
      cc) 1990년 입법 (GenTG, ESchG) 및 그 이후의 발전
3. 獨逸 生命 · 遺傳工學法 (Bio - und Gentechnikrecht)의
   "시스템" (System)

第2節 狹義의 遺傳工學法
(Gentechnikrecht i.e.S)

Ⅰ. 法律 規定

1. 유럽法 (Europäisches Recht)
   a) 유럽공동체 시스템지침 (EG－Systemrichtlinie) 및 유럽공동
      체 방출지침 (EG－Freisetzungsrichtlinie)
   b) 기타 규정
2. 獨逸法 (Deutsches Recht)
   a) 단행법 (Einfach－recht) 규정
   b) 헌법적 근거
3. 國際法 (Internationales Recht)

Ⅱ. 遺傳工學法 (Gentechnikgesetz): 構成 및 一般 規定

1. 遺傳工學法의 目的 (Zwecke des GenTG)
   a) 위험방지 (Gefahrenabwehr) 및

리스크사전배려 (Risikovorsorge)

  b) 遺傳工學의 促進 (Förderung der Gentechnik)

  c) 共存 (Koexistenz)

2. 中心槪念으로서 遺傳子變形生物體

  (GVO; gentechnisch veränderter Organismus)

3. 其他 槪念規定 (定義)

4. 遺傳工學法 (GenTG)의 適用分野

III. 公行政에 의한 遺傳工學法 (GenTG)의 施行

1. 權限 있는 行政廳

2. ZKBS 및 LAG

3. 유럽共同體의 行政廳

IV. 遺傳工學 行爲에서의 要求

1. 基本義務 (유전공학법 제6조)

2. 遺傳工學施設에서의 遺傳工學作業

  ("밀폐된 시스템 Im geschlossenen System")

  a) 유전공학작업 (Gentechnische Arbeiten)

b) 유전공학시설 (Gentechnische Anlagen)

c) 행정통제 시스템

d) 허가 (Genehmigung)

e) 신고 (Anmeldung)

3. 環境放出 및 流通 ("유전자변형생물체의 환경방출 Entlassung von GVO in die Umwelt")

a) 환경방출 (Freisetzung)

b) 유통 (Inverkehrbringen)

4. "共同 規定"(遺傳工學法 第17條－第31條)

V. 制 裁

1. 민사법적 책임

2. 질서위반행위 및 형벌행위

VI. 權利救濟

VII. 結 論

第3節 人間 生命 · 遺傳工學法
(Bio − und Gentechnik am Menschen)

Ⅰ. 醫療法 (Medizinrecht)

1. 法律 基礎
2. 再生醫學 (Reproduktionsmedizin)
   a) 배아보호법 (Embryonenschutzschutzgesetz)
   b) 구체적 분야
      aa) 인공수정 (Künstliche Befruchtung 특히 시험관배양
         In − vitro − Fertilisation, IVF)
      bb) (재생)복제 (Reproduktives Klonen)
      cc) 출생전진단 및 착상전진단 (Pränatal − und
         Präimplantationsdiagnostik, PND und PID)
         (1) PID에 관한 형법적 평가
         (2) PID에 관한 헌법적 평가

3. 遺傳子治療 (Gentherapie)
   a) 체세포 유전자치료 (Somatische Gentherapie)
   b) 생식세포의 침해(유전자 조작) (Eingriff in die Keimbahn)

4. 줄기細胞 (Stammzellen)의 使用
   a) 성체 줄기세포 (Adulte Stammzellen)
   b) 배아 줄기세포 (Embryonale Stammzellen)
5. 遺傳子分析 (Genomanalyse)
6. 醫藥品法 (Arzneimittelrecht)
7. 餘論 : 倫理委員會의 役割

Ⅱ. 遺傳子分析 (Genomanalyse)

1. 의료법 (Medizinrecht)
2. 勞動法 (Arbeitsrecht)
3. 保險法 (Versicherungsrecht)
4. 法院節次上 DNA分析 (DNA－Analysen, "遺傳的 指紋探取" (Genetischer Fingerabdruck))

第4節 其他 分野

Ⅰ. 生物學的 作業材料에 대한 勞動者 保護

Ⅱ. 食品法 (Lebensmittelrecht)

Ⅲ. 其他 生産物關聯 規律

1. 傳統的 食品法 (Herkömmliches Lebensmittelrecht)
2. 新種 食品法 (Neuartige Lebensmittel, 새로운 食品 (Novel Food))
   a) 법률 기초
   b) "새로운 식품"의 개념
   c) 새로운 식품에 관한 실체법적 요구
   d) 새로운 식품의 유통에 관한 형식법적 요
   e) 새로운 식품에 관한 표시의무 (Kenzeichnungspflicht)
   f) 소극적 표시 (Negativkenzeichnungen, "Gentechnikfrei";
      "Ohne Gentechnik")

第5節 生命·遺傳工學 知的財産權法
(Recht des geistigen Eigentums an der Bio - und Gentechnik)

Ⅰ. 一般論

1. 著作權法 (Urheberrecht)과 特許權法 (Patentrecht)에 있어서 生命(遺傳)工學
2. 特許保護 (Erfindung)의 正當性, 內容 및 範圍

Ⅱ. 法律 基礎

1. 特許權法 (Patentrecht)
   a) 독일법 (Deutsches Recht)
   b) 유럽 공동체법 (Europäisches Gemeinschaftsrecht)
   c) 유럽 특허협정(Europäisches Patentübereinkommen, EPÜ)
   d) 국제법 (Internationales Recht)
2. 植物種 (Pflanzensorten)의 保護

Ⅲ. 生命·遺傳工學分野에서의 特許權法的 保護 (Patentrechtlicher schutz)

1. 特許發給 (Patenterteilung)의 要件
   a) 발 명 (Erfindung)
   b) 발명의 창의성 (Neuheit der Erfindung) 및
      발명자의 활동 (Erfinderlische Tätigkeit)
   c) 영업상 적용가능성 (Gewerbliche Anwendbarkeit)
2. 特許保護 (Erfindung)의 範圍

제2장

生命・遺傳工學分野에 있어서 施設許可의 起源과 法的 性質

Ⅰ. 들어가는 말

유럽 '生命工學聯合'(Federation of Biotechnology)은 1981년 生命工學(Biotechnologie)[1]을 미생물, 세포배양 그리고 조직배양의 잠재력을 기술적으로 이용할 목적으로 미생물, 생화학, 미생물, 세포생물 그리고 절차공학과 같은 상이한 학문의 총체적 적용으로 그 범위를 한정하였다. 生命工學節次는 이미 약 5,000년 이래로 시작되었다.[2] 現代 '生命工學'(Biotechnik)[3]은 現代 '遺傳工學'(Gentechnik)뿐만 아니라 세포배양 차원의 수많은 절차를 포함하는 上位槪念으로 파악되고 있다. 遺傳工學은 다만 현대 분자생물학의 일정한 노하우로 기술된다. 이 遺傳工學은 어떤 세포 또는 어떤 기관의 유전정

---

1) 'Biotechnologie'와 'Biotechnik' 또는 'Gentechnologie'와 'Gentechnik' 개념은 각각 유사하게 사용된다.

2) 수메르인을 통해 효모균의 도움으로 맥주를 제조하였다.

3) 우리나라의 「遺傳子變形生物體의 國家間移動 등에 관한 法律」 제2조 제1호에서는 現代生命工學技術을 "가. 인위적으로 유전자를 재조합하거나 유전자를 구성하는 핵산을 세포 또는 세포 내 소기관으로 직접 주입하는 기술, 나. 분류학에 의한 과의 범위를 넘는 세포융합으로서 자연 상태의 생리적 증식이나 재조합이 아니고 전통적인 교배나 선발에서 사용되지 아니하는 기술"이라고 정의하고 있다. 또한 우리의 生命工學 育成法 제2조에서는 생명공학 을 "1. 산업적으로 유용한 생산물을 만들거나 생산공정을 개선할 목적으로 생물학적 시스템, 생체, 유전체 또는 그들로부터 유래되는 물질을 연구, 활용하는 학문과 기술, 2. 생명현상의 기전, 질병의 원인 또는 발병 과정에 대한 연구를 통하여 생명공학의 원천지식을 제공하는 생리학, 병리학, 약리학 등의 학문(이른바 기초의과학)"이라고 정의하고 있다.

보를 의도적으로 변형하거나 재생시키기 위하여 적용되는 모든 방법과 기술로 파악된다(再組合技術 Rekombinationstechniken).[4] 이러한 遺傳工學에 진력함으로써 生命工學 生産物은 과거 수십 년 동안 산업적 성장단계에 돌입해서 現代 生命工學을 총체적으로 '第3의 産業革命'(Dritte Industrielle Revoluton)으로 간주할 정도로 급격히 발전했다. 여기에서 生命工學의 법적 문제가 遺傳工學의 예에서 고찰될 수 있다. 그러므로 아래 기술은 '生命工學企業'(Biotech‐Firmen)의 운영 장소로서 遺傳工學施設[5]에 중점을 두고 있다.[6]

그러한 유전공학시설에서 사용되는 遺傳工學은 의료기술, 인간과 동물의 식량보장, 증가하는 원료품의 이용에서의 진보 그리고 화석연료의 절약 또는 일반적으로 환경보호의 이익과 관련하여 기대될 수 있다. 그럼에도 불구하고 특별한 이의(Widerstände)를 제기하는 경제적인 측면이 있다.[7] 이전에 독일에서 논의된 과학논쟁에서는 遺傳工學에 대한 '實行可能性의 妄想'(Machbarkeitswahn)과 '危險社會'(Risikogesellschaft)에 대한 경고가 열띤 토론의 대상이 되었다. 그 당시 정치적 논쟁에서는 '붉은 遺傳工學'(Rote Gentechnik)과 '綠色 遺傳工學'(Grüne Gentechnik)이 통상적으로 분리되었다.[8] 이러한 양자의 분리는 '붉은 遺傳工學'을 인간에게 적용하는 데 있

---

4) Hirsch / Schmidt‐Didczuhn, GenTG, 1991, Einl. Rdnr. 1; Wahl, in: Landmann / Rohmer, Umweltrecht, Stand 2002, 10.1 GenTG Vorbem. Rdnr. 2.

5) 독일 遺傳工學法(GenTG) 제3조 제4호에서는 유전공학시설을 "밀폐공간에서 유전공학 작업이 수행되고 그 당시 사용되는 생물체의 인간과 환경에 대한 접촉을 막고 위험잠재력에 적합한 안전수준을 보장하기 위하여 특별한 감금조치가 적용되는 시설"이라고 정의하고 있다.

6) Hierzu M. Ronellenfitsch, Biotechnologisches Anlagenrecht zwischen BImSchG und GenTG, in: M. Reinhardt(Hrsg.), Schutz der Umwelt durch und vor Biotechnologie, 18. Trierer Kolloquium zum Umwelt‐und Technikrecht, 2003, S.67 ff.

7) Ronellenfitsch, Die Entwicklung des Gentechnikrechts, VerwArch 2002, 295 ff.(296).

8) 이른바 綠色 遺傳工學은 주로 농업과 식료품생산의 분야에서, 그리고 이른바 붉은 遺傳工學은 일반적으로 의학 분야에서 적용된다.

어서 법적으로 특별히 다룰 목적으로 수행되었다. 그 분리는 너무 지나치게 진전되어 人間遺傳學(Humangenetik)은 이전처럼 고려되지 않고 있다.[9] 다만 물론 광범위하게 이해되는[10] '綠色 遺傳工學'에 종사하는 生命工學企業의 운영 장소로서 遺傳工學施設만이 주로 다루어지고 있다.

개발자가 원하는 遺傳子變形生物體를 만들기 위한 전 단계로 이를 위한 연구를 실시한다. 연구 과정에서는 원하지 아니한 수많은 遺傳子變形生物體가 만들어지고 이렇게 만들어진 遺傳子變形生物體는 폐기되거나 비의도적으로 환경에 방출된다. 특히 미생물의 경우는 많은 양은 아니어도 지속적으로 환경에 방출될 수 있다. 원하지 않는 遺傳子變形生物體는 아무런 위해성 평가를 받지 아니하고, 자연환경에 방출하는 결과를 초래한다. 우리의 「遺傳子變形生物體의 國家間 移動 등에 관한 法律」에서 수입되는 遺傳子變形生物體는 위해성 평가와 위행성 심사를 받게 한다. 그러나 수입되는 유전자 변형생물체는 최소한 자국에서 위해성 평가를 받은 생물체이지만, 실험실에서 연구실패로 제조된 遺傳子變形生物體는 아무런 위해성 평가 없이 자연환경에 방출된다. 이렇게 되면 우리나라의 「遺傳子變形生物體의 國家間 移動 등에 관한 法律」은 규제의 형평성을 상실하게 된다. 그래서 이 법률 제22조에서는 研究施設의 設置 및 運營許可(施設許可 Anlagengenehmigung)에 관하여 규정하고 있다. 研究施設은 연구시설의 안전관리등급별로 관계중앙행정기관의 장의 許可를 받거나 신고하도록 규정하고 있다. 다만 이 법률에

---

9) 이것에 관해서는 Ronellenfitsch, Zur Freiheit der biomedizinischen Forschung, in: Hendler / Marburger / Reinhardt / Schröder(Hrsg.), Jb. UTR 2000, S.91 ff.; Ronellenfitsch, Der Mensch als gentechnisch veraenderter Organismus, in: Dolde(Hrsg.), Umweltrecht im Wandel, 2001, S.701 ff.

10) 따라서 Wahl(주석2)은 방주4에서 이른바 環境遺傳工學(Umweltgentechnik)을 말한다.

서는 硏究施設에 관해서는 안전성 확보를 위한 노력을 하고 있으나
生産施設에 관해서는 안전성 확보에 관한 규정을 하지 아니하고 있
다. 이는 다음의 법률개정작업에서 보완될 필요성이 있다.11)

본 연구는 우리나라의「遺傳子變形生物體의 國家間 移動 등에 관한
法律」제22조에 규정된 生命・遺傳工學分野 硏究施設의 設置 및 運營
許可와 관련하여 市場經濟, 生存配慮(Daseinsvorsorge),12) 國家 促進使
命 그리고 危險防止의 緊張分野로서의 生命・遺傳工學 및 講學上 許
可(統制許可 Kontrollerlaubnis)13)의 起源과 法的 性質에 관하여 고찰
하는 것을 그 연구목적으로 삼는다. 이러한 고찰에서는 본 연구의 主
題와 밀접한 관련이 있는 獨逸14)에서의 관계법이 특히 고려된다.

---

11) 이종영, 국가의 후세대 보호의무와 유전공학의 안전성, 제96회 학술발표회, 한국공법학
회, 2001년 9월 15일, 55면 이하.

12) Daseinsvorsorge 槪念은 Forsthoff의 1938년도의 논문집(Die Verwaltung als Leistu-
ngsträger)에서 처음으로 상설되었는바, 그의 이론적 기초는 이미 새로운 행정법이론을
모색한 1935년도의 논문(Von den Aufgaben der Verwaltungsrechtswissenschaft)에서 엿
볼 수 있다고 한다. 인간은 생활에 필요한 재화를 자기 소유물의 이용에 의하여 취득하기
보다는 상호충당에 의하여 획득할 수밖에 없는 사회적 수요가 증대하게 되며, Forsthoff
는 이러한 생활재의 상호충당수요를 충족시키는 작용을 Daseinsvorsorge라고 지칭하였
다. 이 개념은 국내에서 生活配慮 또는 生存配慮로 번역되고 있다. 이에 관해서는 석종현,
일반행정법(하), 295면 이하 김남진, 행정법의 기본 문제, 797면 이하 참조.

13) 독일법에 있어서도 Kontrollerlaubnis 이외에, 우리가 흔히 認可의 뜻으로 사용하는
Genehmigung이 許可의 뜻으로도 많이 사용된다. 특히 물질과 관련된 경우에는
Baugenehmigung(建築許可), Anlagengenehmigung(施設許可) 등 Kontrollerlaubnis보다
Genehmigung이라는 용어가 보편적으로 사용되고 있다. 許可는 법규에 의한 일반적인 금
지(부작위 의무)를 특정한 경우에 해제하여 적법하게 일정한 사실행위 또는 법률행위를
할 수 있게 하는 행정행위를 말한다. 이에 관해서는 석종현, 일반행정법(상), 272면 이하
김남진, 행정법의 기본 문제, 205면 이하 참조.

14) 특히 독일은 1990년 6월 20일에「遺傳工學技術의 規律에 관한 法律」(Gesetz zur
Regelung der Gentechnik; 유전공학법 Gentechnikgesetz-GenTG)을 제정하였다
(BGBl. 1990 I, S.1080; BGGl. 1993 I, S.2066; BGBl. 2002 I, S.3220; BGBl. 2004
I. S.186).

Ⅱ. 國家 促進使命과 危險防止의 緊張分野로서의 生命 · 遺傳工學

1. 獨逸과 유럽聯合(EU)의 經濟憲法上 生命 · 遺傳工學

遺傳工學에 대한 論爭은 전통적인 경제분과(생명농업: Biobauer 대 '생명공학농업: Biotech‒Bauer')의 보호, 소비자 보호 또는 창조의 보호를 원용하여 법적으로 시의 적절하게 치열하다. 그로 인하여 遺傳工學 計劃은 정당화의 압력에 직면하게 된다. 遺傳工學的으로 變形된 生産物들이 너무 많아져서 그 때문에 허용되지 않을 것이라는 항변도 목격된다. 그러나 遺傳工學 生産物의 허용성에 관한 모든 법적 논쟁은 獨逸과 유럽聯合(EU)의 市場經濟體制의 조건에서만 제기되어야 한다.

사실 獨逸 基本法(Grundgesetz, 독일의 헌법)에서는 市場經濟에 관한 명확한 표현을 발견할 수 없다. 그럼에도 불구하고 그 표현은 "基本法의 經濟政策的 中立性(Wirtschaftpolitische Neutralität des Grundgesetzes)"에 관하여 논쟁을 불러일으키고 있다. 물론 獨逸 聯邦憲法裁判所(BVerfG) 判決은 "입법자가 그 당시 基本法과 특별히 基本權을 존중할 때만" 경제정책 형성의 여지가 있음을 말하고 있다.15) 基本法의 經濟秩序에 대한 논쟁을 새삼스레 제기하지 않아도16) 최소한 市場經濟에 관한 基本權들의 親和性은 다루어질 수 있다. 獨逸 基本法(GG) 제 12조 제1항17)은 개인에게 인격적, 경제적

---

15) BverfGE 50, 290(338).

16) Tettinger, Verfassungsrecht und Wirtschaftsordnung, DVBl. 1999, 679 ff.

인생영위의 기초로서 職業遂行의 自由를 보장하고, 또한 개별적 능력과 생존유지의 영역에서 自由로운 人格發現의 基本權을 구체화하고 있다.[18) 遺傳工學의 경제적 이용 역시 職業의 自由에 의해서 파악된다. 어떤 필요성 평가는 遺傳工學企業의 設置 및 運營에 대한 한계로서 작용된다. 그것은 객관적 職業選擇의 제한을 "매우 중요한 공동체 이익에 대한 입증 가능하고 매우 개연성이 높은 危險의 除去를 위해 강제적으로 고려해야" 하기 때문이다.[19)

유럽聯合의 경제적인 地圖形象은 一次的인 共同體法의 協定的 基礎와 一般的 法的 基礎에서 결론이 도출된다. 총체적으로 유럽聯合 經濟憲法의 地圖形象은 "自由로운 競爭下의 開放된 市場經濟原理 (Grundsatz einer offenen Marktwirtschaft mit freiem Wettbewerb)" 라고 말할 수 있다.[20) '綠色 遺傳工學'에 관한 경제 정책적으로 동기가 부여된 시장 작동적 제한과 난관은 獨逸과 유럽聯合(EU)의 自由로운 經濟憲法에 부딪힌다.

2. 生存保障(Daseinssicherung)에 관한 生命·遺傳工學의 貢獻

국가에 단지 生命工學의 장애만을 제거할 사명이 존재한 것은 아니다. 오히려 生命工學의 기회와 발전가능성과 관련하여 국가는 生命工學을 促進(Förderung der Biotechnologie)시킬 의무가 있다. 獨逸 基本法은 독일연방공화국을 社會的 法治國家(Sozialer Recht-

---

17) Artikel 12 Abs.1 GG

18) BverfGE 54, 301(313); 101, 331(346 f.).

19) BverfGE 102, 197(214).

20) Oppermann, Europarecht, 2. Auflage 1999, Rdnr. 929.

sstaat)로서 분류하고 있다. 여기에 개별적인 경우 당위적인 법적 결과를 도출할 수 있는 규범적인 진술이 들어 있다. 유럽聯合은 유럽聯邦國家의 방향에서 활동하고 있으며, 이미 지금은 하나의 國家聯合이다. 그것은 共同體法에 관해서 국가 관련적인 해석을 요구한다. 國家(Staat)는 내적 관계에 있어서 자기의 目的들(Zwecke)을 통해서 정의된다. 憲法國家의 主要目的은 개별적 자유의 보장에 있고, 그래서 또한 다른 사람의 지나친 자유행사에 대한 보호에 있다고 말할 수 있다. 그 자유는 社會的으로 羈束된다. 자유제한은 그 정당성을 필요로 한다. 국가적 자유제한은 國家的 自己主張의 目的을 위해 그리고 文化的 正體性의 보전을 위해, 충돌하는 개별적 자유권을 균형 맞추어서 따라서 모든 개별적 자유행사를 비로소 가능하게 할 때 그것은 정당화된다. 自由主義的인 法治國家(Liberaler Rechtsstaat)조차도 침해방지(Eingriffsabwehr)는 축소되지 않고 오히려 자유권의 실제적인 토대 역시 보장된다.

국가는 社會的 法治國家(Sozialer Rechtsstaat)에서 社會的 最小水準 이외에 適合한 下部構造를 보장하고 個人的 生存保障(Daseinssicherung)을 가능하게 할 때만 자유를 보장한다. 生存保障(Daseinssicherung)의 한 부분이 國家의 課題이다. 여기에 社會國家的인 生存配慮(Sozialstaatliche Daseinsfürsorge)와 法治國家的인 生存配慮(Rechtsstaatliche Daseinsvorsorge)가 보충된다.[21] 이것들은 국가과제를 통해 구체화되는 社會的 法治國家의 國家目的이다. 國家課題들 중에는 국가 자체적으로 충족해야 하는 課題들이 있다.[22] 生存配慮

---

21) Ronellenfitsch, Daseinsvorsorge als Rechtsbegriff Aktuelle Entwicklungen im nationalen und europäischen Recht, in: Blümel(Hrsg.), Ernst Forsthoff, 2003, S.53 ff.

22) BverwG v. 1.12.1998 5 C 29.97, BverwGE 108, 56(63).

의 대부분의 課題들 중에서 국가는 다른 한편 保障義務(Gewährlei-stungspflicht)로 후퇴하고 課題들의 충족을 市場에 넘겨준다. 이러한 課題들이 어떻게, 어떠한 법적 형태로 그리고 누구에 의해서 수행되는가라는 문제는 共同體覊束(Gemeinwohlbindung)이 과제충족의 중심을 이룰 때 그 다음의 문제이다. 마지막으로, 사회적 공동생활의 경제적, 문화적 그리고 사회적 분야들이 존재한다. 이러한 분야들에서 국가는 고유의 과제들을 충족하거나 보장하지 않게 된다. 이 과제들의 促進은 국가에게는 하나의 관심사여야 한다. 遺傳工學을 포함한 生命工學도 여기에 속한다. 獨逸 基本法 제74조 제1항 제26호[23]는 사실 遺傳工學에 관한 실제적인 진술을 포함하지 않고 있다(참조, 독일 기본법 제74조 제1항 제26호: "경합적 입법은 다음 분야를 그 대상으로 한다. 26. 인간의 인공 수정, 유전자 정보의 연구 및 인공적 변경과 장기 및 조직 이식에 관한 규정"). 遺傳工學의 유용성은 수많은 보호법익과 관련된다. 國家的 促進은 이러한 법익들에게 憲法的 地位를 갖는다(참조, 獨逸 基本法 제20조 제1항[24]: "독일연방공화국은 민주적, 사회적 연방국가이다.", 제20조 a[25]: "국가는 장래 세대들에 대하여 책임을 지고서도 헌법적 질서의 테두리 내에서 입법에 의하여 그리고 법률과 법이 정하는 바에 따라 집행권 및 사법에 의하여 자연적 생활기반을 보호한다.", 제74조 제1항 제13, 17, 20호[26]: "경합적 입법은 다음 분야를 그 대상으로 한다. 13. 직업훈련지원규정과 학술적 연구의 진흥 17. 농업, 임업생산의 진흥, 식량의 확보, 농산물, 임산물의 수출입, 원양어업과 연안어업

---

23) Artikel 74 Abs. 1 Nr. 26 GG

24) Artikel 20 Abs. 1 GG

25) Artikel 20 a GG

26) Artikel 74 Abs. 1 Nr. 13, 17, 20 GG

및 연안보호 20. 식량, 기호품, 생활필수품, 사료, 농업용, 임업용의 종자 및 묘목의 거래 보호, 식물의 병해로부터의 보호 그리고 동물의 보호").27) 國家的 促進은 遺傳工學的 計劃과 관련하여 충돌하는 권리들의 균형·조정(Ausgleich)에 있어서 중요한 의미를 갖는다.

3. 危險防止(Gefahrenabwehr)와 리스크 事前配慮(Risikovorsorge)

논쟁의 여지 없이 시민들 사이의 갈등의 조정은 전통적으로 危險防止의 개념하에 범주화되는 중심적인 國家課題이다.28) 危險防止의 실질적 법은 프로이센高等行政裁判所(PrOVG)의 判例에까지 거슬러 올라간다. 이 재판소는 危險防止와 危險槪念의 관련을 밝혀 내고 이 危險을 "사물의 그 자체 상태로서 침해된 결과(schädigendes Ereignis)를 초래할 것이라는 憂慮(Besorgnis)를 갖게 하는 것이라고" 정의했다.29) 이러한 '憂慮'는 처음에는 豫測的 危險防止의 측면에서 리스크의 構成要素로서 관련되었으나, 그 후 세월이 지나고 지난 세기의 70년대에 비로소 다시 반동하여 리스크 事前配慮로서 危險防止의 곁에 서서 논의되었다.30) 遺傳工學의 이른바 保護目的에 관하여 獨逸 遺傳工學法(GenTG) 제1조에 의하면 그 의미가 완전히 해

---

27) Joachim Becker, Materielle Wirkungen von Kompetenz-, Organisations-und Zuständigkeitsregelungen des Grundgesetzes? DÖV 2002, 397 ff.

28) BverfGE 49, 24(56 f.); Herzog, Vorbehalte und Grenzen der Staatstätigkeit, in: HStR III, 2. Aufl., 1996, § 58 Rn. 38 ff.; Drews / Wacke / Vogel / Martens, Gefahrenabwehr, 9. Aufl., 1986, S.1.

29) PrVBl. 32, 119(120).

30) BverfGE 49, 89(143); Breuer, Anlagensicherheit und Störfälle Vergleichende Risikobewertung im Atom-und Immissionsschutzrecht, NVwZ 1990, 211 ff.(213); Anna Leisner, Die polizeiliche Gefahr zwischen Eintrittswahrscheinlichkeit und Schadenshöhe, DÖV 2002, 326 ff.

명되지는 않지만 危險防止가 所謂 리스크 事前配慮, 즉 可能한 危險
도 역시 포함한다고 일반적으로 알려져 있다. 본 연구는 國家的 促
進使命의 고려하에 危險防止와 리스크 事前配慮의 구조가 遺傳工學
분야에서 조명될 때만 충분이 파악될 수 있을 것이다.

Ⅲ. 施設許可의 起源

1. Ius politiae

危險防止와 리스크 事前配慮에 관한 法 그리고 그 결과 技術安全
法과 環境法에 대한 이해의 열쇠는 수백 년 이상 윤곽을 드러낸 警
察概念에 있다.[31] 現代的인 警察概念은 프랑스에서 14세기에 발전
한 'ius politiae'로 거슬러 올라간다. 이러한 'ius politiae'는 領主에게
먼저 지방의 평화를 유지하기 위한 조치의 法的 基礎로서 기여했고
18세기 초까지 매우 중요한 의미를 내포하여서 'police'는 모든 關係
當局의 活動이라는 개념이 되었다. 독일어권에서는 18세기까지 'ius
politiae'는 領主支配의 고권(Hoheitsrecht)으로서 중세기에 이해되었
다. 'ius politiae'의 원용으로 地方領主들은 법 자체를 요구하였고,
바로 공동체의 '좋은 秩序'(gute Ordnung)를 보살폈다. 이것과 연결
된 絶對的인 權座에 관해서는 'Polizei'라는 표현이 동의어로 되었다.
自然法 思想과 啓蒙哲學의 영향으로 점점 警察國家의 限界에

---

31) Ronellenfitsch, Selbstverwaltung und Deregulierung im Ordnungs – und Umweltrecht,
1995, S.11 ff.

관한 노력은 중요해졌다. 이와 함께 Joh. Stephan Puetter는 1794년 프로이센 一般란트 法(ALR)의 형성에 영향을 미쳤다. 이 법에 따르면 "경찰행정관청은 공공의 평온과 안녕, 질서를 유지하고 공중과 개인에게 가하여지는 현존하는 危險을 除去하기 위하여 필요한 국가기관"이라고 그 개념을 정의하고 있다. 프로이센 高等行政裁判所(PrOVG)는 이 법 제10조 제2항 제17호에서 거의 수백 년 후에 危險 除去에 관한 실질적인 경찰법의 축소를 뒷받침했다.[32] 프로이센 一般란트 法(ALR)이 警察的 福祉目的을 완전히 제거하려 했다고 말하는 다수의 견해는 그러나 잘못이다. 이러한 警察的 福祉後見은 국가에게는 물론 더 이상 警察的 强制幸福에서는 수행되지 못하는 중요한 계기가 되었다. 오히려 프로이센 一般란트 法(ALR) 발효 직후 시민의 經濟勢力을 향해 어떤 적극적인 국가 경제정책에 관한 정책적인 관계가 필요했다. 1806년 나폴레옹 革命 직후 프로이센은 營業의 自由를 도입하기 위한 길을 내디뎠다.[33] 이 도입이 1810년 11월 2일 營業稅令(Gewerbesteueredikt)에 의해서 이루어진 것은 우연이 아니다.[34] 營業의 自由의 보장은 확실히 自由主義 思想으로 말미암은 것이다. 국가는 營業의 自由와 研究의 自由를 촉진시키면서 나아가 生存保障(Daseinssicherung)을 위해 공헌을 한다. 결과적으로 국가는 이러한 자유와 함께 연결된 리스크와 危險에 대한 共同責任을 졌다. 여기에 抑壓的 危險除去(repressive Gefahrenabwehr)는 충분하지 않았다. 국가는 'ius politiae'와 병행하여 발전한 법적 수단인 豫防的 統制(präventive Kontrolle)를 비로소 이용한다.

---

32) PrOVG 9, 363.
33) 그 결과 영업의 자유의 선언은 im Finanzediktvom 27. Oktober 1810(Preuß. GS S.25).
34) Preuß. GS 1810 S.79.

2. Ius supremae inspectionis

이러한 병행발전의 출발점에 독일어로 '오버아우프지이트'(Oberaufsicht)로 표현될 수 있는 'ius supremae inspectionis'가 존재했다. 16세기에 'ius supremae inspectionis'는 領主支配的인 배려의 발산으로 이해되어서 교회, 학교, 직업 활동에까지 확산되었다. 원래 이 개념은 국가권력으로 하여금 하위조직에 대한 침해의 법적 타이틀을 만들어 내는 데 사용되어 그 이후 警察國家의 시대에 순수한 情報法으로 그 의미가 좁혀지고 18세기에 비로소 고유한 고권(Hoheitsrecht)으로서 도그마틱한 윤곽을 드러내었다. 警察國家(Polizeistaat)로부터 法治國家(Rechtsstaat)로의 이행과 함께 국가권력의 특별한 기능으로서 '오버아우프지이트'(Oberaufsicht)라는 개념은 그 의미를 잃고 地方自治監督과 學校監督에서부터 建築監督과 營業監督에 이르기까지 국가권력의 서로 상이한 발현형태가 펼쳐졌다. 危險防止와 리스크 事前配慮의 목적으로 이른바 許可留保부 豫防的 禁止(präventives Verbot mit Erlaubnisvorbehalt)[35]라는 개념이 형성되었다. 여기에서 '오버아우프지이트'(Oberaufsicht)는 다만 아직 하나의 統制로서 존재한다. 그래서 적합한 표현은 바로 '講學上 許可'(통제허가 Kontrollerlaubnis)라고 할 수 있다.[36]

---

35) O. Mayer, Deutsches Verwaltungsrecht, 1. Bnd, 3. Aufl., 1923, S.239 ff.; R. Thoma, VerwArch, 1927, 247 ff. Aus dem neueren Schriftum K. H. Friauf, Jus 1962, 424 ff.; R. Piezner, Das Verbot mit Erlaubnisvorbehalt, JA 1973, 691 ff., 763 ff.; J. Schwabe, JuS 1973, 133 ff.; Chr. Gusy, JA,1981, 80 ff.; Gromitsaris, DÖV 1997, 401 ff.; H. Maurer, Allgemeines Verwaltungsrecht, 14. Aufl., 2002, §9 Rdnr. 51 ff.; F－J. Peine, Allgemeines Verwaltungsrecht, 6. Aufl., 2002, Rdnr. 157 ff.

36) Froelich, in: Scholz(Hrsg.), Handbuch des gasamten öffentlichen Grundstücksrechts, 1932, S.63 ff., 77.

3. 統制對象

警察的 危險防止가 行動妨害者 및 狀態妨害者(Verhaltens - und Zustandsstörer)에 대하여 행해지는 것처럼 위험의 원천은 行動(Verhalten), 특히 活動(Tätigkeiten)과 사물의 狀態(Zustand)에 있다고 할 수 있다. 그러므로 豫防統制의 統制對象은 바로 인간의 活動과 이러한 인간과 관계하는 사물의 狀態이다. 狀態統制가 活動統制보다 더 용이하고 효율적으로 수행되어야 하기 때문에 독일에서는 施設槪念(Anlagenkonzept)이 확고한 지위를 차지했다. 施設關聯 危險防止와 리스크 事前配慮는 독일연방공화국의 營業法(Gewerberecht)과 임미시온防止法(Immissionsschutzrecht)에서 오래된 발전 과정의 산물이다. 遺傳工學法(Gentechnikgesetz: GenTG)의 개념 역시 營業施設 또는 産業施設에 있어서 許可의 역사적 발전과 관련지을 때 비로소 이해될 수 있다.

이 역사적 발전은 1789년 人權宣言 제4조가 一般的 行動의 自由를 유포한 프랑스에서 그 기원을 갖는다. 여기의 一般的 行動의 自由는 동시에 제3자의 손해를 피하기 위하여 法律留保하에 있었다. 그러한 法律留保의 충족이 바로 1810년 施設許可法(Anlagenzulassungsgesetz)이다.[37] 이 법은 豫防統制를 목적으로 분류된 시설의 許可義務를 의도했다. 프로이센에서도 그 발전이 비슷하게 그리고 같은 시기에 진행되었다. 프로이센 국가는 나폴레옹 전쟁 후에 예산정책상 형량에서 영업의 자유의 도입을 강제하였고 산업화로 야기된 리스크와 危險의 共同責任을 부담하였다. 이 共同責任은 技術統制에

---

37) I. Mieck, Luftvereinigung und Immissionsschutz in Frankreich und Freußen zur Zeit der frühen Industrialisierung, Technikgeschichte Bd. 48(1981), S.239 ff.

서 문자로 기록되어 표현되었다. 이것은 먼저 社會政策的 衡量에서 결과로 나타났다.38) 세 길드(同業者組合)의 이익을 위해서 기계들이 금지되면 바로 勞動保護가 그 중심에 서게 되었다. 증기기관의 도입으로 수공업으로 인한 제품생산이 공장에 적합한 성격으로 받아들여졌을 때, 營業監督을 위한 獨逸 營業法의 변화가 일어났다. 監督받을 義務가 있는 施設들에 대한 監督은 勞動法에 의하여 일반적 危險防止에 관한 법으로 달라졌다. 무엇보다도 증기기관의 도입과 확대는 危險防止의 종류와 방식에 영향을 미쳤다. 거의 20년이 걸렸던 規制的 經驗段階39) 후에 증기기관은 1845년 1월 17일의 프로이센 一般營業法40)에서 許可의 必要性이 있는 施設로 규정되었다. 그 후에 제정된 獨逸 營業法(GewO) 제16조의 전형41)인 프로이센 營業法(preuß. GewO) 제26조는 企業家許可(Unternehmergenehmigung)의 기본형태를 규정했다. 그에 의하면 負擔的 施設(lästige Anlagen), 즉 운영자, 인근 토지의 주민 그리고 공중에 대해서 입지 면에서 또는 운영공간의 특성상 심각한 被害(Nachteile), 危險(Gefahren) 그리고 負擔(Belästigungen)을 줄 수 있는 施設의 設置에 관하여 관계 행정기관의 특별한 許可가 필요하다는 것이다. 이 負擔的 施設은 獨逸 營業法(GewO) 제16조 제2항에 규정되었다. 이러한 시설에서 야기되는 負擔들은 이웃토지에 한정되지 아니하고 오히려 일반적으로 공중과 관련되었다. 營業法에 의한 許可를 수십 년 동안 실제적으로 경험한 후에 입법자는 營業法(GewO) 제16조를 변화된 상황에 맞추어야 한다고 생각했다. 1959년 營業法 제16조는 '負擔

---

38) Anton, Geschichte der preußischen Fabikgesetzgebung, 1891; Poerschke, Die Entwicklung der Gewerbeaufsicht in Deutschland, 1911.

39) Busch / Trabandt, Das Recht der überwachungsbedürftigen Anlagen, 1955, S.9.

40) Preuß. GS 1845 S.41.

41) Beyendorff, Die Geschichte der Reichsgewerbeordnung, Diss. Leibzig 1901.

的 施設'이 더 이상 법률에 규정될 필요가 없다고 개정되었다.[42]
그 대신에 營業法 제16조 제3항은 연방정부에 의회상원의 동의하에
所謂 負擔的 施設을 하위 命令(Rechtsverordnung)을 통해 규정할 수
있다는 것을 수권했다. 이것은 1960년 8월 4일의 營業法(GewO)[43]
제16조에 의해서 許可의 必要性이 있는 施設에 관한 命令(die VO
über genehmigungsbedürftige Anlagen)을 통해 실현되었다.

독일 營業法 제16조는 聯邦 임미시온防止法(BImSchG)에서 규정
된 企業家許可의 전형이다. 이 임미시온防止法은 營業法에 의한 許
可의 必要性이 있는 施設에 관한 법을 교체해서[44] 제4조부터 제21
조까지 규정했던 것이다. 營業法 제16조에서 발전된 基本原理는 계
속해서 통용된다.[45] 연방정부의 수권, 즉 상원의 동의하에 命令을
통해 이른바 許可의 必要性이 있는 施設의 범위를 규정할 수 있다
는 것은 聯邦임미시온방지法 제4조 제1항 제3문에 쓰여 있다. 먼저
營業法 제16조 제3항에 의해서 발령된 命令(VO)은 계속 유효해서[46]
1975년에 이르러서야 비로소 4. 聯邦임미시온방지命令(4. BImSchV)[47]
을 통해서 변경되었다. 1985년 7월 24일에 새로 개정된 4. 聯邦임
미시온방지命令(4. BImSchV) BGBl. I S.1586.은 그 후 여러 번 변
경되었다. 그래서 1988년 5월 19일자 命令(VO)[48]은 부록에서 遺傳
工學施設을 언급한 새로운 번호 4.11을 규정했다. 특히 헤센 行政裁

---

42) Gesetz zur Änderung der Gewerbeordnung und Ergänzung des Bürgerlichen
    Gesetzbuchs vom 22. 12. 1959(BGBl. I S.781).

43) BGBl. I S.690.

44) § 68 Abs. 1 BImSchG.

45) BT - Drucks. 7 / 179, S.30.

46) § 66 Abs. 1 BImSchG.

47) VO vom 14.2.1975(BGBl. I S.499 ber. 727).

48) BGBl. I S.608.

判所(HessVGH)49)는 명령제정자의 의회를 통한 정당한 결정이 중요하지 않다고 믿었기 때문에 독일 遺傳工學法(GenTG)이 비로소 발효되었고 4. 연방 임미시온방지命令 번호 4.11(Nr. 4.11 der 4. BImSchV) 은 다시 논쟁의 불씨를 지폈다.

독일 遺傳工學法(GenTG)은 알려지지 않은 리스크에 대해 統制를 보장하고50) 동시에 遺傳工學을 促進하고 있다.51) 그러므로 保護目的(Schutzzweck)과 促進目的(Förderzweck)은 함께 존재한다.52) 총체적으로 독일 遺傳工學法(GenTG) 제1조는 어떤 安全技術上 統制된 遺傳工學이 법적으로 바라던 것이라는 표현을 추측할 수 있다. '遺傳工學에 대한'(pro Gentechnik) 決斷은 명시적으로 법률상 명기되어 있다.53) 促進目的에 대한 保護目的의 絕對優位論54)은 헌법적으로 缺陷 있는 重要性 決定에 기인한다. 遺傳工學의 이용은 기본권들과 국가과제들을 적극적 또는 소극적 방식으로 관계하여 所謂 實際的 調和(praktische Konkordanz)가 중요하게 된다. 최선을 다하여

---

49) Beschluss vom 6.11.1989 8 TH 685 / 89, NVwZ 1990, 276 = NJW 1990, 336 m. Anm. Deutsch = DVBl. 1990, 63 = JZ 1990, 88 m. Anm. Rupp. Bizer, KJ 1990, 126 ff.; Eiberle – Herm, NuR 1990, 204; Hirsch, NJW 1990, 1445; Rose, DVBl 1990, 279 ff.; Sendler, NVwZ 1990, 231 ff.; Graf Vitzthum, VBlBW 1990, 48 ff.; Zuck, MDR 1990, 680 ff.; Ronellenfitsch, Stellungnahme für den Hess. Minister für Umwelt und Reaktorsicherheit zum Beschluss des Hessischen Verwaltungsgerichtshofs vom 6. November 1989 8 TH 65 / 89, 1989(n. v.); Preu, JZ 1991, 265 ff.; VG Frankfurt vom 3. 2. 1989 II / 2 H 3022 / 88, NVwZ 1989, 1097; Schwab, NVwZ 1989, 1012 ff.

50) Richter, Gentechnologie als Regelungsgegenstand des technischen Sicherheitsrechts, 1989.

51) Kaiser – Bauer / Dederichs, Schutz von Mensch und Umwelt. Das Gentechnik – Gesetz. Konzeption: Presse – und Informationsamt der Bundesregierung, 1990.

52) Graf Vitzthum / Geddert – Steinacher, Der Zweck im Gentechnikrecht, 1989, S.49 ff.

53) Kraatz, Die Zweckambivalenz des Gentechnikgesetzes: der Schutz – und Förderzweck in § 1 GenTG, 1993, S.184.

54) Wahl(Fußn.2), § 1 GenTG Rdnr 37.

리스크를 事前配慮하고 危險을 방지할 의무는 변함이 없이 여전히 남는다. 聯邦草案은 이러한 목적을 위해 遺傳工學施設의 設置와 運營에 대한 許可를 계속해서 연방 임미시온방지法(BImSchG)하에 단념하고, 遺傳工學法(GenTG)의 적용을 遺傳工學 활동에 집중하려고 의도했다. 그 대신 遺傳工學法(GenTG)은 法規命令(Rechtsverordnung)을 통해 비교할 수 있는 리스크를 가진 다른－遺傳工學이 아닌－生命工學 절차와 작업에 확장될 수 있을지도 모른다.

IV. 施設許可의 法的 性質

遺傳工學 施設許可는 所謂 負擔的 施設과 관련이 있고, 그래서 이러한 許可는 허가의무자, 환경일반 그리고 이웃의 이해 조정에 기여한다. 이 경우 施設은 이들에게 負擔이 되거나 危險 또는 리스크를 끼치게 된다.

1869년 6월 21일자 北獨逸聯邦의 營業法(Gewerbeordnung)[55]은 1810년 10월 28일자 營業稅令(Gewerbesteueredikt)[56]과 1845년 1월 17일자 프로이센 營業法(Gewerbeordnung)의 연속선상에서 그 이해 조정을 의도했다. 그러면서 이러한 北獨逸聯邦의 營業法은 한편으로 營業의 自由를 인정하고 그와 더불어 기술의 이용 역시 자유롭게

---

55) Nordd. BGBl. 1869, S.245.

56) Vgl. zum historischen Kontext auch Vogel, Allgemeine Gewerbefreiheit, Die Reformpolitik des preußischen Staatskanzlers Hardenberg(1810－1820), 1983.

하였고, 다른 한편으로 危險한 施設들을 어떤 강한 統制하에 두었다.[57] 그 統制는 형식화한 許可節次에서 심사되어야 하는 危險關聯한 人的 그리고 物的 許可條件에서 사용된다. 施設許可는 企業家許可로 되었다. 企業家許可의 경우에는 전래된 警察法의 수단이 중요하다. 企業家許可는 경찰오버아우프지이트(polizeiliche Oberaufsicht)에서 발전했고, 오늘날의 講學上 許可(통제허가) 또는 所謂 許可留保附 豫防的 禁止는 경찰오버아우프지이트에서 기인한다. 허용되었지만 아직도 危險한 施設들은 統制目的으로 잠재적으로, 다시 말해서 국가적으로 해제될 때까지 금지되었다. 그 금지에 상응하여 許可義務가 존재한다. 獨逸 營業法 제16조에서 企業家許可의 기본형태를 형성할 때 警察衡量 특히 이웃의 보호, 경제와 기술촉진의 관점또는 영업운영자의 존속보호가 하나의 역할을 했다. 예컨대 原子力法, 聯邦임미시온방지法 그리고 遺傳工學法에 의한 許可는 이러한營業法에 의한 許可에 근거를 두고 있다. 豫防的 禁止는 부득이 다음과 같은 規範構造를 가지고 있다. 즉, 構成要件의 측면에서 許可條件이 충족되면 그 法的 結果는 하나의 羈束決定(gebundene Ent-scheidung)이라고 할 수 있다.[58]

그러나 이러한 豫防的 禁止의 規範構造는 과거에 空間關聯 計劃에서 空間計劃的 生態的 範疇에 관한 經濟行政法的 또는 環境法的許可義務들이 축적됨으로써 흐려지게 되었다. 이로 인하여 企業家許可는 計劃法에 해당하게 된다.[59] 그래서 許可를 발할 때 어느 정도

---

57) Vgl. auch Ehlers, Wirtschaftsaufsicht, in: Achterberg / Püttner, Besonderes Verwaltungsrecht, Bd. 1, 1990, 1 / 2 Rdnr. 166.

58) BVerfGE 8, 71(76); 20, 150(158); 34, 165(200); 41, 378(399); 46, 120(157); 49, 89(145); 50, 256(263); 51, 1(41).

59) Grundlegend Badura, Die Standortentscheidung bei der Unternehmergenehmigung mit planungsrechtlichem Einschlag, BayVBl. 1976, 515 ff.

의 범위에서 計劃的 形成의 自由 또는 計劃裁量이 존재하는 것이
다.60) 게다가 計劃裁量은 최근 통합된 환경보호를 위해 도구로 사
용되었다. 講學上 許可 그리고 全文計劃決定을 더욱 서로 동화시키
고 許可機關의 羈束을 상대화하는61) 것은 다만 法政策的인 성격을
가질 뿐이다. 아울러 헌법적으로 받아들일 수 없어서 다시 고려해
볼 만하다. 입법자가 核에너지의 평화적 이용을 위해 헌법적 임무를
고려할 때, 許可留保附 豫防的 禁止를 규범화하고 그럼에도 불구하
고 裁量餘地를 열었던 獨逸 原子力法(AtG) 제7조 제2항은 聯邦 憲
法裁判所에 의해서 다만 특별지위가 고려되어 原子力法(Atomrecht)
에는 헌법적으로 異意가 없다고 했다.62) 어차피 核技術施設을 許可
할 때 존재하는 拒否裁量은 法的結果의 측면에서 대안적 決定을 창
조한 것이 아니라, 오히려 許可機關에게 構成要件的으로 許可要件을
확대할 수 있도록 수권했다는 것을 의미한다.63)

그럼에도 불구하고 拒否裁量의 도입의 문제는 遺傳工學分野에 관
한 立法節次에서도 역시 매우 중요했다. 1989년 11월 6일 헤센 주
行政裁判所(HessVGH)의 判決의 압력으로 遺傳工學과 함께 마찬가지
로 新世界로 들어가는 核技術施設에 병행해야 한다고 생각했다.64)
이러한 견해는 명백히 이 재판소의 매우 잘못된 결정의 결과이다. 이
재판소는 핵에너지 분야에서의 위험잠재력을 遺傳工學 분야에서의

---

60) Nachweise bei Ronellenfitsch, Fachplanung und Verwaltungsgerichtsbarkeit, in: Festschr. f. Blümel, 1999, S.497(501 ff.).

61) So schon frühzeitig Wahl, Genehmigung und Planungsentscheidung, DVBl. 1982, 51 ff.; Kaum weiterführend Börger, Genehmigungs – und Planungsentscheidungen unter dem Gesichtspunkt des Gesetzesvorbehalts, 1987.

62) BVerfGE 49, 89(145 f.).

63) Ronellenfitsch, Das atomrechtliche Genehmigungsverfahren, 1983, S.350 ff.

64) Vgl. Hirsch / Schmidt – Didczuhn, GenTG, §13 Rdnr. 51.

그것과 동일시하고 핵에너지 이용의 경우와는 달리 입법자가 당시 遺傳工學에 대하여 형식적 법률로 근본결단을 하지 않은 것에 異意를 제기했다. 이 재판소에 의해서 所謂 本質性理論이 基本權들에 대하여 비판적 의도로 적용되고 아울러 基本權衝突의 경우조차도 왜곡되어 잘못 서술된 점을 도외시하더라도―立法者가 基本權的으로 保障된 活動을 合憲的인 方式으로 制限하지 않는 한 그 활동은 허용된다는 것을 감한 할 때―遺傳工學을 核에너지의 平和的 利用과 比較하는 것은 절름발이처럼 적당하지 않다. 遺傳子研究는 獨逸 遺傳工學法의 발효 前에는 결코 금지되지 않았다(獨逸 基本法 제5조 제3항 제1문). 그 研究는 같은 방식으로 연구결과의 商業的 利用을 위해서도 통용되었다(獨逸 遺傳工學法 제12조 제1항, 제14조 제1항). 그럼에도 불구하고 遺傳工學을 위한 特別 法律에 대한 요구는 더욱 커졌다. 그래서 당시 독일 遺傳工學法(GenTG) 제13조(현재는 제11조)에서 遺傳工學施設에 대한 許可의 構成要件을 형성할 때 입법자는 헤센 주 行政裁判所의 논쟁에 의해서 압력을 받지 않고, 오히려 聯邦임미시온방지法(BImSchG) 제6조를 지향했다. 原子力法을 차용하는 것은 立法論으로 허용되지 않는다. 물론 企業家許可와 計劃決定 사이의 차이를 조정하고 遺傳工學法 제11조의 틀에서 計劃的 또는 生態的 衡量을 고려하는 것은 중요하지 않다. 그래서 遺傳工學法의 施設許可에서는 環境影響評價(UVP)[65]의 고려하에 許可機關의 計劃形成의 自由가 없는 진정한 企業家許可가 중요하다.

許可의 法律的 要件이 충족되면 申請者는 許可를 발할 主觀的 公權 또는 法的請求權을 가지고 있다.[66] 엄격한 羈束決定으로서 許可決定

---

65) Ricke, Gentechnik und Umweltverträglichkeit, 1994, S.187.

66) Graf Vitzthum / Geddert – Steinacher, Der Zweck im Gentechnikrecht, 1989, S.20 ff., 24; Fritsch / Haverkamp, Das neue Gentechnikrecht der Bundesrepublik Deutschland, BB 1990, Beil. 31, S.9.

을 확정적으로 분류한다는 것은 遺傳工學法 제11조의 構成要件의 측면이나 法的結果의 측면에서 허가기관의 衡量決定 또는 기타 裁量決定을 위한 여지가 결코 존재하지 않음을 의미한다. 所謂 統制目的과 促進目的의 균형을 맞추는 것은 물론 許可要件에서 거의 인식할 수 없다. 許可要件들이 파악되어서 그것들 자체가 이해 조정을 의도한 것은 아니다. 입법자는 不確定槪念으로 대피해서 논쟁의 여지가 있는 計劃의 許可에 관하여 行政府와 司法府에 責任을 전가한다. 이러한 두 가지 국가권력과 관련해서는 그 統制密度가 중요하게 된다.

V. 遺傳工學法(GenTG)上 施設許可

1. 槪念

獨逸 遺傳工學法(GenTG)은 施設槪念에 중점을 두고 하나의 混合槪念을 확립하고 있다. 遺傳工學法의 施設槪念에서 두 종류가 따른다. 하나는 遺傳工學作業은 오로지 遺傳工學施設에서만 수행되어야 한다(이른바 施設强制 Anlagenzwang, 獨逸 遺傳工學法 제8조 제1항 제1문). 다른 하나는 遺傳工學作業을 위해 원칙적으로 어떤 施設許可가 필요하다는 것이다(이른바 許可義務 Genehmigungspflicht). 施設許可는 施設에서의 遺傳工學作業을 포괄한다. 조금 덜한 危險作業에서는 施設의 許可義務의 자리에 어떤 申告가 들어갈 수 있다. 사정에 따라서는 施設의 危險防止機能이 매우 희박해져서 活動과 관련된 槪念을 가지고 危險防止와 리스크 事前配慮가 작동될 수 있다.

2. 許可對象

遺傳工學施設의 設置와 運營 또는 本質的인 變更을 위해서는 원
칙적으로 '施設許可'가 필요하다. 獨逸 遺傳工學法 제8조 제1항 제2
문에서의 表現方式은 이른바 聯邦 上院의 에크베르테결정(Eckwe-
rtebeschluss des Bundesrats)으로 거슬러 올라가서[67] 더 나은 이해
를 위해 상이한 許可要件들이 사용된다는 것을 알 수 있다. 여기
'施設許可'에서처럼 일부러 강조점을 추가한 것은 獨逸 遺傳工學法
의 두 번째 장에 의한 許可가 이 명칭에 해당함을 단지 의미한다.
獨逸 遺傳工學法 제8조 제1항 제2문은 施設物許可의 內容을 규정하
지 않고 있다. 施設許可의 範圍가 空間的으로 事物的으로 어느 정도
인가는 직접 입법자에 의한 施設의 確定概念이 아니라 다만 解釋에
의해서 정해질 따름이다. 여기에서 특별히 '施設許可'의 文脈은 遺
傳工學施設의 設置, 運營 또는 그 位置, 性質 그리고 運營의 本質的
인 事項의 變更과 관련하여 의미심장하다고 할 수 있다. 獨逸 遺傳
工學法 제3조 제4호는 遺傳工學施設을 "사용되는 遺傳子變形生物體
를 인간과 환경에 접촉되지 않도록 하기 위하여 密閉된 시스템에서
遺傳工學作業이 실행되고 物質的 遮斷用으로 사용되는 施設"로 정
의하고 있다. 原子力法에서 비교 가능하고 聯邦임미시온방지法에서
의 개념과 구분되는 安全 技術上의 施設槪念은 이 법에서 근간을
이루고 있다. 遺傳工學法에서는 "객관적 營業施設의 추억들과 부수
시설의 도입에 대하여 소홀히 하고 있다"고 말할 수 있다.[68] 다만
密閉 시스템을 위해 본질적으로 구성된 運營場所의 부분들로만 파
악되고 있을 따름이다.[69] 建築物의 어떤 부분이 밀폐 시스템에 해

---

67) BT‐Drucks. 11/5622, S.40.

68) Vgl. §1 Abs.2 Nr.2 der 4. BImSchV; BVerwG v. 6.7.1984, BVerwGE 69, 351(355).

당하는지, 建築物이 많은 遺傳工學施設을 포괄할 수 있는지 또는 거꾸로 遺傳工學施設이 상이한 實驗分野와 生産分野로 구성될 수 있는지 등은 법률에 개방되어 있다. 許可機關은 施設概念을 넓게, 그러나 遺傳工學施設의 運營者는 施設概念을 좁게 이해하는 경향이 있다. 이러한 緊張關係는 물론 法庭에서의 論爭보다도 오히려 許可節次의 전 단계에서 參與者의 妥協을 통해서 해결되고 있다.[70] 그럼에도 불구하고 헤센 주 行政裁判所에 施設概念에 관하여 1989년 11월 6일의 잘못된 決定에 있어서 적어도 부분적으로 取消될 수 있는 가능성이 제공되었다. 申請者가 미생물의 遺傳工學的 變換을 통해 의도적으로 획득하려고 했던 最終生産物인 인간인슐린을 어떤 中間生産物을 거쳐 생산되어야 하는 어떤 施設의 設置와 運營에 관한 許可에 대항했을 때, 裁判所는 다음과 같이 決定했다.[71] 즉 最終生産을 위한 가동장소에서는 遺傳工學施設이 중요한 문제가 되지 않기 때문에 許可에 관한 法律適合性의 판단을 위해 독일 연방임미시온방지法이 의미심장하다는 것이다.

3. 許可要件

독일 遺傳工學法 제11조의 許可要件에서는 人的 物的 要求事項들이 구별될 수 있다. 제1호에서 제3조까지는 人的 要求事項을, 제4호와 제5호는 物的 要求事項을 규정하고 있다. 제6호에서 언급된 다른 공법적 규정은 人的 物的 要求事項을 포함한다. 人的 許可要件은

---

69) Ronellenfitsch, in: Eberbach / Lange / Ronellenfitsch, §8 Rdnr.26.

70) Vgl. auch Meffert, Erste Erfahrungen mit dem Vollzug des Gentechnikgesetzes in Rheinland - Pfalz, VerwArch 1992, 463 ff.(465 f.).

71) Beschluss v. 23.5.1990 - 8 TH 1006 / 89, NVwZ - RR 1990, 458.

바로 遺傳工學施設의 設置와 運營의 경우에 운영자와 책임자의 신
뢰성 또는 프로젝트 책임자와 바이오안전관리자의 專門知識이라고
할 수 있다. 信賴性은 不信賴性原因의 缺陷與否에 의하여 평가된다.
자신의 행동의 사실관계에서 드러나는 총체적 인상에 의해서 또한
人格性의 품위에 의해서 그가 遺傳工學的 義務들을 합법적으로 충
족하려는지에 대하여 보장받지 못한 자는 그가 이것을 의도했거나
할 수 있는지 여부에 종속되지 아니하고 信賴性이 부족하다고 판단
된다. 專門知識에 대한 해명은 전문지식증거에 따른다. 이러한 要求
事項들은 내용적으로 이해될 수 있다. 物的 許可要件은 危險防止와
리스크 事前配慮에 대한 義務를 가리킨다. 즉 科學과 技術水準에 따
른 運營者의 義務 또는 독일 遺傳工學法 제1조 제1호에 규정된 法
益의 保護를 위해 마찬가지로 科學과 技術水準에 따라 필요한 安全
對策의 保障을 말한다. 自然科學的 工學的 知識水準과의 二重的 關
聯은 遺傳工學法을 聯邦憲法裁判所[72]조차도 승인한 行政機關의 判
斷餘地[73]를 위한 適用分野로 만든다. 정확한 專門知識을 바탕으로
한 行政機關의 判斷餘地가 요구된다고 할 수 있다.[74]

---

72) BVerfGE 84, 34(50).

73) Vgl. zutreffend Kroh, Risikobeurteilung im Gentechnikrecht - Einschätzungsspielraum
der Behörde und verwaltungsgerichtliche Kontrolle, DVBl 2000, 102 ff.

74) Vgl. auch Pietzner / Ronellenfitsch, Das Assessorexamen im Öffentlichen Recht, 10.
Aufl., 2000, §10 Rdnr.10.

4. 許可範圍

만약 許可要件이 충족되면 물론 독일 遺傳工學法에 의해서 許可를 위한 法的 請求權이 발생한다. 그 許可의 法的 性質은 바로 計劃法的인 가미가 없는 羈束行爲이라고 말할 수 있다.[75] 허가는 附款하에서도 발해질 수 있다.[76] 許可는 독일 遺傳工學法 제22조에 규정된 이른바 集中效를 갖는다.

Ⅵ. 맺는 말

전술한 바와 같이 본 연구는 우리의 「遺傳子變形生物體의 國家間移動 등에 관한 法律」 제22조에 규정된 生命・遺傳工學分野 研究施設의 設置 및 運營許可와 관련하여 市場經濟, 生存配慮, 國家的 促進使命 그리고 危險防止의 緊張分野에서의 生命・遺傳工學과 講學上許可(統制許可)의 起源과 法的 性質에 관하여 고찰해 보았다.

施設許可는 하나의 企業家許可이다. 그 企業家許可의 경우에는 전래된 警察法의 하나의 도구가 매우 중요하다. 警察概念은 늦어도 Joh. Stephan Pütter 이래로 공동체에 대한 害惡을 防止하기 위하여 수행되는 國家權力의 일부분으로 간주되었다. 그것은 바로 危險防止와 리스크 事前配慮를 의미했던 것이다. 警察權力은 두 가지 발현형

---

75) Ronellenfitsch, in: Lange / Eberbach / Ronellenfitsch, GenTG / BioMedR, §11 Rn 26.
76) §19 GenTG.

태로 나타난다. 다시 말해서 하나는 방해자에 대한 조치를 통한 抑壓的인 경우, 즉 소위 ius politiae이고, 다른 하나는 애초 위험한 시설에 대하여 豫防的인 경우, 즉 소위 ius supremae inspectionis 또는 Oberaufsicht를 말한다. 企業家許可는 경찰오버아우프지이트(polizeiliche Oberaufsicht)에서 발전했고, 오늘날의 講學上 許可(統制許可) 또는 所謂 許可留保附 豫防的 禁止는 경찰오버아우프지이트에서 기인한다. 허용되었지만 아직도 危險한 施設들은 統制目的으로 잠재적으로, 다시 말해서 국가적으로 해제될 때까지 금지되었다. 그 금지에 상응하여 許可義務가 존재한다. 고전적인 一例로는 초기의 獨逸 營業法 제16조에 의한 許可를 들 수 있다. 原子力法, 聯邦임미시온방지法 그리고 遺傳工學法에 의한 許可는 이러한 營業法에 의한 許可에 근거를 두고 있다. 豫防的 禁止는 부득이 다음과 같은 規範構造를 가지고 있다. 즉, 構成要件의 측면에서 許可條件이 충족되면 그 法的 結果는 하나의 羈束決定(gebundene Entscheidung)이라고 할 수 있다. 許可의 法律的 要件이 충족되면 申請者는 許可를 발할 主觀的 公權 또는 法的請求權을 가진다. 엄격한 羈束決定으로서 許可決定을 확정적으로 분류한다는 것은 遺傳工學法 제11조의 構成要件의 측면이나 法的結果의 측면에서 허가기관의 衡量決定 또는 기타 裁量決定을 위한 여지가 결코 존재하지 않음을 의미한다.

요컨대, 독일 遺傳工學法 제11조에 의한 施設許可는 법률적으로 許可要件이 충족될 경우 발해져야 한다. 그에 의하면 이 施設許可의 법적 성질은 羈束的 行政行爲이고, 여기에서 행정기관은 拒否裁量을 가지고 있지 못한다는 것을 알 수 있다. 그래서 시설운영자는 단지 이른바 無瑕疵裁量行使請求權만이 아닌 바로 義務化訴訟 또는 抗告訴訟을 통해 실현시킬 수 있는 許可에 대한 이른바 行政行爲發給請求權을 갖는다고 할 수 있다. 왜냐하면 許可가 裁量行爲로서의 성질을 가질 때에는 상대방은 無瑕疵裁量行使請求權만을 가지는 반면에, 許可가 羈束行爲로서의 성질을 가질 때에는 상대방에게는 許可라는 行政行爲發給請求權이 발생하기 때문이다. 이것은 우리의 「遺傳子變形生物體의 國家間 移動 등에 관한 法律」 제22조에 규정된 生命工學分野 硏究施設의 設置 및 運營許可와 관련하여서도 마찬가지로 그 시사하는 바가 크다고 하겠다. 行政行爲發給請求權의 성립을 긍정적으로 보는 경우에도 그것을 관철할 수 있는 쟁송수단이 없으면 실익이 없다. 現行 行政訴訟法은 獨逸의 경우와는 달리 義務履行訴訟을 인정하지 않고 있으나, 拒否處分의 取消判決 및 不作爲違法確認訴訟의 不作爲違法認容判決의 羈束力에 따른 行政廳의 再處分義務와 그에 대한 間接强制制度에 의하여 실질적으로 義務履行燒送과 거의 동일한 목적을 달성할 수 있기 때문에 行政行爲發給請求權의 실현이 실질적으로 가능하다고 할 수 있다.

| 參考文獻(Literatur) |

Ⅰ. 국내문헌:

김남진, 행정법의 기본 문제, 제4판, 법문사, 1994.

석종현, 일반행정법(상), 제8판, 삼영사, 2000.

석종현, 일반행정법(하), 제8판, 삼영사, 2001.

이종영, 국가의 후세대 보호의무와 유전공학의 안전성, 한국공법학회
　　　제96회 학술발표회, 2001년 9월 15일.

Ⅱ. 독일문헌:

Anton, Geschichte der preußischen Fabikgesetzgebung, 1891.

Badura, Die Standortentscheidung bei der Unternehmergenehmigung mit
　　　planungsrechtlichem Einschlag, BayVBl. 1976, 515 ff.

Becker, Joachim, Materielle Wirkungen von Kompetenz－, Organisa-
　　　tions－und Zuständigkeitsregelungen des Grundgesetzes? DÖV
　　　2002, 397 ff.

Beyendorff, Die Geschichte der Reichsgewerbeordnung, Diss. Leibzig
　　　1901.

Börger, Genehmigungs－und Planungsentscheidungen unter dem Gesi-
　　　chtspunkt des Gesetzesvorbehalts, 1987.

Breuer, Anlagensicherheit und Störfälle Vergleichende Risikobewertung im
　　　Atom－und Immissionsschutzrecht, NVwZ 1990, 211 ff.

Busch / Trabandt, Das Recht der überwachungsbedürftigen Anlagen, 1955.

Drews / Wacke / Vogel / Martens, Gefahrenabwehr, 9. Aufl., 1986, S. 1.

Ehlers, Wirtschaftsaufsicht, in: Achterberg / Püttner, Besonderes Verwaltungsrecht, Bd. 1, 1990, 1 / 2 Rdnr. 166.

Friauf, K. H., Jus 1962, 424 ff.

Fritsch / Haverkamp, Das neue Gentechnikrecht der Bundesrepublik Deutschland, BB 1990, Beil. 31, S.9.

Graf Vitzthum / Geddert — Steinacher, Der Zweck im Gentechnikrecht, 1989, S.49 ff.

Gromitsaris, DÖV 1997, 401 ff.

Gusy, Chr., JA,1981, 80 ff.

Herzog, Vorbehalte und Grenzen der Staatstätigkeit, in: HStR III, 2. Aufl., 1996, § 58 Rn. 38 ff.

Hirsch / Schmidt — Didczuhn, GenTG, 1991.

Kaiser — Bauer / Dederichs, Schutz von Mensch und Umwelt. Das Gentechnik — Gesetz. Konzeption: Presse — und Informationsamt der Bundesregierung, 1990.

Kraatz, Die Zweckambivalenz des Gentechnikgesetzes: der Schutz — und Förderzweck in § 1 GenTG, 1993.

Kroh, Risikobeurteilung im Gentechnikrecht — Einschätzungsspielraum der Behörde und verwaltungsgerichtliche Kontrolle, DVBl 2000, 102 ff.

Leisner, Anna, Die polizeiliche Gefahr zwischen Eintrittswahrscheinlichkeit und Schadenshöhe, DÖV 2002, 326 ff.

Maurer, H., Allgemeines Verwaltungsrecht, 14. Aufl., 2002, §9 Rdnr. 51 ff.

Mayer, O, Deutsches Verwaltungsrecht, 1. Bnd, 3. Aufl., 1923, S.239 ff.

Meffert, Erste Erfahrungen mit dem Vollzug des Gentechnikgesetzes in Rheinland — Pfalz, VerwArch 1992, 463 ff.(465 f.).

Mieck, I, Luftvereinigung und Immissionsschutz in Frankreich und Freußen zur Zeit der frühen Industrialisierung, Technikgeschichte Bd. 48(1981), S.239 ff.

Gewerbeaufsicht in Deutschland, 1911.

Oppermann, Europarecht, 2. Auflage 1999.

Peine, F－J. Allgemeines Verwaltungsrecht, 6. Aufl., 2002, Rdnr. 157 ff.

Pietzner / Ronellenfitsch, Das Assessorexamen im Öffentlichen Recht, 10. Aufl., 2000, §10 Rdnr. 10.

Piezner, R., Das Verbot mit Erlaubnisvorbehalt, JA 1973, 691 ff., 763 ff.

Richter, Gentechnologie als Regelungsgegenstand des technischen Sicherheitsrechts, 1989.

Ricke, Gentechnik und Umweltverträglichkeit, 1994, S.187.

Ronellenfitsch, Die Entwicklung des Gentechnikrechts, VerwArch 2002, 295 ff.

_____, Zur Freiheit der biomedizinischen Forschung, in: Hendler / Marburger / Reinhardt / Schröder(Hrsg.), Jb. UTR 2000, S.91 ff.

_____, Der Mensch als gentechnisch veraenderter Organismus, in: Dolde(Hrsg.), Umweltrecht im Wandel, 2001, S.701 ff.

_____, Stellungnahme für den Hess. Minister für Umwelt und Reaktorsicherheit zum Beschluss des Hessischen Verwaltungsgerichtshofs vom 6. November 1989 8 TH 65 / 89, 1989(n. v.).

_____, Daseinsvorsorge als Rechtsbegriff Aktuelle Entwicklungen im nationalen und europäischen Recht, in: Blümel(Hrsg.), Ernst Forsthoff, 2003, S.53 ff.

_____, Selbstverwaltung und Deregulierung im Ordnungs－ und Umweltrecht, 1995, S.11 ff.

_____, Biotechnologisches Anlagenrecht zwischen BImSchG und GenTG, in: M. Reinhardt(Hrsg.), Schutz der Umwelt durch und vor Biotechnologie, 18. Trierer Kolloquium zum Umwelt－und Technikrecht, 2003, S.67 ff.

_____, Fachplanung und Verwaltungsgerichtsbarkeit, in: Festschr. f. Blümel, 1999, S.497(501 ff.).

_____, Das atomrechtliche Genehmigungsverfahren, 1983, S.350 ff.

_____, in: Eberbach / Lange / Ronellenfitsch, §§ 8 − 12.

Schwabe, J., JuS 1973, 133 ff.

Tettinger, Verfassungsrecht und Wirtschaftsordnung, DVBl. 1999, 679 ff.

Thoma, R., VerwArch, 1927, 247 ff.

Vogel, Allgemeine Gewerbefreiheit, Die Reformpolitik des preußischen Staatskanzlers Hardenberg(1810 − 1820), 1983.

Wahl, Genehmigung und Planungsentscheidung, DVBl. 1982, 51 ff.

Wahl, in: Landmann / Rohmer, Umweltrecht, Stand 2002, 10.1 GenTG.

제3장

遺傳工學法(GenTG)上 리스크 判斷의 餘地

I. 들어가는 말

독일 유전공학법(Gentechnikgesetz: GenTG)[1] 제11조 제1항 4호에 의하면 "유전공학시설의 설치 및 운영을 위한 허가는 4. 필요한 안전등급을 위해 과학과 기술의 수준(Stand der Wissenschaft und Technik)에 의해 필요한 예방수단(Vorkehrung)이 강구되었고, 그에 따라서 제1조 1호[2]에서 언급된 법익에 해를 끼치는 작용을 기대할 수 없음이 보장된 경우 발령되어야 한다."[3]고 한다. 또한 동법 제16조 제1항 2호에 의하면 "환경방출을 위한 허가는 2. 과학과 기술의 수준에 의해 필요한 모든 안전예방수단(Sicherheitsvorkehrung)이 강구되는 것이 보장된 경우 발령되어야 한다."[4]고 규정하고 있다.

---

1) 독일은 1990년 6월 20일 유전공학기술의 규율에 관한 법률(Gesetz zur Regelung der Gentechnik; Gentechnikgesetz - GenTG)을 제정하였다(BGBl. 1990 I S.1080; BGBl. 1993 I S.2066; BGBl. 2002 I S.3220; BGBl. 2005 I S.186; 최근 개정 BGBl. 2006 I S.534).

2) 유전공학법 제1조 1호에 의하면 "이 법률의 목적은 1. 윤리적 가치, 인간의 생명과 건강, 그 영향권 내의 환경, 동물, 식물 그리고 물적 재화의 고려하에 유전공학적 절차 및 산출물의 해로운 작용(schädliche Auswirkung)을 보호(schützen)하고 그러한 위험(Gefahren)의 생성을 사전 배려(Vorsorge)하는 것이다."

3) "Die Genehmigung zur Errichtung und zum Betrieb einer gentechnischen Anlagen ist zu erteilen, wenn 4. gewährleistet ist, dass für die erforderliche Sicherheitsstufe die nach dem Stand der Wissenschaft und Technik notwendigen Vorkehrungen getroffen sind und deshalb schädliche Einwirkungen auf die in § 1 Nr. 1 bezeichneten Rechtsgüter nicht zu erwarten sind"

이렇듯 유전공학법 제11조와 동법 제16조는 허가요건으로서 危險防止(Gefahrenabwehr)와 리스크 事前配慮(Risikovorsorge)[5]를 위한 의무를 명하면서 여러 가지 不確定法槪念(unbestimmter Rechtsbegriff)들을 사용하고 있는 것이다. 독일의 다수의 학설과 판례에 의하면 법률요건에 이러한 不確定法槪念이 사용된 경우에는 하나의 올바른 결정의 원칙(Prinzip der einzig richtigen Entscheidung)만이 가능하다고 한다. 따라서 원칙적으로 다른 法槪念과 마찬가지로 제한 없는 司法審査의 대상이 되었다.[6] 다만 아주 제한된 영역에서, 즉 한계상황(Grenzfälle)[7]에서만 행정청의 判斷의 餘地(Beurteilungsspielraum)를 인정하여 사법의 행정에 대한 統制密度(Kontrolldichte)의 축소를 정당화했다. 이러한 判斷의 餘地의 전형적인 사례로 인정[8]한 것은 교육적인 가치결정[9]으로서 시험 및 시험유사적인 결정, 공무원법에 있어서 상급자의 하급자에 대한 판단,[10] 합의제 행정기관에 의하여 내려진 전문적인 결정,[11] 예측결정[12] 등이다.[13]

---

4) "Die Genehmigung für eine Freisetzung ist zu erteilen, wenn 2. gewährleistet ist, dass alle nach dem Stand von Wissenschaft und Technik erforderlichen Sicherheitsvorkehrungen getroffen werden"

5) 독일 유전공학법 제1조의 의미에서 '위험방지'는 이른바 '리스크 사전배려'('가능한 위험')를 포함하고 있다고 보호목적과 관련하여 일반적으로 인정되고 있다고 한다. 이러한 견해에 관해서는 Joachim Lege, Das Recht der Bio‒und Gentechnik, in: Schulte (Hrsg.), Handbuch des Technikrecht, 2003, S.693 참조.

6) BVewG vom 26. 6. 1980, BVerwGE 60, 254, 255; vom 4. 2. 1982, BVerwGE 65, 19, 22 f.

7) '판단의 여지'는 바호프(Otto Bachof), '한계상황'은 울레(Carl Hermann Ule)에 의하여 처음으로 사용되었다.

8) 당시까지 판례를 요약한 것으로는 BVerwG vom 26, 6, 1990, GewArch 1990, 355 참조.

9) vom 15. 10. 1990, NVwZ 1991, 271; BFH vom 23. 8. 2001, NVwZ‒RR 2002, 157.

10) BVerwG vom 26. 6. 1980, BVerwGE 60, 245.

11) vom 25. 6. 1981, DVBl. 1982, 29.

12) BVerwG vom 27. 11. 1981, NJW 1982 1168.

13) *Michael Ronellenfitsch*, in: Wolfram Eberbach / Peter Lange / Michael Ronellenfitsch

특히 본 연구에서 다루는 유전공학 분야에서의 장래 리스크 判斷 (Risikobeurteilung) 등과 같은 미래지향적인 예측(Prognose)결정은 과거사실에 대한 소극적 판단인 진단(Diagnose)을 내용으로 하는 사법적 판단의 대상으로 삼기에는 부적절한 영역이라고 한다.[14] 따라서 이들 판단에 대해서는 행정기관의 判斷의 餘地를 인정해 그 판단을 존중해 주어야 할 것이라고 말한다. 이와 같이 부분적인 생활영역에서 행정청의 判斷의 餘地들을 인정한 것은 법률요건상에 사용된 不確定槪念이 法槪念으로서 단 하나의 올바른 결정을 허용하며 따라서 완전한 司法審査의 대상이 된다는 기본원칙을 상당히 완화한 것이라고 볼 수 있다.

그런데 독일에서 그나마 제한적으로 인정된 행정청의 判斷의 餘地의 이론은 최근의 연방헌법재판소의 1991년 4월 17일 두 판결[15]을 통하여 사법시험 및 의사시험에 있어서 시험결정에 대한 행정청의 判斷의 餘地를 제한하여 현저하게 수정될 운명에 놓였다. 두 판결을 통해서 司法의 行政에 대한 統制密度의 축소를 다시 매우 수정한 것이다. 이 가운데 사법시험 판결에 따르면 시험결정에 있어서 전문적이고 학술적인 평가와 시험에 특수한 가치평가로 구분하여 우선 시험의 전문적이고 학술적인 평가에 있어서는 법원은 전문가의 도움을 얻어 판결을 내려야 하며 여기서 발생할 수 있는 실무상의 어려움은 기본법 제19조 제4항[16]에 의하여 보장된 사법심사를

(Hrsg.), Recht der Gentechnik und Biomedizin, Loseblattsammlung, Heidelberg, Stand: Juni 2003, § 11 Rn. 204ff; 정하중, 행정법에 있어서 재량과 판단 여지 그리고 사법심사의 한계, 공법연구 제23집 3호, 1995. 6, 141면 이하 참조.

14) *장태주*, 행정법개론, 2005, 105면.

15) BVerfGE 84, 34 und 59.

16) 아래 주 44) 참조.

제한하기 위한 충분한 이유가 되지 못한다고 한 반면에, 시험결정에
있어서 시험에 특수한 가치평가에는 행정청의 判斷의 餘地를 인정
하였다.

그러나 상술한 연방헌법재판소의 견해와는 달리 전문지식에 의한
행정청의 判斷의 餘地가 유전공학법에 있어서는 여전히 인정될 수
있다고 하는 견해[17]도 발견된다. 어떻든 독일에서 해당 유전공학법
문헌[18]의 지배적인 견해에 의하면, 상술한 유전공학법 제11조 제1
항에 따른 유전공학시설의 허가와 동법 제16조 제1항에 의한 유전
자변형생물체의 환경방출에 대한 법원의 결정은 다음과 같은 점을
전제로 하고 있다고 한다. 그 전제는 바로 관할권이 있는 행정청에
과학과 기술의 수준에 의해 필요한 안전예방수단에 관하여 일반적
으로 리스크 判斷의 餘地가 인정된다는 것이다.[19] 이와 관련하여
프라이부르크 행정법원(VG Freiburg)의 견해에 의하면 필요한 안전
등급을 위해 과학과 기술의 수준에 의해 필요한 예방수단이 강구되

---

17) Michael Ronellenfitsch, a.a.O., § 11 Rn. 208.

18) 遺傳工學施設의 作業에 대해서는 *Michael Ronellenfitsch*, a.a.O., § 11 Rn. 208f.;
Ralph A. Kroh, Risikobeurteilung im Gentechnikrecht, DVBl. 2000, S.102, 105 f.;
Michael Kloepfer, Umweltrecht, 2. Aufl., 1998, § 16 Rn. 46; *Bernd Bender /
Reinhard Sparwasser / Rüdiger Engel*, Umweltrecht, 4. Aufl. 2000, S.552 참조.
環境放出에 대해서는 *Michael Kniesel / Wolfgang Müllensiefen*, Die Entwicklung des
Gentechnikrechts seit der Novellierung 1993, NJW 1999, S.2564, 2568; *Hans −Georg
Dederer*, Gentechnikrecht im Wettbewerb der Systeme, Freisetzung im deutschen und
US − amerikanischen Recht, 1998, S.327; *Michael Kloepfer*, Umweltrecht, 2. Aufl.,
1998, § 16 Rn. 46 참조.
리스크 評價의 司法統制 일반에 대해서는 *Christian Tünnesen −Harmes*,
Risikobewertung im Gentechnikrecht, 2000, S.109ff.; *Arnim Karthaus*, Die Zentrale
Kommission für die Biologische Sicherheit, ZUR 2001, S.61, 62 참조.

19) BVerwG, NVwZ 1999, S.1232, 1233 f.; OVG Berlin, NVwZ 1995, S.1023, 1024 f.;
OVG Berlin, ZUR 1999, S.37, 40; OVG Hamburg, ZUR 1995, S.93, 94; VG
Hamburg, ZUR 1994, S.322 f.; VG Berlin, ZUR 1996, S.41, 43; VG Freiburg, ZUR
2000, S.216, 217.

었고, 그 때문에 유전공학법 제1조 1호에서 언급된 법익에 해를 끼치는 작용을 기대할 수 없음이 보장된 경우인지의 여부는 감수할 수 있는 리스크와 감수할 수 없는 리스크로 구분될 수 있는 2단계 시스템에서 설명될 수 있다고 한다.[20] 동 판결에서 법원은 유전공학작업의 안전기술등급에 관하여 전면적인 司法審査를 할 수 없다는 決定特權(Entscheidungsprärogative)을 행정청에 인정하였다.[21] 연방행정법원도 행정청의 判斷의 餘地를 명백히 인정하였다.[22]

그러나 독일에서 최근 어떤 논문은 判斷의 餘地의 인정과 관련하여 이러한 지배적인 견해의 입장에 대하여 단호하게 반대[23]하거나 비판하고 있는 점을 참고로 하여, 본 연구는 그 근거를 충분히 가지고서 이러한 지배적인 입장을 재검토할 계기로 삼고자 한다.[24]

본 연구는 유전공학법(Gentechnikgesetz)상 리스크 判斷의 餘地에 관하여 독일의 경우를 중심으로 다음과 같이 구성되어 있다. 먼저

---

20) Urteil vom 23. 6. 1999 − 1 K 1599 / 98, S.14 f.(2. Instanz: VGH Bad. − Württ., Urteil vom 5. 5. 2001, DVBl. 2001, 1463).

21) Ebenso VG Freiburg, Beschluss vom 30. 11. 1998 − 1 K 1703 / 99; VG Karlsruhe, Beschluss vom 19. 9. 1997 − 7 K 873 / 97.

22) *Michael Ronellenfitsch*, Höchstrichterliche Rechtsprechung zum Verwaltungsrecht, Die Entwicklung des Gentechnikrechts − 2. Teil, in: VerwArch 93(2002), 439(450).

23) *Matthias Kapteina*, Die Freisetzung von gentechnisch veränderten Organismen, 2000, S.174 f. und 178; 유전공학법상의 判斷餘地에 관하여 또 다른 비판적인 고찰에 대해서는 *Guy Beaucamp*, Zum Beurteilungsspielraum im Gentechnikrecht, DÖV 2002, S.24ff.; *Karl −Heinz Ladeur*, Gefahrenabwehr und Risikovorsorge bei der Freisetzung von gentechnisch veränderten Organismen nach dem Gentechnikgesetz, NUR 1992, S.254, 258 f.; *Ivo Appel*, Anmerkung: Vereinfachte Freisetzung gentechnisch veränderter Organismen? ZUR 1999, S.41, 43 참조.

24) 본 연구의 집필에 있어서는 Guy Beaucamp의 논문인 Zum Beurteilungsspielraum im Gentechnikrecht, DÖV 2002에 주로 의존하였음을 밝힌다. *Guy Beaucamp*, a.a.O., S.24ff.

유전공학법상에서 리스크 判斷의 餘地를 인정한 판례의 논증을 기술한다(Ⅱ.). 다음으로는 리스크 判斷의 餘地에 관한 헌법적 문제를 간단히 살펴본다(Ⅲ.). 세 번째로는 리스크 判斷의 餘地를 인정한 사례들의 근거와 관련하여 행정의 최종결정권에 대한 근거가 유전공학법에 있어서 비판적으로 고찰된다(Ⅳ.). 마지막으로 유전공학법상 결정의 基本權關聯性이 리스크 判斷의 餘地의 인정을 배제할 수 있는지 여부의 문제를 살펴보려고 한다(Ⅴ.). 따라서 본 연구에서는 독일에서의 유전공학법상 리스크 判斷의 餘地를 둘러싼 학설·판례상의 논쟁을 비판적으로 고찰한 후 향후 한국에서의 이 분야의 연구에 작은 보탬이 되고자 하는 데 그 연구목적이 있다.

Ⅱ. 判例를 통한 리스크 判斷의 餘地

법원의 견해에 의하면 독일 유전공학법(Gentechnikgesetz) 제6조 제2항 및 이미 언급한 동법 제11조 제1항과 제16조 제1항에 규정된 '과학과 기술의 수준'이라는 표현의 사용은 행정기관에의 判斷授權(Beurteilungsermächtigung)을 함축하고 있다고 한다.[25] 판례는 법률요건에 不確定法概念이 사용되는 경우에 여전히 하나의 올바른 결정의 원칙을 고수하면서 아주 제한된 영역에서 산재적으로 判斷의 餘地를 인정하였다. 이에 대해 학설의 다수는 판단 여지가 인정

---

25) 평가특권(Einschätzungsprärogative)에 관해 말한 것으로는 BVerwG, NVwZ 1999, S.1232, 1233; OVG Berlin, ZUR 1999, S.37, 40; OVG Hamburg, ZUR 1995, S.93, 94; VG Freiburg, ZUR 2000, S.216, 217 참조.

된 판례를 뒷받침하기 위하여 不確定法槪念의 적용에 있어서 하나의 올바른 결정의 원칙을 유지하면서, 행정청의 判斷의 餘地는 이러한 不確定法槪念에 내재하는 것이 아니라 입법자의 수권에 근거하고 있는 判斷授權으로 이해하였다.[26] 행정청은 유일하게 적법하다고 판단되는 결정에 도달하기 위하여 주어진 법률요건의 의미를 철저히 파악하여야 하나 판단의 餘地 또는 한계상황들에 있어서는 의심이 발생할 수 있다. 判斷의 餘地란 그 의심이 근거가 있고 행정청에 의하여 내려진 결정이 타당하다면 법원이 행정청의 결정을 적법하다고 수인하는 데에 있다. 다수설은 判斷의 餘地의 문제는 구체적인 경우에 마지막 인식에 대한 권한의 문제이고 이는 그때그때 적용되는 실체법상의 수권문제라고 하였다. 법 적용에 있어서 마지막 인식의 권한은 원칙적으로 법원에 있으나 예외적으로 행정에 있을 수 있으며 이로부터 행정과 사법 간의 권한배분의 문제가 발생된다고 한다. 참고로 상술한 유전공학법 제6조 제2항에 의하면 "운영자는 리스크 評價(Risikobewertung)의 결과에 상응하게 과학과 기술의 수준에 의해 요구되는 예방수단을 강구해야 하는데, 이는 제1조 1호에서 언급된 법익을 가능한 위험으로부터 보호하기 위함이며, 그러한 위험의 발생을 예방하기 위한 것이다."[27]라고 규정하고 있다.

그런데 유전공학법상 규정의 규범구조는 원자력법(AtG[28]) 제7조

---

26) *정하중*, 행정법총론, 법문사, 2005, 196면 이하 참조.

27) "Der Betreiber hat entsprechend dem Ergebnis der Risikobewertung die nach dem Stand von Wissenschaft und Technik notwendigen Vorkehrungen zu treffen und unverzüglich anzupassen, um die in § 1 Nr. 1 genannten Rechtsgüter vor möglichen Gefahren zu schützen und dem Entstehen solcher Gefahren vorzubeugen."

28) 독일은 1959년 12월 23일 핵에너지의 평화적 이용과 그 위험보호에 관한 법률(Gesetz über die friedliche Verwendung der Kernenergie und den Schutz gegen ihre Gefahren; Atomgesetz – AtomG)을 제정하였다(BGBl. 1959 I S.814; BGBl. 1985 I S.1565; 최근 개정 BGBl. 2002 I S.3322, 3342).

제2항 3호에 상응[29]하기 때문에, 이와 관련한 원자력법상 결정[30) 결과에 있어서 유전공학법상 행정법원의 統制密度는 유전공학법에서도 마찬가지로 축소될 수 있다고 한다. 참고로 원자력법 제7조 제2항 3호에 의하면 "허가는 3. 시설의 설치 및 가동을 통한 손해(Schäden)에 대해 과학과 기술의 수준에 의해 필요한 事前配慮(Vorsorge)를 강구한 경우에만 발급될 필요가 있다."[31)고 한다. 독일 연방행정법원은 미래예측의 대상이 되는 원자력법 제7조 제2항 제3호 규정의 위험의 판결권에 대하여 행정법원의 통제는 "위험의 조사와 그 평가에 대한 학문상 대립문제의 판단, 그리고 그로부터 도출되는 위험에 대한 행정청의 판정을 그 스스로의 평가로 대치하는 것을 의미하지는 않는다." 그러므로 "행정법원은 허가관청에 대해 자의가 배제된 조사를 바탕으로 이루어진 판단에 대하여 이를 단지 그 적법성 여부만 심사할 수 있을 뿐이지 그 스스로의 판단을 그에 대치할 수는 없다고 할 것이다."라고 하여 행정청의 判斷의 餘地를 인정하였다.[32)

더 나아가 행정청은 과학적 분쟁문제를 판단하고 그 프로젝트와 관련한 리스크를 평가하기 위하여 조직적이고 인적인 관점에서 더

---

29) BVerwG, NVwZ 1999, S.1232, 1233; OVG Berlin, ZUR 1999, S.37, 40; OVG Hamburg, ZUR 1995, S.93, 94; VG Hamburg, ZUR 1994, S.322 f.

30) 예컨대 BVerwGE 72, 300(316 f.); 106, 115(120 f.); 이러한 판례에 대한 비판적 견해 는 *Precht Fischer*, Umweltschutz durch technische Regelungen, 1989, S.102 und 144 f.; *Erhard Denninger*, Verfassungsrechtliche Anforderungen an die Normsetzung im Umwelt – und Technikrecht, 1990, S.188 참조.

31) "Die Genehmigung darf nur erteilt werden, wenn 3. die nach dem Stand von Wissenschaft und Technik erforderliche Vorsorge gegen Schäden durch die Errichtung und den Betrieb der Anlage getroffen ist."

32) *김해룡*, 행정상의 미래예측(Prognose)의 법리—독일의 경우를 중심으로—, 공법연구 제21 집, 1993, 356면 이하 참조. BVerwGE 72, 300 f.

나은 조직을 갖추고 있다고 했다.[33] 입법자는 행정청에 유전공학시설과 유전자변형생물체의 환경방출을 허가할 때 그들의 감정서를 고려[34]해야 하는 생물학적 안전을 위한 중앙위원회(Zentrale Kommission für die Biologische Sicherheit, ZKBS)와 함께 다른 전문가 위원회(sachverständiges Gremium)를 조직했다고 한다.[35] 여기에서 행정청에 부여된 判斷의 餘地는 개별법에 규정된 행정기관의 지위와 구성에 근거하고 있다고 한다. 행정기관은 관련된 사안에 필수적이고도 명확한 전문지식을 소유하고 있으며 또한 그의 구성원은 그가 속한 사회적 집단을 대표하고 있으며 합의에 따라 다른 행정기관으로부터 독립적이고 지시에 무관한 결정을 내릴 수 있기 때문에 마지막 인식에 대한 권한이 주어진다고 하였다. 그러나 법원의 리스크 評價는 전문성의 결여로 행정청의 가치판단을 대신할 수 없다고 했다.[36] 오히려 법원은 判斷의 餘地의 법적 한계의 통제에 대해서만 제한하게 해야 한다고 했다.[37] 다시 말해서 법원은 행정청 결정의 절차 하자, 리스크 調査와 리스크 評價의 하자 또는 자의적 자유(Willkürfreiheit) 등을 심사할 수 있을 뿐이라는 것이다.[38] 요컨대 행정청의 判斷餘地가 인정된다고 하여 처음부터 법원의 사법심사 대상에서 제외되는 것은 아니며, 判斷餘地에도 일정한 한계가 있다는 것이다.

---

33) BVerwGE 72, 300(317).

34) Vgl. §§ 11 Abs. 8, 16 Abs. 5, 4, 5 GenTG.

35) BVerwG, NVwZ 1999, S.1232, 1233 f.; OVG Berlin, ZUR 1999, S.37, 40; VG Berlin, ZUR 1996, S.41, 43.

36) BVerwG, NVwZ 1999, S.1232, 1234; OVG Berlin, NVwZ 1995, S.1023, 1024 f.; OVG Berlin, ZUR 1999, S.37, 40; OVG Hamburg, ZUR 1995, S.93, 94; VG Berlin, ZUR 1996, S.41, 43.

37) BVerwG, NVwZ 1999, S.1232, 1234.

38) OVG Berlin, ZUR 1999, S.37, 40; OVG Hamburg, ZUR 1995, S.93, 94; VG Berlin, ZUR 1996, S.41, 43; VG Freiburg, ZUR 2000, S.216, 217.

Ⅲ. 리스크 判斷의 餘地의 憲法的 背景

　행정의 수많은 不確定法槪念(unbestimmter Rechtsbegriff)에 대한 리스크 判斷의 餘地는 두 가지의 헌법적 근거로부터 정당성이 필요한 예외로서 간주되어야 한다.[39] 그 하나는 이러한 법형상(Rechtsfigur)이 기본법(GG) 제20조 제3항에서의 행정의 법률구속을 완화시킨다는 것이고,[40] 다른 하나는 행정법원의 통제범위가—기본법 제19조 제4항의 원칙적인 권리보호보장에 반하여—후퇴된다는 것이다.[41] 입법은 실제로 어떤 법적 요건의 구성에 있어서 부득이 不確定法槪念을 사용하는 형식으로 국민생활관계를 규율하는 경우가 흔하다. 이러한 법규범의 적용에 있어서는 행정청이나 사법부에 의한 해석의 기능이 중요한 의미를 지니게 된다고 할 것이다.[42] 참고로 기본법 제20조 제3항에 의하면 "입법은 헌법질서에 구속되고, 집행과 사법은 법률과 법에 구속된다."[43] 또한 기본법 제19조 제4항에

---

39) BVerwG, NVwZ 1991, S.568, 569; *Michael Kloepfer*, a.a.O, § 8 Rn. 51; *Christian Hofmann*, Der Beitrag der neueren Rechtssprechung des BVerfG zur Dogmatik des Beurteilungsspielraums, NVwZ 1995, S.740, 742; *Peine*, Allgemeines Verwaltungsrecht, 5. Aufl., 2000, S.52; *Hartmut Maurer*, Allgemeines Verwaltungsrecht, 13. Aufl., 2000, S.135; *Klaus Grupp*, Behördliche Beurteilungsspielräume im "schlanken Staat", Klaus Grupp / Michael Ronellenfitsch(Hrsg.), Planung－Recht－Rechtschutz, Festschrift für Willi Blümel zum 70. Geburtstag am 6. Januar 1999, 1999, S.139, 146.

40) *Schmalz*, Allgemeines Verwaltungsrecht, 3. Aufl., 1998, Rn. 120 ff.; *Klaus Grupp*, a.a.O, S.139, 143; *Precht Fischer*, a.a.O, S.114; *Matthias Kapteina*, a.a.O, S.151.

41) BVerwG, NVwZ 1991, S.568, 569; *Rainer Wahl*, Risikobewertung der Exekutive und richterliche Kontrolldichte－Auswirkungen auf das Verwaltungs－und das gerichtliche Verfahren, NVwZ 1991, S.409. 410; *Klaus Grupp*, a.a.O, S.139, 143; *Christian Hofmann*, a.a.O, S.740 f.; *Hartmut Maurer*, a.a.O, S.146; *Precht Fischer*, a.a.O, S.114.

42) *김해룡*, 전게논문, 339면 이하 참조.

43) "Die Gesetzgebung ist an die verfassungsmäßige Ordnung, die vollziehende Gewalt und die Rechtsprechung sind an Gesetz und Recht gebunden."

의하면 "공권력에 의하여 그 권리를 침해당한 자에게는 권리구제절차가 열려 있다."[44] 원칙적으로 연방헌법재판소의 견해[45]가 그러하듯이 행정결정은 비록 그 결정이 不確定法槪念의 해석에 근거할지라도 전체적 범위에서 그 법 적합성이 심사된다.[46] 그 때문에 행정청의 결정자유영역(Entscheidungsfreiraum)의 인정은 그 결정과 관련성이 있는 법규범을 그에 상응하는 수권의 해석 과정에서 끌어낼 수 있다는 것을 전제로 한다(이른바 規範的 授權理論).[47] 연방헌법재판소의 판결에 의하면 입법자는 꼭 해야만 하는 계획을 결정하지 않고 행정부에 함축적으로 권한을 배분해야 한다. 따라서 그러한 수권이 헌법적으로 무난하다면, 법원은 그 수권을 존중해야 한다.[48] 그러한 권한배분의 기준점은—해석할 수 있는 규정의 문언, 연혁 그리고 의미뿐만 아니라—법률의 조직적이고 절차 관련적인 규율 또는 심지어 규율하는 전문 분야의 특성까지도 체계적으로 고려할 수 있어야 한다.[49]

---

44) "Wird jemand durch die öffentliche Gewalt in seinen Rechten verletzt, so steht ihm der Rechtsweg offen."

45) BVerfGE 61, 82(111); 64, 261(279); 84, 34(49 f.); 88, 40(56); BVerfG, NJW 1993, S.917, 918; BVerfG, NJW 2001, S.1121, 1123.

46) BVerwG, NVwZ 1991, S.568, 569; Peine, a.a.O, S.52; Jarass, in: Jarass / Pieroth, GG, 5. Aufl., 2000, Art. 19 Rn. 47; Hartmut Maurer, a.a.O, S.148.

47) BVerfGE 61, 82(111); 88, 40(56); BVerfG, NJW 2001, S.1121, 1123; BVerwGE 72, 38(53 f.); 72, 195(199); 81, 12(17); BVerwG, NVwZ 1991, S.568, 569; Rainer Wahl, a.a.O, S.409; Peine, a.a.O, S.53; Hartmut Maurer, a.a.O, S.134 f.; Klaus Grupp, a.a.O, S.139, 143; Jarass, a.a.O, Art. 19 Rn. 48; Ralph A. Kroh, a.a.O, S.102, 103; Christian Hofmann, a.a.O, S.740, 742.

48) BVerfGE 88, 40(61); BVerfG, NJW 2001, S.1121, 1123.

49) Rainer Wahl, a.a.O., S.409, 411; BVerfG, NJW 2001, S.1121, 1123 f: Guy Beaucamp, a.a.O., S.25 ff.

Ⅳ. 遺傳工學法(GenTG)上 리스크 判斷의 餘地에 대한 正當性

사법 통제되는 判斷의 餘地를 행정에 인정할 수 있는 추상적인 조건에 대한 합의는 존재하지 않고 있다.[50] 그럼에도 불구하고 적어도 행정이 不確定法槪念을 최종적으로 책임진다고 해석될 필요가 있다는 일련의 사례들은 보다 더 낮은 추상적 단계에서 인정되었다. 그러나 다른 한편으로 그러한 사례들의 정확한 수와 분류에 관해서는 의견이 다양하다.[51] 여기에서는 다양한 분류작업에 몰두하지 않는다. 오히려 우선 중심적인 사례들의 경우들을 유전공학법에 적용할 수 있는지에 대하여 평가할 때에는 그 사례들의 근거가 중요하다. 여기에서는 행정법원이 유전공학계획의 허가라는 분야에서 행정기관에 리스크 判斷(Risikobeurteilung)에 대한 최종책임을 부여했는지에 관한 지식을 얻는 것을 목적으로 한다(Ⅳ. 1.). 다음으로 보다 더 상세하게 고찰하는 것은 유전공학법에 관한 결정에 의해서 명백하게 모델로서 이용되었던 원자력법상 행정의 評價特權(Einschätzungsprärogative)이다(Ⅳ. 2.). 이와 같이 행정기관의 判斷의 餘地에 대한 논쟁을 평가할 경우, 행정법원의 司法審査와 비교하여, 연방헌법재판소[52]의 명확하고 더 제한적인 입장을 참작하는 것이 의미가 있다.[53]

---

50) *Rainer Wahl*, a.a.O., S.409 f.

51) Peine 교수는 가능한 판단의 여지의 일반적인 유형화는 부족하다고 말하고 있다(*Peine*, a.a.O., S.53).

52) BVerfGE 84, 34(50); *Michael Kloepfer*, a.a.O., § 8 Rn. 44; *Rainer Wahl*, a.a.O., S.409, 413; *Hartmut Maurer*, a.a.O., S.137.

53) *Guy Beaucamp*, a.a.O., S.25 ff.

1. 리스크 判斷의 餘地가 認定되는 事例들의 論據

일반적으로 판례와 학설에 의하면, 행정청의 判斷의 餘地는 시험 성적의 평가(Prüfungsentscheidung)[54]의 경우와 공무원에 대한 근무 평정(beamtenrechtliche Personalbeurteilung)[55]의 경우에 평가될 수 있다고 한다. 이러한 사례들의 정당성은 중심적인 공통점을 제시하고 있다. 두 사례의 경우에 결정적인 역할을 하는 것은 시험법상 또는 공무원법상 전문용어하에서 가져올 수 있는 실제적 상황은 법원에 의해서 어떤 일을 마치 자기 스스로가 한 것처럼 그대로 이해될 수 없다는 점이다. 즉 상황의 再現이 不可能(Unwiederholbarkeit)하다는 것이다. 이러한 사법심사가 제한되는 결정의 사례들은 이른바 비대체적인 결정(unvertretbare Entscheidung)이라고 불린다. 여기에는 고도의 개인적이고 인격적인 사안에 관련된 결정들이 속한다. 시험의 경우 상술한 상황재현의 문제는 일반적으로 수많은 시험 감독관이 수많은 수험생을 평가하고 수험생 상호간을 비교하여 평가기준을 형성한다는 것 때문에 수포로 돌아가게 된다.[56] 또한 연방헌법재판소에 있어서도 확실하지만—물론 행정법원과 비교하여 보다 더 약한—시험법상 判斷自由餘地(Beurteilungsfreiräume)를 인정하기 위하여 다른 수험생들과의 기회균등은 근본적인 논쟁을 하

---

54) BVerwG, NVwZ 1999, S.74f.; BVerwGE 99, 74(76f.); 104, 203(205ff.); *Hartmut Maurer*, a.a.O, S.138 f.; *Peine*, a.a.O, S.53; *Ralph A. Kroh*, a.a.O, S.102, 103; *Ipsen*, Allgemeines Verwaltungsrecht, 2000, S.144; *Schmalz*, a.a.O., Rn. 124; *Precht Fischer*, a.a.O, S.82 f.; *Matthias Kapteina*, a.a.O, S.157; *Martin Ibler*, Rechtspflegender Rechtsschutz im Verwaltungsrecht, 1999, S.413 und 426.

55) BVerwG, NVwZ‑RR 2000, S.619, 620; BVerwG, NVwZ 1999, S.75, 76; BVerwGE 99, 371(377); BVerwG, NJW 1993, S.2546; *Hartmut Maurer*, a.a.O, S.138; *Peine*, a.a.O, S.54; *Ipsen*, a.a.O., S.147; *Schmalz*, a.a.O., Rn. 123; *Precht Fischer*, a.a.O, S.83; *Matthias Kapteina*, a.a.O, S.157.

56) BVerwG, NVwZ 1991, S.568, 569.

였다.57) 더구나 법원은 일정한 전문영역의 경우 시험감독관으로서의 흔한 활동에서 결과한 시험경험을 창조할 수 없다.58) 마찬가지로 법원에 의해서 인사판단을 마치 자기 스스로가 한 것처럼 그대로 이해한다는 것, 즉 그 결정의 대체성의 문제는, 판단하는 상급공무원과는 달리 판단을 받을 수 있는 하급공무원과 오랜 시간을 보낼 수 없기 때문에, 법관에게는 능력평가, 인사고과 그리고 승진결정 등에 있어서 성공하지 못한다고 볼 수 있다.59)

이미 언급한 사례의 상태가 표현하는 상황적 일회성(situative Einmaligkeit), 즉 상황재현의 불가능성은—일반적으로는 施設許可法60)이지만—유전공학적 프로젝트의 허가의 경우에는 존재하지 않는다. 오히려 신청서류와 절차의 진행에 따른 ZKBS의 전문가적 입장을 토대로, 법원은 행정청의 결정의 성과를 원칙적으로 심사할 수 있다. 그 때문에 시험 및 人事에 대한 判斷의 경우에 사례들의 論據는 유전공학법을 위해서 효과적이라고 볼 수 없다.

유전공학법상 허가절차에 있어서 지시로부터 독립적인 위원회로서 이미 언급한 ZKBS의 참여는 행정법원이 일정한 조건하에 마찬가지로 判斷自由餘地를 판정하는 전문가위원회 결정의—논쟁이 없는 것은 아니지만61)—사례들을 비교해 보는 것을 납득시킬 수도 있

57) BVerfGE 84, 34(50, 52); 84, 59(77); 88, 40(57); 찬성하는 견해로는 *Hartmut Maurer*, a.a.O, S.140; *Christian Hofmann*, a.a.O, S.740, 743; 반대하는 견해로는 *Martin Ibler*, a.a.O., S.374ff.

58) BVerfGE 99, 74(77).

59) *Bull*, Allgemeines Verwaltungsrecht, 6. Aufl., 2000, S.178; *Precht Fischer*, a.a.O., S.83.

60) *Precht Fischer*, a.a.O., S.82f.

61) 이러한 사례들에 비판적인 견해로는 예컨대 *Hartmut Maurer*, a.a.O, S.141; *Bull*, a.a.O., S.179.

다고 한다.62) 이와 관련하여 가장 유명한 실례는 청소년에게 유해한 서적과 미디어에 대한 연방심사청(Bundesprüfstelle)의 경우이다.63) 법원으로부터 자유로운 判斷의 餘地에 대한 근거로서 한편으로 이러한 전문가위원회의 다양한 구성과 다른 한편으로 그의 특별한 전문지식을 들 수 있다.64) 후자의 징표, 즉 특별한 전문지식은 마찬가지로 ZKBS에 적합한 반면, 전자의 다양한 구성은 적합하지 않다.65) 무엇보다도 ZKBS는 일종의 전문가위원회라고 볼 수 있다.66) 사실 유전공학법 제5조 제1항 2호에 의하면 중요한 사회집단의 몇몇 대표들(경제, 노동조합)은 영향을 미치지만, 전문가와 관련하여 위원회 목소리의 단지 약 33% 이상을 마음대로 할 수 있을 뿐이다. 참고로 유전공학법 제4조 제1항에 의하면 ZKBS라는 명칭 하에 관할권 있는 연방상급행정청에 전문가로 구성된 위원회가 설립되는데, 이러한 위원회는 유전공학시설에서의 유전공학작업을 위한 위원회와 환경방출 및 유통을 위한 위원회로 구성되어 있다. 또한 동법 제5조 제1항 2호는 "유전공학시설에서의 유전공학작업을 위한 위원회의 구성원은 다음과 같다. 2. 노동조합, 작업의 보호, 경제, 환경보호, 소비자 보호 그리고 연구가 요구되는 조직 등의 영역에서 각 1명의 전문가."라고 규정하고 있다. 또한 ZKBS는 비록 위원회는 그 입장이 유전공학법 제10조 제7항, 제12조 제4항, 제16조 제5항에 의해서 고려되어야 할지라도 단지 자문할 뿐이지 결코 결정하지 않는다고 볼 수 있다.67) 참고로 유전공학법 제10조 제7항에 의

---

62) 예컨대 BVerfGE 72, 195(200); BVerwG, NVwZ 1991, S.568, 569; BVerfGE 99, 371(377f.); *Hartmut Maurer*, a.a.O, S.138.

63) BVerfGE 39, 197(203f.); 77, 75(78); 91, 211(215f.).

64) BVerfGE 39, 197(204); 77, 75(78); 91, 211(215f.); *Peine*, a.a.O, S.54; *Jarass*, a.a.O, Art. 19 Rn. 48.

65) *Matthias Kapteina*, a.a.O, S.175.

66) *Arnim Karthaus*, a.a.O., S.61, 62 und 65.

하면 "허가에 대해 결정을 내리기 이전에 관할 관청은 관할 상급연방행정청에 대해 계획된 유전공학작업에 대한 안전기술상의 등급과 필요한 안전기술상의 조치를 위해 제5조에 의한 위원회의 견해를 수렴한다. 제5조에 의한 위원회는 자기의 견해를 즉시 제출한다. 그 견해는 결정할 때에 고려되어야 한다. 관할 관청이 결정을 함에 있어서 제5조에 의한 위원회의 견해와 일치하지 않는다면, 이에 대한 근거는 서면으로 제시해야 한다." 또한 동법 제12조 제4항에 따르면 "안전등급 2의 경우에, 유전공학작업이 이미 위원회에 의해 등급이 매겨진 유전공학작업과 비교될 수 없다면, 관할 관청은 관할 상급연방행정청에 대해 계획된 유전공학작업에 대한 안전기술상의 등급과 필요한 안전기술상의 조치를 위해 제5조에 의한 위원회의 견해를 수렴한다. 제5조에 의한 위원회는 자기의 견해를 즉시 제출한다. 그 견해는 결정할 때에 고려되어야 한다. 관할 관청이 결정을 함에 있어서 제5조에 의한 위원회의 견해와 일치하지 않는다면, 이에 대한 근거는 서면으로 제시해야 한다." 마지막으로 동법 제16조 제5항에 의하면 "허가를 승인하기 전에 제5a조에 의한 위원회는 신청을 제1조 1호에서 언급된 법익을 위협할 수 있는 위험과 연관하여 조사하고 평가하며, 제1항의 경우에는 계획된 안전조치를 고려하여 조사하고 평가하며, 첨가적으로 권고한다. 제10조 제7항 3문과 5문은 동일하게 적용된다." 따라서 다양한 구성의 결여와 결정결과에 대한 ZKBS의 단지 간접적인 영향 때문에 또 다른 자문회의 결정의 경우에 判斷의 餘地에 관한 유추를 할 수 없다고 보아야 할 것이다.[68]

---

67) *Arnim Karthaus*, a.a.O., S.61, 63 und 65; VG Freiburg, ZUR 2000, S.216, 217f.; *Ralph A. Kroh*, a.a.O, S.102, 105.

68) 원자력법상 전문가위원회의 비교 가능한 고려에 대해서는 Precht Fischer, a.a.O., S.89f. 참조; 일반적으로 환경법상 전문위원회의 참여에 대해서는 *Michael Kloepfer*, a.a.O., §

유전공학법상 判斷의 餘地의 근거에 관하여 똑같은 정도로 거의 유용하지 않는 것으로는 확실하게 계획적인 행정결정을 법원통제로부터 자유롭게 하는 사법부의 고려가 알려지고 있다.[69] 즉 이미 언급한 유전공학법 제11조 제1항 그리고 제16조 제1항의 결정적 규정은 羈束決定(gebundene Entscheidung)으로 형성되어 있어서 Ladeur[70]에 의해서 논쟁된 계획형량에 대한 유추는 확신할 수 없다.[71] 그 외에 구체화의 필요성이 있는 계획목표와 계획원리도 없다고 한다.[72]

2. 遺傳工學法(GenTG)과 原子力法(AtG)의 比較

이미 언급한 바와 같이(Ⅱ.), 원자력법과 비교는 유전공학법 제6조 제2항, 제11조 제1항 그리고 제16조 제1항의 경우 判斷의 餘地의 인정을 위한 중요한 논증의 초석을 제공하고 있다.[73] 언급한 유전공학법 규범과 원자력법 제7조 제2항 3호가 서로 공통점으로 하는 것은 양자가 '과학과 기술의 수준'이라는 표현을 사용하고 그에 따라 비록 실제로 시험을 필한 것은 아닐지라도 환경보호를 위해 과학적 지식에 의해 필요로 하는 것으로 보이는 진보적 절차를 투입할 것을 요구한다는 점이다.[74] 독일 연방행정법원은 미래예측의

---

8 Rn. 49. 참조.

69) 예컨대 BVerwGE 72, 38(52ff.)(병원계획); BVerwG, NJW 1989, S.3233, 3235(여객운송법에 의한 교통수요의 평가); BVerwG, NVwZ 1991, S.568, 569.

70) *Karl-Heinz Ladeur*, a.a.O., S.254, 261.

71) *Hans-Georg Dederer*, a.a.O., S.279; *Matthias Kapteina*, a.a.O., S.139f.; *Christian Tünnesen-Harmes*, a.a.O., S.131.

72) *Hans-Georg Dederer*, a.a.O., S.279; *Christian Tünnesen-Harmes*, a.a.O., S.131.

73) BVerwG, NvwZ 1999, S.1232, 1233; OVG 1999, S.37, 40; OVG Hamburg, ZUR 1995, S.93, 94; VG Hamburg, ZUR 1994, S.322f.; *Ralph A. Kroh*, a.a.O, S.102, 103.

74) BVerfGE 49, 89(136); *Michael Kloepfer*, a.a.O., § 3 Rn. 75.

대상이 되는 위험의 판정기준에 관해서는 "행정청이 그 허가를 함에 있어서 구체적인 건설 목적물의 건설과 가동에 있어 야기될 수 있는 모든 위험을 다 조사해야 한다. 이러한 판정기준이 되는 원자력법 제7조 제2항 3호에서 규정하고 있는 학문 및 기술의 수준의 의미는 "관련 기술에 관한 일반적으로 인정된 규율(die allgemein anerkannte Regeln der Technik)에 의할 것이 아니라, 기술의 현재적 수준(Stand der Technik)에 의거하여 판단해야 함을 뜻한다. 즉 행정관청은 제기된 모든 기술적 발전수준(또는 결과)에 대해 고려해야 할 의무가 있다." "이에 있어서는 허가관청은 하나의 지배적인 학설을 따를 것이 아니라 그에 관한 모든 학문적 지식을 이에 동원하지 않으면 안 된다." 그리고 "최신의 학문적 지식에 의하여(그것이 비록 소수적 결론이라 할지라도) 필요한 것으로 평가될 경우에는 그 필요한 예방조치를 해야 한다. 이는 바로 필요로 하는 예방수단이 현실적으로 가능한 기술수준 내에 한정되지 않음을 의미한다."라고 판시하여 행정청의 미래예측에 대한 사법부의 절차적·내용적 통제의 범위를 제시하였다.[75]

사실 유사한 문언이 존재하지만, 그러나 입법자를 통한 기술일반규정의 사용은 판례로 하여금 행정청에 判斷의 餘地를 인정하게 야기하는 것이 결코 아니라고 비판적으로 지적하고 있다. 그래서 연방행정법원의 견해에 의하면 비록 기술의 수준과 과학의 수준이 그들의 조사를 위해 개별적으로 고려되어야 할지라도, 연방임미시온방지법 제5조와 동법 제6조에 의한 허가요건은 제한 없는 사법심사를 받는다고 한다.[76] 또한 과학의 수준에 의하여 대체할 수 없는 해로

---

75) *김해룡*, 전게논문, 357면 이하 참조. BVerwGE 72, 300 f.

76) BVerwGE 55, 250(253f.); 일반적으로 임미시온방지법의 불확정법 개념에 대해서는 *Jarass*, BImSchG, 4. Aufl., 1999, § 48 Rn. 18 참조.

운 영향이 특히 자연 살림에 위협이 된다면, 식물보호수단의 허가를 배제한 식물보호법 제15조 제1항 3b호의 경우, 행정기관의 評價特權(Einschätzungsprärogative)은 거부되었다.[77] 여기에서 그러한 수권은 문언에서도 규정의 의미에서도 끌어낼 수 없다고 한다. 마지막 언급한 결정은 유전공학법에 대해 특별히 관련이 있다. 왜냐하면 유전공학법 제16조 제1항 3호와 동 조 제2항은 원자력법 제7조 제2항 3호보다 오히려 식물보호법 제15조 제1항 3b호와 더 강한 언어적 유사성을 갖고 있기 때문이다.

判斷의 餘地에 관해서 원자력법을 유전공학법에 유추할 것인가를 용인할 것인지에 대한 두 번째 중요한 논거로서는 행정청의 전문지식과 관련한 공통점을 들고 있다.[78] 원자력법과 유사한 유전공학법의 경우 행정청의 입장에서 전문지식을 결집하는 것이 적합해 보인다. 이러한 영역에서 모든 중요한 행정청의 결정은 ZKBS를 통해 동반된다.[79] 환경방출과 유통에 대한 결정의 경우 유전공학법 제14조 제1항에 의한 허가는 관할 상급연방행정청에 의해서 중심적으로 발령되고 농업경제와 산림경제를 위한 생물학적 연방시설, 환경연방청 등[80]과 함께 보충적 전문행정청이 자문적으로(beratend) 이러한 결정절차에 개입하게 된다.

이와 관련하여 법원에는 행정과 비교하여 필요한 전문성이 결여되어 있다는 지적[81]이 의미하는 바는 법원이 개별 규율대상의 복잡

---

77) BVerwGE 81, 12(17).

78) *Christian Tünnesen-Harmes*, a.a.O., S.112f.

79) *Michael Kloepfer*, a.a.O., § 16 Rn. 24; *Karthaus*, a.a.O., S.61, 65; *Ralph A. Kroh*, a.a.O, S.102, 105.

80) 개별적인 것은 유전공학법 제16조 제4항 참조.

성과 분쟁성에 관하여 이를 자기 마음대로 창조할 수는 없다는 것이다. 다시 말해서 일반적으로 판사는 전문가 감정의 경우에 필요한 정보를 조정해야 할 의무가 있다는 것이다.[82]

물론 행정기관의 判斷餘地의 정당화를 위해서는 단지 전문가위원회의 참여만으로 충분하지는 않다.[83] 원자력법의 경우 보충적으로 가정적인 분야에서 일어나는[84] 리스크의 전문가적 평가가 중요하다고 여기는 전문 분야의 특성이 다시 덧붙여져야 한다.[85] 원자력법과 유전공학법 사이에서는 그러한 측면에서 첫눈에 전체적으로 비교해 볼 수 있다. 왜냐하면 원자력발전시설의 설치의 초기에서처럼 유전공학의 분야에서 실현된 손해의 사례가 부족하기 때문에 처음에 발생된 리스크에 대한 경험이 없기 때문이다.[86]

그러나 두 규율 분야의 더 상세한 고찰은 중요한 차이점을 밝히고 있다. 우선 최고로 예상되는 손해의 크기는 일치하지 않고 매우 다르다. 유전자변형생물체의 의도하지 않은 확산은 원자력발전소의 사고와 달리 직접적으로 건강 또는 생명위협을 불러일으키지 않고

81) BVerwG, NVwZ 1999, S.1232, 1234; OVG Berlin, NVwZ 1995, S.1023, 1024f.; OVG Berlin, ZUR 1999, S.37, 40; OVG Hamburg, ZUR 1995, S.93, 94; VG Berlin, ZUR 1994, S.41, 43; 원자력법에 대해서는 BVerwGE 72, 300(317) 참조.

82) BVerwGE 81, 12(17); Hartmut Maurer, a.a.O, S.148; 시험사례의 경우에는 BVerfGE 84, 34(55)와 BVerwG, NVwZ 1999, S.187 참조.

83) 전문가위원회의 결정의 마치 자기 스스로가 한 것처럼 그대로 이해할 가능성, 즉 대체 가능성에 대해서는 BVerwG, NVwZ 1991, S.568, 570; *Christian Tünnesen – Harmes*, a.a.O., S.112.

84) *Rainer Wahl*, a.a.O., S.409, 410.

85) BVerwGE 49, 89(138); BVerwGE 72, 300(316f.); *Hans – Georg Dederer*, a.a.O., S.327; *Hartmut Maurer*, a.a.O, S.148.

86) *Hans – Georg Dederer*, a.a.O., S.327; *Rainer Wahl*, a.a.O., S.409, 410.

일반적으로 장기손해를 야기하지 않는다.[87] 게다가 의미 있는 차이점은 기존시설의 숫자에 있다. 가동 중인 독일 원자력발전소는 약 20개인 반면,[88] 유전공학시설은 약 3500개이고 환경방출은 약 600번 있었다.[89] 따라서 원자력법과 비교하여 유전공학법상 허가절차는 거의 집단현상으로 기술된다. 1:200이라는 관계는 독일뿐만 아니라 다른 연구중심 산업국가에도 해당될 수도 있다. 이러한 숫자상 차이는 부분적으로 개별적으로 차이가 있는 투자액수로 환원할 수 있다. 원자력발전소의 설치는 대형 콘체른에 의해서 조달될 수 있는 투자를 요구하고, 게다가 국가의 보장을 필요로 하는 반면에, 유전공학적 프로젝트는 중소규모의 프로젝트 주체에 의해서 지불될 수 있다.[90] 국가적 기술촉진은 원자력 분야에서 불가결하다고 알려진 반면, 유전공학 분야에서는 강제적으로 필요한 것으로 보이지 않는다.[91] 더 나아가 평균적인 유전공학 계획의 더 적은 복잡성은 가동수명을 인식할 수 있다. 원자력발전소의 경영자는 약 40년까지의 가동수명을 고려하는 반면에, 유전공학적 프로젝트는 수년을 목표로 삼아 투자할 수 있다.[92]

이미 언급한 두 규율 분야 사이의 차이점은 각각의 과학적인 지식에 대하여 영향이 없이 남아 있는 것은 아니다. 그 사이 전 세계적으로 가동되거나 이미 종료된 수많은 유전공학적 프로젝트는 안

---

87) *Hans−Georg Dederer*, a.a.O., S.97.

88) *Bernd Bender / Reinhard Sparwasser / Rüdiger Engel*, a.a.O., S.455.

89) 2001년 4월 현재 데이터, 로버트-코흐-연구소의 인터넷 사이트 http://www.rki.de 참조.

90) *Dolata*, Die Bio−Industrie, in: Emmrich(Hrsg.), Im Zeitalter der Bio−Macht, 1999, S.247, 255.

91) *Dolata*, a.a.O., S.247, 255f.

92) *Bernd Bender / Reinhard Sparwasser / Rüdiger Engel*, a.a.O., S.457.

전성과 가능한 효과라는 관점에서 충분한 경험을 축적하여서, 수많은 과학적 분쟁문제에 답변할 수 있게 되었다. 여기에서 고려해야 할 점은 일반적인 리스크 評價(Risikoabschätzung)의 처리를 용이하게 하는 예컨대 옥수수, 콩, 유채, 여러 야채 종류 등 단지 소수의 경작 작물은 유전자변형 형태로 환경방출 된다는 것이다. 그로 인하여 수많은 초기 가정적 리스크는 평가할 수 있었다고 한다.

요약건대 개별 전문 분야의 특성에 있어서 그의 숫자, 비용 그리고 리스크에 관한 유전공학적 계획(gentechnische Vorhaben)은 원자력법상 시설보다 임미시온방지법상 시설의 경우에 더 먼저 비교할 수 있는 것으로 보인다. 따라서 이러한 관점에서 유전공학법상 判斷의 餘地의 인정은 확신할 수 없다고 알려지고 있다.

V. 遺傳工學法(GenTG)上 리스크 判斷의 餘地에 대한 基本權의 意味

행정의 評價 特權(Einschätzungsprärogative)의 거부를 위한 논거로서 유전공학법상 결정의 基本權關聯性은 보충적으로 인용하게 된다. 다시 말해서 경영자의 측면에서는 기본법 제5조 제3항과 동법 제12조 제1항을 근거로 하고, 잠재적 당사자의 측면에서는 동법 제2조 제2항 1문을 근거로 한다는 것이다.[93] 참고로 기본법 제5조 제

---

93) *Matthias Kapteina*, a.a.O., S.175 f.

3항에 의하면 "예술과 학문, 연구와 교수는 자유이며"94) 또한 동법 제12조 제1항에 의하면 "모든 독일인은 직업, 직장 및 직업훈련장을 자유로이 선택할 권리를 가진다."95)라고 한다. 아울러 동법 제2조 제2항 1문에 의하면 "누구든지 생명권과 신체를 훼손당하지 않을 권리를 가진다."96)라고 규정하고 있다. 이러한 고찰은 연방헌법재판소가 통제로부터 자유로운 행정의 決定餘地를 허용할 경우의 審査基準과 관련을 맺는다. 연방헌법재판소는 자신의 일련의 판결을 통하여 행정법원에 의하여 인정된 행정청의 判斷의 特權을 행정결정의 基本權關聯性의 관점에서 위헌으로 판정하였다. 법원은 기본권이 判斷의 餘地를 제한할 수 있다는 점을 여러 차례 확인했고, 사실 개별 기본권의 의미와 개별 기본권침해의 강도에 의존했다.97) 예컨대 시험결정은, 특정한 경우에 수험생이 매우 노력한 직업에 접근하는 것을 거절하기 때문에, 심하게 기본권을 침해하게 된다는 것이다.98) 이러한 점은 시험법상 判斷의 餘地의 내용적 한계를 갖게 하는데, 이러한 대체 가능하고 합리적인 근거가 있는 해결을 오류라고 평가해서는 아니 된다.99) 또 다른 실례로는 청소년유해도서심사위원회(Bundesprüfstelle)의 판단 여지를 제한할 수 있는 기본법 제5조 제3항의 예술의 자유를 들 수 있다.100) 연방헌법재판소에 의하

---

94) "Kunst und Wissenschaft, Forschung und Lehre sind frei."

95) "Alle Deutschen haben das Recht, Beruf, Arbeitsplatz und Ausbildungsstätte frei zu wählen."

96) "Jeder hat das Recht auf Leben und körperliche Unversehttheit."

97) BVerfG, NJW 1991, S.1471, 1474; BVerfGE 84, 34(54 f.); 84, 59(77 f.); 88, 40(59); BVerfG, NJW 2001, S.1121, 1124; *Jarass*, a.a.O, Art. 19 Rn. 48; *Conrad Pfaundler*, Der atomrechtliche Gefahrenbegriff‐ein unbestimmter Rechtsbegriff mit Beurteilungsspielraum? UPR 1999, S.336, 338.

98) *Christian Hofmann*, a.a.O., S.740, 744.

99) BVerfGE 84, 34(55); 연방헌법재판소의 입장에 따른 연방행정법원의 경우로는 예컨대 BVerwG, NVwZ 1999, S.74.

면 "행정법원은 기본법 제5조 제3항에서 보호하고 있는 저자나 출판사의 예술의 자유와 청소년의 보호라는 법익을 상호 형량하여야 하며 유해성 판정이 예술의 자유와 합치하는지의 여부의 심사를 단지 심사위원회가 판단 여지를 갖는다는 이유로 포기하여서는 아니 된다."라고 판시하였다. 다시 말해서 연방헌법재판소는 동 판결에서 외설적 소설을 청소년에게 유해하다고 판정한 동 심사위원회의 판정을 청소년보호라는 공익과 출판사의 예술의 자유라는 법익을 충분히 형량하지 않았다고 취소하였던 것이다.[101]

만약 이러한 기준을 유전공학법상 判斷의 餘地에 옮겨 놓으면, 과연 유전공학법상 허가가 관련 기본권을 얼마나 심하게 침해할까라는 문제가 제기될 수 있다. 다시 말해서 다만 基本權 關聯性만은 기본법 제2조 제1항에 의한 인격의 자유로운 발현이라는 기본권에 대한 언급이 명확하게 할 수도 있는 判斷의 餘地의 거부를 위해 결정적일 수 없다는 것이다. 참고로 상술한 기본법 제2조 제1항에 의하면 "누구든지 타인의 권리를 침해하지 않고 헌법질서나 도덕률에 반하지 않는 한, 자신의 인격을 자유로이 발현할 권리를 가진다."라고 규정되어 있다.

비록 이전에는 드물었지만 유전공학법상 허가를 거절할 경우에는 신청자의 직업 활동의 자유뿐만 아니라, 특히 의미 있는 연구의 자유를 부정적으로 근거 삼는다. 여기에서는 무제한의 예술의 자유를 비교하는 것과 기본권효력을 고려하여 判斷의 餘地의 한계를 인정하는 것은 대체될 수 있을 것으로 보인다. 그럼에도 불구하고 게다

---

100) BVerfG, NJW 1991, S.1471, 1474.
101) 정하중, 전게논문, 공법연구 제23집 3호, 176면 이하 참조.

가 시험법102)뿐만 아니라 심사 위원회(Bundesprüfstelle)의 표시결정103)과 관련해서도 의미 있는 것으로 간주되지 않았던 완전한 사법통제는 필요하지 않는 것으로 보인다.104)

다른 한편으로 사회적으로 적합하다고 받아들이는 잔여 리스크(Restrisiko)를 능가하는, 유전공학적 프로젝트에 의해서 야기된 참여하지 못한 제3자에 대한 생명 또는 건강 위험은 증명될 수 없었기 때문에, 발령된 유전공학법상 허가의 기본권효력을 낮다고 평가해야 할 것이다.105) 또한 유전공학적 환경방출시험을 통한 재산권 침해를 배제할 수도 있다.106) 따라서 유전공학법상 결정의 基本權 關聯性으로부터 파생된 논쟁은 다만 부분적으로만 확신할 수 있는 것이다.107)

---

102) BVerfGE 84, 34(55); 84, 59(77).

103) BVerfG, NJW 1991, S.1471, 1474.

104) A.A. *Matthias Kapteina*, a.a.O., S.175.

105) VG Hamburg, ZUR 1994, S.322 f.; *Hans−Georg Dederer*, a.a.O., S.97, 329 und 331.

106) OVG Berlin, ZUR 1999, S.37, 41; OVG Berlin, ZUR 1999, S.50, 51; VG Berlin, ZUR 1994, S.41, 43; OLG Stuttgart, ZUR 2000, S.357, 358; *Michael Kniesel / Wolfgang Müllensiefen*, a.a.O., NJW 1999, S.2564, 2568.

107) *Guy Beaucamp*, a.a.O., S.28 ff.

Ⅵ. 맺는 말

본 연구는 유전공학법(Gentechnikgesetz)상 리스크 判斷의 餘地에 관하여 독일의 경우를 중심으로 먼저 리스크 判斷의 餘地에 관한 판례의 논증 및 헌법적 문제를 간단히 살펴본 다음, 유전공학법상 행정의 최종적인 결정권한에 대한 근거를 判斷의 餘地에 대하여 또 다르게 인정된 사례들의 근거와 관련하여 비판적으로 고찰하고, 마지막으로 유전공학법상 결정의 基本權 關聯性이 리스크 判斷의 餘地의 인정을 배제하는지 여부를 문제 삼았다. 이렇게 독일에서의 유전공학법상 리스크 判斷의 餘地를 둘러싼 학설·판례상의 논쟁을 비판적으로 고찰한 것은 향후 한국에서의 이 분야의 연구에 작은 보탬이 될 것이다.

요약건대 독일 유전공학법 제11조 제1항과 동법 제16조 제1항은 허가요건으로서 危險 防止와 리스크 事前配慮를 위한 의무를 명하면서 여러 가지 不確定法槪念을 사용하고 있다. 독일의 다수의 학설과 판례에 의하면 법률요건에 不確定法槪念이 사용된 경우에는 하나의 올바른 결정의 원칙만이 가능하다. 따라서 원칙적으로 다른 法槪念과 마찬가지로 제한 없는 司法 審査의 대상이 되었다. 다만 아주 제한된 영역에서 즉 한계적인 상황에서만 행정청의 判斷의 餘地를 인정하여 사법의 행정에 대한 統制 密度의 축소를 정당화했다. 이러한 判斷의 餘地의 전형적인 사례로 인정한 것은 교육적인 가치결정, 즉 시험 및 시험유사적인 결정, 공무원법에 있어서 상급자의 하급자에 대한 판단, 합의제 행정기관에 의하여 내려진 전문적인 결정, 예측결정 등을 들 수 있었다. 특히 본 연구에서 다루는 유전공학 분야에서의 장래 리스크에 대한 판단 등과 같은 미래지향적인 예측결정은 과거사실에 대한 소극적 판단인 진단을 내용으로 하는 사법적 판단의 대상으로 삼기에는 부적절한 영역이라고 한다. 따라서 이들 판단에 대해서는 행정기관의 判斷의 餘地를 인정해 그 판단을 존중해 주어야 할 것이라고 한다. 이와 같이 부분적인 생활영역에서 행정청의 판단 여지들을 인정한 것은 법률요건상에 사용된 不確定槪念이 法槪念으로 단 하나의 올바른 결정을 허용하며 따라서 완전한 사법심사의 대상이 된다는 기본원칙을 상당히 완화한 것이라고 볼 수 있다.

判斷의 餘地의 이론은 연방헌법재판소의 1991년 4월 17일 두 판결을 통하여 시험결정에 대한 행정청의 判斷의 餘地를 제한하여 현저하게 수정될 운명에 놓였다. 두 판결을 통해서 사법의 행정에 대한 統制 密度의 축소를 다시 매우 수정한 것이다. 이 판결에 따르면 시험의 전문적인 평가에 있어서는 법원이 전문가의 도움을 얻어 판결을 내려야 하나, 시험결정에 있어서 시험에 특수한 가치평가에는 행정청의 判斷의 餘地를 제한적으로 인정하였다.

그에 반해서 전문지식에 의한 判斷의 餘地는 유전공학법에 있어서 고려될 수 있다고 하는 견해도 있다. 독일에서 해당 유전공학법 문헌의 지배적인 견해에 의하면, 유전공학법 제11조 제1항 4호에 따른 유전공학시설의 허가와 동법 제16조 제1항 2호에 의한 유전자변형생물체의 환경방출에 대한 법원의 결정은 다음과 같은 점을 전제로 하여 출발하고 있다고 한다. 즉, 관할권이 있는 행정청에 科學과 技術의 水準에 의해 필요한 안전예방수단에 관하여 리스크 判斷의 餘地가 인정된다는 것이다. 프라이부르크 행정법원(VG Freiburg)

의 견해에 의하면 필요한 안전등급을 위해 과학과 기술의 수준에 의해 필요한 예방수단이 강구되었고, 그 때문에 유전공학법 제1조 1호에서 언급된 법익에 해를 끼치는 작용을 기대할 수 없음이 보장된 경우인지의 여부는 감수할 수 있는 리스크와 감수할 수 없는 리스크로 구분될 수 있는 2단계 시스템에서 설명될 수 있다고 한다. 동 판결에서 법원은 유전공학작업의 안전기술등급에 관하여 행정청에 사법적으로 완전히 심사할 수 없는 결정 특권(Entscheidungsprä-rogative)을 인정하였다. 연방행정법원은 행정청의 판단 여지를 명백히 인정하였다.

그러나 본 연구는 이러한 지배적인 견해의 입장을 비판적으로 반대하고 있고, 또한 그 근거를 충분히 가지고서 이러한 지배적인 입장을 재검토할 계기를 만들어 주고 있다. 우선 이미 언급한 判斷의 餘地를 인정받은 시험결정사례의 상태가 표현하는 상황재현의 불가능성은 유전공학적 프로젝트의 허가의 경우에는 존재하지 않는다고 볼 수 있다. 오히려 법원은 신청서류와 절차의 진행에 따른 ZKBS의 전문가적 입장을 토대로 행정청의 결정의 성과를 원칙적으로 심사할 수 있을 것이다. 또한 헌법적인 관점에서 사법통제를 받는 判斷의 餘地는 행정청에 예외적이어야 한다. 다시 말해서 또 다른 법적 상태에로의 유추적 변환은 단지 드물게 성공할 것이라는 점이다. 그러한 변환, 즉 원자력법으로부터 유전공학법으로의 변환에 대한 납득할 수 있는 고찰은 지금까지 논의한 논문의 핵심부분이라고 말할 수 있다. 여기에서 마지막으로 확인할 수 있는 것은 判斷의 餘地에 관한 판례를 유전공학법에서는 확신할 수 없다는 점이다. 왜냐하면 특히 원자력법과 유전공학법상 규율대상에 있어서 그 주장된 비교가능성은 존재하지 않기 때문이다. 상술한 바와 같이 개별 전문 분야의 특성에 있어서 그의 숫자, 비용 그리고 리스크에 관한 유전공학적 계획은 원자력법상 시설보다 그 허가의 경우에 행정청의 判斷의 餘地가 인정되지 않는다고 하는 임미시온방지법상 시설의 경우에 더 먼저 비교할 수 있는 것으로 보인다. 따라서 이러한 관점에서 유전공학법상 判斷의 餘地의 인정은 확신할 수 없다고 할 수 있다.

우리 판례에서는 아직 判斷의 餘地 理論을 도입하고 있지 않으며, 시험 및 시험유사적인 결정 등에서는 독일의 판례와는 달리 일관되게 행정청의 判斷의 餘地 대신에 재량을 인정하여 왔다. 그러나 행정행위의 요건을 不確定法槪念으로 규정한 경우라도 원칙적으로 不確定法槪念도 법 개념으로 단 하나의 올바른 해결만을 허용하며, 따라서 법원은 그에 대하여 제한 없는 전면적 사법심사의 대상이 되어야 할 것이다. 다만 判斷의 餘地는 예외적인 경우에 한하여 인정되는 것이며, 그 예외는 결정상황 또는 특수한 사실관계로 인하여 사법 심사가 불가능하거나 완벽하게 행해질 수 없는 경우로서 법적으로 불가피한 한계 영역에서나 인정되어야 하는 것이다. 다시 말해서 단지 사물의 본질상 행정의 형성의 자유를 허용할 수밖에 없는 행정청의 제한된 判斷의 特權을 허용하여야 할 것이다. 이 경우에도 행정청의 결정이 개인의 기본권에 관련되는 경우에는 행정의 목적과 기본권과의 형량을 통하여 실천적 조화에 이르도록 하여야 할 것이다. 이러한 논의를 유전공학법상 判斷의 餘地에 옮겨 놓으면, 과연 유전공학법상 허가는 관련 기본권을 얼마나 심하게 침해할까라는 의문이 든다. 다시 말해서 다만 基本權 關聯性은 특정 判斷의 餘地의 거부를 위해 반드시 결정적인 작용을 할 수만은 없다는 것이다.

| 參考文獻(Literatur) |

I. 국내문헌

김해룡, 행정상의 미래예측(Prognose)의 법리—독일의 경우를 중심으로—,
　　　공법연구 제21집, 1993.
장태주, 행정법개론, 현암사, 2005.
정하중, 행정법에 있어서 재량과 판단 여지 그리고 사법심사의 한계,
　　　공법연구 제23집 3호, 1995.6.
정하중, 행정법총론, 법문사, 2005.

II. 외국문헌

Appel, Ivo, Anmerkung: Vereinfachte Freisetzung gentechnisch ver-
　　　änderter Organismen? ZUR 1999.
Beaucamp, Guy, Zum Beurteilungsspielraum im Gentechnikrecht, DÖ-
　　　V 2002.
Bender, Bernd / Sparwasser, Reinhard / Engel, Rüdiger, Umweltrecht,
　　　4. Aufl. 2000.
Bull, Allgemeines Verwaltungsrecht, 6. Aufl., 2000.
Dederer, Hans－Georg, Gentechnikrecht im Wettbewerb der Systeme, Fre-
　　　isetzung im deutschen und US－amerikanischen Recht, 1998.
Denninger, Erhard, Verfassungsrechtliche Anforderungen an die Nor-
　　　msetzung im Umwelt－und Technikrecht, 1990.
Dolata, Die Bio－Industrie, in: Emmrich(Hrsg.), Im Zeitalter der Bio－
　　　Macht, 1999.
Fischer, Precht, Umweltschutz durch technische Regelungen, 1989.

Grupp, Klaus, Behördliche Beurteilungsspielräume im "schlanken Staat", Klaus Grupp / Michael Ronellenfitsch(Hrsg.), Planung − Recht − Rechtschutz, Festschrift für Willi Blümel zum 70. Geburtstag am 6. Januar 1999, 1999.

Hofmann, Christian, Der Beitrag der neueren Rechtssprechung des BVerfG zur Dogmatik des Beurteilungsspielraums, NVwZ 1995.

Ibler, Martin, Rechtspflegender Rechtsschutz im Verwaltungsrecht, 1999.

Ipsen, Allgemeines Verwaltungsrecht, 2000.

Jarass, BImSchG, 4. Aufl., 1999.

Kapteina, Matthias, Die Freisetzung von gentechnisch veränderten Organismen, 2000.

Karthaus, Arnim, Die Zentrale Kommission für die Biologische Sicherheit, ZUR 2001.

Kloepfer, Michael, Umweltrecht, 2. Aufl., 1998.

Kniesel, Michael / Müllensiefen, Wolfgang, Die Entwicklung des Gentechnikrechts seit der Novellierung 1993, NJW 1999.

Kroh, Ralph A., Risikobeurteilung im Gentechnikrecht, DVBl. 2000.

Ladeur, Karl − Heinz, Gefahrenabwehr und Risikovorsorge bei der Freisetzung von gentechnisch veränderten Organismen nach dem Gentechnikgesetz, NUR 1992.

Lege, Joachim, Das Recht der Bio − und Gentechnik, in: Schulte(Hrsg.), Handbuch des Technikrecht, 2003

Maurer, Hartmut, Allgemeines Verwaltungsrecht, 13. Aufl., 2000.

Peine, Allgemeines Verwaltungsrecht, 5. Aufl., 2000.

Pfaundler, Conrad, Der atomrechtliche Gefahrenbegriff − ein unbestimmter Rechtsbegriff mit Beurteilungsspielraum? UPR 1999, S.336, 338.

Ronellenfitsch, Michael, in: Eberbach, Wolfram / Lange, Peter / Ronellenfitsch, Michael(Hrsg.), Recht der Gentechnik und Biomedizin, Loseblattsammlung, Heidelberg, Stand: Juni 2003.

Michael Ronellenfitsch, Höchstrichterliche Rechtsprechung zum Verwaltungsrecht, Die Entwicklung des Gentechnikrechts－2. Teil, in: VerwArch 93(2002).

Schmalz, Allgemeines Verwaltungsrecht, 3. Aufl., 1998.

Tünnesen－Harmes, Christian, Risikobewertung im Gentechnikrecht, 2000.

Wahl, Rainer, Risikobewertung der Exekutive und richterliche Kontrolldichte－Auswirkungen auf das Verwaltungs－und das gerichtliche Verfahren, NVwZ 1991.

제4장

遺傳工學法(GenTG)上 消費者 · 農業從事者 및 環境의 保護

I. 들어가는 말

遺傳工學은 핵에너지, 우주여행 그리고 마이크로전자에서와 마찬가지로 20세기 및 21세기에 즈음해서 중요한 기술혁신으로 간주되고 있다. 그리고 그 기술의 긍정적인 적용가능성은 매우 커 보이기 때문에 유전공학은 다가오는 세기에 있어서 문제해결을 위한 열쇠 기술이라고 칭해지고 있다.[1]

최근 독일연방정부는 2004년 11월 26일 연방의회(Bundestag)에서 유전공학법(Gentechnikgesetz)[2]을 재차 개정하여 의결했다. 그 법은 연이어 연방대통령에 의해서 서명되었으며, 또한 유럽연합위원회 (EG‒Kommission)에서도 통지되었다. 결국 2005년 2월 4일 그 법은 효력을 발생하게 되었고, 그 법에서는 農業과 消費者들을 위해서 '保護(Schutz), 透明性(Transparenz) 그리고 法的 安全(Rechtssicherheit)'에 관한 법적 장치가 마련된 것이다. 2004년 11월 5일 연방상원(Bundesrat)은 그 법 개정안을 반대하면서 農業‒遺傳工學(Agro‒Gentechnik)을 위한 대폭적인 완화를 요구했다. 연방하원(Bundestag)

---

1) Caesar, in: Jahrbuch des Umwelt‒und Technikrechts 1990, S.11.

2) 특히 독일은 1990년 6월 20일에 遺傳工學技術의 規律에 관한 法律(Gesetz zur Regelung der Gentechnik; Gentechnikgesetz‒GenTG)을 제정하였다(BGBl. 1990 I, S.1080; BGGl. 1993 I, S.2066; BGBl. 2002 I, S.3220; BGBl. 2004 I. S.186).

과 연방상원 사이의 협상절차는 그 이전에 2004년 10월 27일 갈라졌다. 기독교민주연합(CDU)과 기독교사회연합(CSU)은 무엇보다도 責任問題 및 透明性과 관련하여 연방상원에서 광범위한 개정을 완고하게 주장했던 것이다. 연방정부는 유전공학법(Gentechnikgesetz)에서 물론 연방상원의 동의에 의존하지 아니하고 그 때문에 그 법을 제정할 수 있었다.

다음 단계에서는 구체적인 下位命令(Verordnung)이 연방정부에 의해서 의결되어야 한다. 연방상원은 여기에서 명백히 강경한 입장을 가지고 있다. 즉 지방정부(Länder)를 통한 이행이 성공하기 때문에 하위명령은 會議所(Kammer)의 동의에 의해서만 발령될 수 있다는 것이다. 하위명령은 특별히 유전자변형농작물을 재배하는 농업종사자(Gen‐Bauer)를 위한 재배규정 및 환경‐모니터링(Umwelt‐Monitoring)을 구체화할 것이다. 유럽연합 방출지침(Freisetzungsrichtlinie) 2001 / 18의 이행을 위한 이러한 두 번째 단계는 추측건대 2005년에 완성될 것이다. 또한 독일사회당(SPD)의 의해서 지배되는 聯邦州(Bundesländer) 내에서조차도 논쟁이 심했던 책임 및 재배토지(Anbaukataster)에 관한 개별적인 문제들은 여기서 다시 한번 이야기의 실마리를 끌어낼 것이다.

재배규정, 투명성 그리고 책임규정 등은 새로 개정된 유전공학법에서 非遺傳工學農業(gentechnikfreie Landwirtschaft)을 보호하고 있다. 그러나 구체적으로는 아직도 수많은 문제가 남아서 하위명령에서 규정되어야 한다. 본 연구는 또다시 개정되어야 할 입법과제를 부담하고서 최근에 개정된 독일 유전공학법에 관한 내용을 분석하여 소개하고 그 내용의 미흡한 점을 비판적으로 지적하는 것을 목적으로 한다.

II. 遺傳工學의 一般的 基礎

生命工學[3]의 한 부분이라고 묘사되는 遺傳工學의 개념에 관해서는 다음과 같이 定義할 수 있다. 즉 유전물질의 특성화 및 고립화, 유전물질의 새로운 조합 또는 다른 생물환경에서 새로 조합된 유전물질의 재도입 및 증식이라고 정의함이 바로 그것이다.[4] 유전공학의 도움으로 미생물, 식물, 동물 그리고 인간 등의 유전자를 의도적으로 변형하는 것이 가능하게 되었다.

독일에서 1990년 7월 1일 유전공학법률이 발효된 이래로 최근에 개정된 유전공학법과 관련해서 제기되는 법적 문제를 고찰하고 이해하기 위해서는 먼저 自然科學的 基礎와 이 技術의 方法 및 遺傳工學의 機會와 리스크를 논의하는 것이 필요하다.

1. 自然科學的 基礎와 遺傳工學의 方法

왜 자식은 부모를 닮을까? 이 문제는 유전자를 떼어 놓고는 설명할 수가 없으며 이런 유전 현상을 결정지어 주는 물질이 바로 'DNA'이다. 모든 생물유기체의 유전물질은 짧게 DNA[5]라고 불리는 동일한 화학물질로 구성되어 있다.[6] 기능상 단일체를 형성하는

---

3) 生命工學은 미생물, 식물세포 또는 동물세포 그리고 기술절차상 또는 산업적 생산 과정에서 이들의 구성부분들을 조작할 목적을 가진 생물, 화학 그리고 절차공학상 지식의 총체적 적용을 말한다.

4) Enquete - Kommission, Chancen und Risiken der Gentechnologie, S.7.

5) Deoxyribonukleic acid의 머리글자를 따서 줄인 말.

DNA의 정해진 단편은 遺傳子(Gene)라고 일컬어진다. 또한 모든 유전자의 총합, 즉 하나의 세포에 들어 있는 전체 DNA를 게놈(Genom)이라 명명한다. 멘델에 의해 유전의 법칙이 발견된 것은 1865년이고 이 법칙이 다른 사람들에 의해 재발견된 것이 1901년이지만, DNA는 발견된 지 아직 100년도 되지 않는다. DNA가 유전물질임을 발견한 것이 그리피스에 의해 1944년이고 DNA 구조가 알려진 것도 왓슨과 클릭에 의해 1953년에 불과하다. 그러나 당시에는 DNA가 가진 유전정보를 제대로 해석하기에는 많은 장애가 있었다. 유전정보의 해석을 위해서는 DNA의 염기서열을 규명할 수 있는 기술의 개발이 무엇보다도 필요했다. 유전공학은 DNA로부터 원하는 유전자를 잘라 내서 그 유전자를 다른 유기체에 옮겨 넣는 데에 성공했다.

유전공학에 사용되는 방법은 일정한 기본도식에 의한다. 어떤 유기체를 유전적으로 변형하기 위하여 먼저 원하는 유전정보를 포함하는 유전자는 화학적 합성을 통해서 얻어지거나 또는 기부유기체의 DNA로부터 격리된다. 이것에 병행하여 다른 미생물유기체에서는 소위 플라스미드[7]가 격리된다. 우리가 원하는 DNA를 플라스미드에 정확히 끼워 넣는 것을 가능하게 해 준 것이 '制限酵素'와 'DNA 리가제'라는 두 가지 효소이다. 제한효소는 일종의 '가위'에 해당하는데 이 효소는 DNA 중의 특정 염기서열을 인식하여 이 염기서열 내의 특정 염기를 자른다. DNA 리가제는 '풀'에 해당하는 효소로 생체 내에서는 DNA의 복제와 수리에 필수적인 효소이다.

---

6) 더 상세한 것은 die Enquete - Kommission, Chancen und Risiken der Gentechnologie, S.11 ff.의 보고서 참조.

7) Plasmid: 게놈DNA와는 별개로 세균 내에서 독자적으로 복제가 가능한 환상의 조그만 DNA이다.

遺傳子 再組合 技術의 개발로 마침내 생명공학자들은 원하는 DNA를 이 플라스미드에 끼워 넣은 후 이를 세균 내로 전달할 수 있게 되었고 현재는 세균뿐만 아니라 효모·동물·식물을 가리지 않고 유전자 전달이 가능해졌다. 過去의 遺傳工學이 식품, 항생제 등의 생산을 위해 자연에 존재하는 미생물을 최대한 발굴하여 이를 이용한 것이었다면 現在의 遺傳工學은 원하는 제품을 만들기 위해 이용할 미생물·동물·식물 등에 유전자조작을 행한 후 이를 과거의 유전공학과 접목한 것이다. 이러한 가운데 유전공학은 커다란 기회도 창출하지만 아울러 잠재적 리스크도 역시 도사리고 있다. 그래서 이하에서 遺傳工學의 機會와 리스크에 관하여 간략하게나마 언급하려고 한다.

2. 遺傳工學의 機會와 리스크

(1) 遺傳工學의 機會

유전공학을 통해 펼쳐지는 적용가능성은 여러 상이한 영역에서 존재한다. 무엇보다도 먼저 의약품 분야를 들 수 있다. 여기서 遺傳工學工程은 지금까지 인간에게 존재하지 않았거나 충분하지 않았던 물질의 생산을 가능하게 했다. 예컨대 인간호르몬, 효소 또는 드문 면역요소 등이 바로 그것이다. 마찬가지로 유전공학적 도구로 새로운 치료가능성 및 진단절차가 가능해졌다. 그 외에 유전공학에 의해 동물사육 및 식물재배를 포함한 농업 분야에서 도움과 발전이 기대된다. 특히 식량 증산, 생산물의 품질 향상 또는 면역력 향상을 통한 식물·동물 생산에 있어서 수확 증대 등이 바로 그것이다. 마지막으로 유전공학은 환경보호에 대해 특별한 의미를 가지고 있다. 즉 이미 오늘날 폐수를 정화하거나 또는 산업쓰레기의 일정부분을 재활용하게 할 수 있는 미생물이 존재한다.

(2) 遺傳工學의 리스크

앞에서 언급한 유전공학의 기회뿐만 아니라 일반적인 주민 및 유전공학에 종사하는 사람들의 건강 또는 무엇보다도 동물·식물세계의 환경에 대한 잠재적 리스크 및 위험 역시 존재한다. 이러한 리스크는 특히 유전공학 작업 또는 그 생산시설에서 病原性이 있는 또는 그 疾病의 誘發力에 있어서 종국적으로 평가할 수 없는 유기체에서 유발될 수 있다. 또한 유전자변형생물체를 환경으로 의도적이건 아니면 비의도적이건 방출하는 경우에도 마찬가지로 리스크가 발생한다. 장애의 가능성 또는 예견하지 못한 사후손해 이외에 새로운 생물체의 생산을 통해서 자연적 종의 다양성에 위협이 될 수도 있다. 病原性 微生物에서 유발된 리스크는 계속된 안전한 기초 위에서 수년간의 경험에 근거하여 판단될 수 있는 반면에 유전자변형생물체의 환경으로의 의도적 또는 비의도적 방출의 경우에 발생할 수 있는 리스크는 훨씬 덜 연구되어 있고 잘 알려져 있지 아니하다. 비록 지금까지 명백하고 현저한 유전공학 피해사례가 알려지지 않았지만 이러한 리스크 및 위험은 評價切下될 수 없다고 하겠다.

유전공학이 이렇게 이중적인 성격을 가지고 있기 때문에 최근에 독일에서는 유전공학의 이용에 관한 토론이 매우 감정적으로 또한 논쟁적으로 진행되고 있다. 입법자는 결국 유전공학법의 제정을 통해서 유전공학의 이용을 위한 적극적인 根本決斷을 했다고 볼 수 있다. 유전공학법의 제정으로 유전공학 이용의 구속력 있는 테두리를 만들고 인간의 생명과 건강을 보호하고 환경을 보호하기 위한 광범위하고 실행 가능한 통제가 보장되어야 한다.[8]

Ⅲ. 遺傳工學法(GenTG)의 槪觀

1. 法律規定 槪說

(1) 獨逸 遺傳工學法의 構造

독일유전공학법은 7개의 장으로 구성되어 있다. 제1장은 '總論'에 관하여 규정하고 있는데, 그 항목은 이 법률의 목적 및 적용범위, 개념규정, 바이오안전성중앙위원회에 관한 조직규정, 그리고 모든 유전공학계획의 경우에 그 일반 의무에 관하여 규정하고 있다. 제2장은 특별히 '遺傳工學施設에서 遺傳工學作業'을, 제3장은 특히 유전자변형생물체의 '環境放出 및 그 流通'을 규정하고 있다. 제4장에서는 중요한 절차에 있어서 '共同規定'에 관하여 규정하고 있다. 그리고 특별한 문제는 제5장 '責任規定', 제6장 '罰則規定'에 규정되어 있다. 마지막으로 제7장에서는 '經過規定'에 관하여 규정하고 있다.

---

8) BT‒Drs. 11 / 6778, S.1.

(2) 目的規定

독일 유전공학법(GenTG)은 알려지지 않은 위해에 대해 통제를 보장하고[9] 동시에 유전공학을 촉진하고 있다.[10] 그러므로 保護目的(Schutzzweck)과 促進目的(Förderzweck)은 함께 존재한다.[11] 총체적으로 독일 유전공학법(GenTG) 제1조는 어떤 안전기술상 통제된 유전공학이 법적으로 바라던 것을 표현한 前文이라고 이해될 수 있다. '유전공학찬성에 대한(pro Gentechnik)' 결단은 명시적으로 법률상 명기되어 있다.[12] 促進目的에 대한 保護目的의 絶對優位論[13]은 헌법적인 전설에 기인한다. 유전공학의 이용은 당해 기본권들을 적극적 또는 소극적 방식으로 종합하여, 그래서 이른바 實際的 調和(praktische Konkordanz)의 관점이 중요하게 된 것이다. 이른바 機會－危險－衡量(Chancen－Risiken－Abwägung)은 이제 단순한 법률 차원에서 행해지고 있다.

(3) 施設概念

연방초안은 유전공학시설의 설치 및 가동의 허가 역시 계속해서 연방임미시온방지법(BImSchG) 아래 두려고 했다. 그에 있어서 유

---

9) Richter, Gentechnologie als Regelungsgegenstand des technischen Sicherheitsrechts, 1989.

10) Kaiser－Bauer / Dederichs, Schutz von Mensch und Umwelt. Das Gentechnik－Gesetz. Konzeption: Presse－und Informationsamt der Bundesregierung, 1990.

11) Graf Vitzthum / Geddert－Steinacher, Der Zweck im Gentechnikrecht, 1989, S.49 ff.

12) Kraatz, Die Zweckambivalenz des Gentechnikgesetzes: der Schutz－und Förderzweck in § 1 GenTG, 1993, S.184.

13) Wahl, in: Landmann / Rohmer, Umweltrecht, Bd. IV, Stand 2001, 10.1, § 1 GenTG Rdnr 37.

전공학법(GenTG)은 法規命令(Rechtsverordnung)을 통하여 비교 가능한 리스크를 가진 유전공학적이 아닌, 다른 생명공학적 절차와 작업으로 확장될 수 있을지도 모른다. 그러나 연방임미시온방지법(BImSchG)과 원자력법(AtG)의 전형에 따른 유럽연합법[14](EG – Recht)과는 달리, 연방초안의 활동중심적 개념은 포기되었다. 그 法律의 核心은 자체로 의미가 있지만 그럼에도 불구하고 수많은 의문을 야기한 유전공학시설에서의 유전공학작업이다.[15] 그중에 가장 문제가 많은 것은 바로 안전등급이다. 4가지 안전등급은 유전공학법 제7조 제1항을 형성할 즈음에 국제적으로 통용되고 있었다. 도그마틱에서 그 통용을 변형시키는 것은 흔히 매우 난이하다. 유전공학법에서도 역시 그 입법자는 지나치게 요구되었다. 실제 실감할 수 있는 법률 적용의 경우에는 그 규정이 거의 쓸모가 없다. 어떤 법률가가 적은 위해성, 어느 정도 위해성 그리고 높은 위해성을 엄격히 구분할 수 있고 언제 위해성이 전혀 없다고 할 수 있는가? 안전등급은 規範的으로 決定된 危險等級이다.[16]

(4) 許可節次

유전공학시설의 설치 및 가동에 대한 허가절차 또는 유전자변형 생물체의 환경방출 및 유통에 대한 허가절차는 임미시온방지법에서, 더 이르게는 영업법에서 그 허가절차의 본보기에 의하여 규정되었다.[17] 만약 계획의 실현가능성이 존재하면, 그러면 申請과 더불어

---

14) Jarass, Die Vorgaben des europäischen Gentechnikrechts für das deutsche Recht, NuR 1991, S.45 ff.

15) Turck, Der Anlagenbegriff nach dem Gentechnikgeesetz, NVwZ 1992, 650 ff.

16) 졸고, 생명공학 분야에 있어서 시설물허가의 기원과 법적 성질, 토지공법연구 제25집, 2005. 2, 599면 이하.

요구되는 서류를 접수하게 된다. 그래서 형식적인 허가절차가 시작된 것이다. 당해 행정기관이 개입하고, 그 계획이 公告될 수 있다. 그 공고와 함께 解釋 및 聽聞段階의 틀에서 개최되는 통상 公共參與가 시작된다. 異意提起는 그 提起期間 내에 수행된다. 공공참여가 종결되고 참여한 제3의 행정기관의 입장이 개진되자마자, 최종적인 對象評價가 진행된다. 허가신청의 수용 또는 거부는 허가의 定規終結을 의미한다. 건축법에서와 마찬가지로 간소화한 신고절차 또는 면제절차도 역시 존재한다.

(5) 許可要件

먼저 허가절차는 시설허가 및 그 관련 허가(Anlagen – und Umgangsgenchmigungen)와 밀접한 관계를 맺고 있다. 허가의무에 대한 準據点으로서는 유전공학작업, 유전공학시설 그리고 그 시설 관련 활동 등 총체적인 연관그물이 사용된다. 더 나아가 유전공학작업의 目的에 의해서도 차이가 있다. 유전공학작업 이외에 유전자변형생물체의 환경방출 및 유통은 특별히 다루어지지만 豫防的 統制(präventive Kontrolle)라는 동일한 규정 메커니즘하에 놓인다. 그래서 원칙적으로 유전공학법 제11조에 포함된 허가요건이 兩者에 나란히 충족되어야 한다.

(6) 監督

유전공학법 제17조부터 제31조까지에 포함된 行政機關의 統制 또는 監督手段에 관해서는 임미시온보호법에서와 병행하여 존재한다.

---

17) Gerlach, Das Genehmigungsverfahren zum Gentechnikgesetz, 1993.

(7) 責任

유전자변형생물체와 관련해서 유전공학법 제32조 내지 제37조의 규정에서는 유전공학의 배상책임에 관한 문제를 규정하고 있다. 여기의 책임규정은 다른 위해성이 있는 기술과 동일하게 유전공학기술의 사용으로 발생한 피해에 대한 危險責任(Gefährdungshaftung)을 규정하고 있다. 동법 제32조 제1항의 규정에 의하면 운영자는 유전공학작업과 관련하는 생물체의 특성으로 사망하거나, 신체 또는 건강을 침해받거나 또는 물건의 손상을 받으면 이에 대한 손해를 배상하여야 한다. 동법 제34조는 유전공학 분야에서 책임이 근거하는 위험책임을 도입하고 있다. 여기서 피해자에 대한 입증을 용이하게 하기 위하여 제한된 原因推定을 규정하고 있다. 즉, 유전자생물체에 의하여 피해가 발생하면 유전공학적 작업과 관련되는 이 생물체의 특성에 원인이 있는 것으로 추정하고 있다. 운영자는 동법 제34조 제2항의 규정에 의하여 그 피해가 다른 유전자변형생물체에 의하여 발생하였다는 蓋然性을 立證하여야 비로소 이러한 추정으로부터 免責을 받을 수가 있다.

2. 適用範圍 및 槪念規定

(1) 適用範圍

독일유전공학법은 제2조 제1항에 의해서 유전공학시설물과 유전공학작업, 유전자변형생물체의 환경방출과 유전자변형생물체를 함유하거나 이것으로 구성된 생산품의 유통에 적용된다. 동법 제2조 제

3항에 의하여 인간유전공학, 즉 유전자변형생물체를 인간에게 사용하는 것에 대해서는 유전공학법이 원칙적으로 적용되지 않는다.

(2) 槪念規定

유전공학법은 제3조 제1호 내지 제14호의 개념에 관하여 체계적이지 못한 일련의 규정을 정하고 있다. 이 개념들은 일상개념, 생물학적 기본개념 그리고 법률적 전문용어 등의 다양한 混合物이다. 개념규정으로 동시에 그 법률의 적용범위가 확정되기 때문에 일반적으로 개념들의 규범적인 특징이 전제되어야 한다.

3. 施設許可

(1) 歷史的 發展

유전공학 시설허가는 소위 負擔的 施設과 관련이 있고, 그래서 이러한 許可는 허가의무자, 환경일반 그리고 이웃의 이해 조정에 기여한다. 이 경우 시설은 이들에게 負擔이 되거나 危險 또는 危害를 끼치게 된다.

1869년 6월 21일자 북독일연방의 영업법(Gewerbeordnung)[18]은 1810년 10월 28일자 영업세령(Gewerbesteueredikt)[19]과 1845년 1월

---

18) Nordd. BGBl. 1869, S.245.

19) Vgl. zum historischen Kontext auch Vogel, Allgemeine Gewerbefreiheit, Die Reformpolitik des preußischen Staatskanzlers Hardenberg(1810－1820), 1983.

17일자 프로이센 영업법(Gewerbeordnung)의 연속선상에서 그 이해 조정을 의도했다. 그러면서 이러한 북독일연방의 영업법은 한편으로 영업의 자유를 인정하고 그와 더불어 기술의 이용 역시 자유롭게 하였고, 다른 한편으로 위험한 시설들을 어떤 강한 통제하에 두었다.[20] 그 통제는 형식화한 허가절차에서 심사되어야 하는 위험 관련한 인적 그리고 물적 허가조건에서 사용된다. 施設許可는 企業家許可로 되었다. 기업가허가의 경우에는 전래된 경찰법의 수단이 중요하다. 기업가허가는 경찰오버아우프지이트(polizeiliche Oberaufsicht)에서 발전했고, 오늘날의 講學上 許可 또는 所謂 許可留保附 豫防的 禁止는 경찰오버아우프지이트에서 기인한다. 허용되었지만 아직도 위험한 시설들은 통제목적으로 잠재적으로, 다시 말해서 국가적으로 해제될 때까지 금지되었다. 그 금지에 상응하여 許可義務가 존재한다. 독일 영업법 제16조에서 기업가허가의 기본형태를 형성할 때 警察衡量 특히 이웃의 보호, 경제와 기술촉진의 관점 또는 영업운영자의 존속보호가 하나의 역할을 했다. 예컨대 원자력법, 연방임미시온보호법 그리고 유전공학법에 의한 허가는 이러한 영업법에 의한 허가에 근거를 두고 있다. 豫防的 禁止는 부득이 다음과 같은 規範構造를 가지고 있다. 즉, 構成要件의 측면에서 許可條件이 충족되면 그 法的 結果는 하나의 羈束決定(gebundene Entscheidung)이라고 할 수 있다.[21]

그러나 이러한 豫防的 禁止의 규범구조는 과거에 공간 관련 계획에서 空間計劃的 生態的 範疇에 관한 경제행정법적 또는 환경법적 허가의무들이 축적됨으로써 흐려지게 되었다. 이로 인하여 기업가허

---

20) Vgl. auch Ehlers, Wirtschaftsaufsicht, in: Achterberg / Püttner, Besonderes Verwaltungsrecht, Bd. 1, 1990, 1 / 2 Rdnr. 166.

21) BVerfGE 8, 71(76); 20, 150(158); 34, 165(200); 41, 378(399); 46, 120(157); 49, 89(145); 50, 256(263); 51, 1(41).

가는 계획법에 해당하게 된다.[22) 그래서 許可를 발할 때 어느 정도
의 범위에서 計劃的 形成의 自由 또는 計劃裁量이 존재하는 것이
다.[23) 게다가 계획재량은 최근 통합된 환경보호를 위해 도구로 사
용되었다. 講學上 許可 그리고 全文計劃決定을 더욱 서로 동화시키
고 허가기관의 羈束을 상대화하는[24) 것은 다만 법 정책적인 성격을
가질 뿐이다. 아울러 헌법적으로 받아들일 수 없어서 다시 고려해
볼 만하다. 입법자가 核에너지의 평화적 이용을 위해 헌법적 임무를
고려할 때, 許可留保附 豫防的 禁止를 규범화하고 그럼에도 불구하
고 재량여지를 열었던 독일 원자력법(AtG) 제7조 제2항은 연방 헌
법재판소에 의해서 다만 특별지위가 고려되어 원자력법(Atomrecht)
에는 헌법적으로 異意가 없다고 했다.[25) 어차피 핵기술시설을 허가
할 때 존재하는 拒否裁量은 法的結果의 측면에서 대안적 決定을 창
조한 것이 아니라, 오히려 허가기관에 構成要件的으로 許可要件을
확대할 수 있도록 수권했다는 것을 의미한다.[26)

(2) 企業許可

그럼에도 불구하고 拒否裁量의 도입의 문제는 유전공학 분야에
관한 입법절차에서도 역시 매우 중요했다. 1989년 11월 6일 헤센

22) Grundlegend Badura, Die Standortentscheidung bei der Unternehmergenehmigung mit
    planungsrechtlichem Einschlag, BayVBl. 1976, 515 ff.

23) Nachweise bei Ronellenfitsch, Fachplanung und Verwaltungsgerichtsbarkeit, in:
    Festschr. f. Blümel, 1999, S.497(501 ff.).

24) So schon frühzeitig Wahl, Genehmigung und Planungsentscheidung, DVBl. 1982, 51
    ff.; Kaum weiterführend Börger, Genehmigungs – und Planungsentscheidungen unter
    dem Gesichtspunkt des Gesetzesvorbehalts, 1987.

25) BVerfGE 49, 89(145 f.).

26) Ronellenfitsch, Das atomrechtliche Genehmigungsverfahren, 1983, S.350 ff.

주 행정재판소(HessVGH)의 판결의 압력으로 유전공학과 함께 마찬가지로 신세계로 들어가는 핵기술시설에 병행해야 한다고 생각했다.[27] 이러한 견해는 명백히 이 재판소의 매우 잘못된 결정의 결과이다. 이 재판소는 핵에너지 분야에서의 위험잠재력을 유전공학 분야에서의 그것과 동일시하고 핵에너지 이용의 경우와는 달리 입법자가 당시 유전공학에 대하여 형식적 법률로 근본결단을 하지 않은 것에 異意를 제기했다. 이 재판소에 의해서 所謂 本質性理論이 기본권들에 대하여 비판적 의도로 적용되고 아울러 基本權衝突의 경우조차도 왜곡되어 잘못 서술된 점을 도외시하더라도—입법자가 기본권적으로 보장된 활동을 합헌적인 방식으로 제한하지 않는 한 그 활동은 허용된다는 것을 감한 할 때—유전공학을 핵에너지의 평화적 이용과 비교하는 것은 절름발이처럼 적당하지 않다. 유전자 연구는 독일 유전공학법의 발효 전에는 결코 금지되지 않았다(독일 기본법 제5조 제3항 제1문). 그 연구는 같은 방식으로 연구결과의 상업적 이용을 위해서도 통용되었다(독일 유전공학법 제12조 제1항, 제14조 제1항). 그럼에도 불구하고 유전공학을 위한 특별 법률에 대한 요구는 더욱 커졌다. 그래서 당시 독일 유전공학법(GenTG) 제13조(현재는 제11조)에서 유전공학시설에 대한 허가의 구성요건을 형성할 때 입법자는 헤센 주 행정재판소의 논쟁에 의해서 압력을 받지 않고, 오히려 연방 임미시온방지법(BImSchG) 제6조를 지향했다. 원자력법을 차용하는 것은 입법론으로 허용되지 않는다. 물론 기업가허가와 계획결정 사이의 차이를 조정하고 유전공학법 제11조의 틀에서 計劃的 또는 生態的 衡量을 고려하는 것은 중요하지 않다. 그래서 유전공학법의 시설허가에서는 환경영향평가(UVP)[28]의

27) Vgl. Hirsch / Schmidt - Didczuhn, GenTG, §13 Rdnr. 51.

28) Ricke, Gentechnik und Umweltverträglichkeit, 1994, S.187.

고려하에 허가기관의 계획형성의 자유가 없는 진정한 기업가허가가 중요하다.

허가의 법률적 요건이 충족되면 신청자는 허가를 발할 主觀的 公權 또는 法的請求權을 가진다.[29] 엄격한 羈束決定으로서 許可決定을 확정적으로 분류한다는 것은 유전공학법 제11조의 構成要件의 측면이나 法的結果의 측면에서 허가기관의 衡量決定 또는 기타 裁量決定을 위한 여지가 결코 존재하지 않음을 의미한다. 소위 통제목적과 촉진목적의 균형을 맞추는 것은 물론 허가요건에서 거의 인식할 수 없다. 허가요건들이 파악되어서 그것들 자체가 이해 조정을 의도한 것은 아니다. 입법자는 不確定槪念으로 대피해서 논쟁의 여지가 있는 계획의 허가에 관하여 행정부와 사법부에 책임을 전가한다. 이러한 두 가지 국가권력과 관련해서는 그 통제밀도가 중요하게 된다.

4. 環境放出 및 流通

(1) 區別槪念

유전공학법 제3조 제5호는 환경방출을 다음과 같이 규정한다. 즉, 環境放出이란 목적을 가지고 유전자변형생물체를 환경에 방출시키는 것을 말하며 이는 이후에 환경에 방출시키고자 하는 목적을 지

---

29) Graf Vitzthum / Geddert - Steinacher, Der Zweck im Gentechnikrecht, 1989, S.20 ff., 24; Fritsch / Haverkamp, Das neue Gentechnikrecht der Bundesrepublik Deutschland, BB 1990, Beil. 31, S.9.

닌 유통이 아직 허가되지 않는 경우에만 환경방출이라는 것이다. 그 반면에 *流通*은 동법 제3조 제6호에 의하여 산출물이 유전공학시설에서 유전공학작업을 위해 특정되지 않았거나 혹은 그 산출물이 허가된 방출의 대상물이라면 유전자변형생물체를 포함하거나 혹은 그러한 생물체로부터 생성되는 산출물을 제3자에게 교부하거나 법의 유효범위에서 운반하는 것을 의미한다. 그래서 유전공학작업, 유전자변형생물체의 환경방출 및 유통 등의 적용범위는 명백하게 구별되지 아니한다.

(2) 許可義務

유전공학법 제14조에 의하여 유전자변형생물체의 환경방출 및 유통의 경우에는 허가의무가 존재한다. 허가절차 및 허가요건은 구조적으로 시설 관련 규정에 상응한다. 특히 유통은 포괄적으로 유럽화되었다.

Ⅳ. 遺傳工學法(GenTG)上 消費者 · 農業從事者 및 環境의 保護

다음 기술은 2005년 2월 4일에 발효한 새로운 독일 유전공학법에 있어서 중요한 변동 부분에 관해서 그 내용을 분석하여 소개하면서 그 내용의 적합필요성에 관한 입장을 피력한 것이다.

1. 소위 共存(Koexistenz)을 통한 非遺傳工學農業 (Gentechnikfreie Landwirtschaft)의 保護

미래에는 유전자조작작물[30](mit Gen‒Pflanzen)이건 아니면 그렇지 아니하는 작물[31](ohne Gen‒Pflanzen)이건 모든 재배형태가 가능하게 되어 있다. 최근에 개정된 독일 유전공학법의 본질적인 목적 가운데 하나는 유전자변형생물체의 사용에 있어서 소비자와 생산자 사이의 공존(Koexistenz) 및 선택의 자유(Wahlfreiheit)를 실현함에 있다. 이러한 목적은 최근 개정된 독일유전공학법 제1조 제2호에서 그 법익(Rechtsbelange)으로서 규정되어 있다. 이 규정에 의하면 "생산물, 특히 생활필수품 및 동물사료는 전통적이거나 생태적이거나 또는 유전자변형생물체의 사용에 의해서 생산되어서 유통될 수 있는 가능성을 보장해야" 한다는 것이다.[32] 법의 목적으로서 이러한 법익의 확정은 유전공학법에서 유전공학의 위험에 대한 보호의 측면에서 상응하는 규정을 정하고 또한 유전공학법을 해석할 때 그 법익을 참고하는 것을 가능하게 한다. 긍정적으로 평가할 점은 유럽연합 방출지침 2001 / 18[33]이 유전자변형생물체의 위험에 대한 보호의 측면에서 사전배려의 원칙을 규정[34]하고 있는 데, 개정된 유전공학법은 이 규정을 법의 목적에서 다시 반영하고 있다는 것이다.

또한 이 규정을 통하여 遺傳工學으로부터 自由로운 生産(gentechnikfreie Produktion)을 보호한다는 점은 긍정적으로 평가한다. 유전자

---

30) 이른바 GM 작물이라고도 한다.
31) 이른바 유기농작물 및 전통작물을 말한다.
32) Art.1 Nr.2 GenTG(2005 BGBl. 1 S.186).
33) ABl. EG Nr.L 106 vom 17.4.2001, S.1.
34) Art. 6, 13 Freisetzungsrichtlinie 2001 / 18 / EG.

조작작물(Gen‐Pflanzen)의 재배를 금지하는 것은 물론 이 법을 근거로 다만 개별적으로 가능하다. 즉 어떤 일정한 遺傳子操作作物이 어떤 지역에서 공존 가능(koexistenzfähig)하지 않다고 확정되면 그 재배는 최근 개정된 독일 유전공학법 제16b조 제1항[35]에 의하여 거부된다. 이른바 共存이라는 보호목적을 통해서 연방정부는 유럽연합 방출지침 2001 / 18[36]을 이행했다고 볼 수 있다.

생각건대, 이러한 遺傳子操作植物의 栽培禁止와 관련되는 규정은 한국을 포함하여 유럽연합 이외의 국가에서도 역시 도입하는 것이 바람직하다고 판단한다.

2. 立地(現位置) 登錄(Standortregister)을 통한 透明性[37]

최근 개정된 유전자공학법이 遺傳子‐土壤(Gen‐Flächen)을 명백히 밝힌 것은 긍정적으로 평가할 만하다. 그래서 이제는 遺傳子‐栽培(Gen‐Anbau)를 하는 지역이 어디인가라는 비밀을 일부러 뒤적일 필요가 없어졌다. 최근 개정된 독일 유전자공학법 제16a조[38]

---

35) Art.16b Abs,1 GenTG(2005 BGBl. I S.186).

36) Art. 26a Abs. 1 Freisetzungsrichtlinie 2001 / 18 / EG.

37) 2005년 3월 16일에 독일 연방의회 소비자보호위원회에서 유전공학법 2차 개정안이 통과되었다. 2차 개정안이 1차 개정안과 다른 것 중의 하나는 GM 작물 재배지의 등록에 관한 것이다. 제1차 개정안에는 GM 작물의 재배를 의도하고 있는 지역의 위치를 정확히 등록해야만 했다. 그리고 이 위치는 인터넷을 통해 모든 국민에게 공개된다. 하지만 2차 개정안에 따르면 GM 작물 재배지를 정확히 밝힐 필요가 없다. 다만 GM 작물 재배지가 위치하고 있는 마을/지역(village / region)을 등록하면 된다. 자료: Marginal Improvement on Biotech Regulations in Germany, USDA GAIN Report Number: GM5013.

38) Art.16a GenTG(2005 BGBl. I S.186).

에 규정된 입지(현 위치) 등록이라는 제도를 통해서 당사자는 더 잘 보호될 수 있게 되었다. 그 등록에서는 유전자－토양은 播種에 대한 경작지 표시(Flurstückbezeichnung)를 함으로써 통지(Anzeige)되어야 한다. 유전공학법 제16a조 제3항에 의하면 "유전자변형생물체의 계획된 재배는 그 농장경작자에 의하여 이르면 그 재배 9월 전에, 늦어도 그 3월 전에 관할 연방상급행정기관에 통지되어야 한다."라고 규정되어 있다. 생각건대, 동 규정에 규정된 '늦어도 3월'이라는 기간은 오염을 피할 목적이라는 관점에서 또 다른 대안적 재배계획을 위태롭게 한다. 등록은 동법 제16a조 제4항에 의한 법률상 문언에 의하면 인터넷을 통해서 알려지게 (veröffentlichen) 되어 있다.

유전자공학법 제16a조 제2조에 의하면 실험적인 환경방출이 늦어도 播種 시작 3일 전에 비로소 등록에 있어서 통지되어야 한다. 즉, 동 규정은 "운영자는 유전자변형생물체의 허가받은 환경방출의 사실상의 수행을 이르면 그 환경방출 2주 전, 늦어도 3일 전에 권한 있는 연방 상급행정기관에 통지해야 한다."라고 문언상 규정하고 있다. 생각건대, 여기서 '늦어도 3일'이라는 기간은 너무 촉박한 통지로서 납득이 되지 않는다.

이러한 입지(현 위치)등록제도를 통해서 연방정부는 유럽연합 환경방출(EU－Freisetzungsrichtlinie) 2001 / 18 제31조[39]의 제안 및 유럽연합 집행위원회의 共存을 위한 지도지침[40](Leitlinien zur

---

39) Art. 31 Freisetzungsrichtlinie 2001 / 18 / EG.

40) 3.5. Standortregister, Kommission der EG. 23. Juli 2003, Leitlinien der EU－Kommission für die Koexistenz: Empfehlung der Kommission für Leitlinien für die Erarbeitung einzelstaatlicher Strategien und geeigneter Verfahren für die Koexistenz

Koexistenz der EU－Kommission)을 이행했다고 볼 수 있다. 작센－안할트(Sachsen－Anhalt)라는 州(Land)는 유전자－옥수수(Gen－Mais)를 심은 재배토양의 비밀유지를 뒷받침하기 위하여 결함 있는 이행을 이용했다. 국제적 환경단체인 그린피스가 聯邦州(Bundesland)를 공개적으로 告發했지만 아직 그에 관한 판결이 나오지 않고 있다.

이러한 등록제도는 계속해서 논쟁 가운데에 있다. 기독교민주연합 및 기독교사회연합의 연방의회－교섭단체(CDU / CSU－Bundestagsfraktion)는 법률통과 직전에 遺傳子－地域(Gen－Felder)에 있어서 정확한 상태의 공고(Veröffentlichung)規정을 沮止할 것을 요구했다.41)

추측건대 이러한 등록제도는 계속해서 정치적 논쟁을 촉발시킬 것으로 판단된다.

3. 遺傳子作物(Gen－Pflanzen)을 통한 損害42)

(1) 商品이 아닌 實驗作物(Versuchspflanzen)

유전자변형생물체는 허가받은 경우를 除外하고는 원칙적으로 시장으로 출시해서는 안 된다. 이러한 근본원리는 유럽연합 대강지침(die Europäische Rahmenrichtlinie)2001 / 18 제6조 제1항 및 제13

---

gentechnisch veränderter, konventioneller und ökologischer Kulturen.

41) BT－Drs. 15 / 4143, Antrag der CDU / CSU－Fraktion.

42) 2005년 3월 16일, 독일 경제지 'Handelsblatt'에서 보도한 바에 따르면 소비자 보호부 퀴나스트 장관(녹색당 소속임)은 공개된 장소에서 생명공학작물을 재배하는 연방연구 프로젝트에 의해 경제적 피해가 발생했을 경우 이를 보상해 주는 기금을 마련하는 데

조43)에서 淵源하고 아울러 유전공학법 제14조 제1항44)에서도 발견된다. 이러한 견해는 유럽연합에 의해서 다시 한번 유럽연합 表示ー下位命令45)(Kenzeichnungsverordnung) 제4조 제2항 및 제16조 제2항에서 확인되었다. 카르타헤나 의정서46)(Protokoll) 제7조부터 10조, 제12조 및 제14조에서도 역시 상응하는 규정들이 발견된다.

어떤 상품이 씨앗이나 수확물에 의해서 오염된 경우 이 상품을 팔 수 없다는 것은 필연적인 귀결이라고 말할 수 있다. 이러한 상품의 계속적인 사용은 독일법상 또는 국제법상 위법하다고 하겠다. 이 상품의 소유자는 자기 상품의 손해에 근거하여 피해배상을 유효하게 할 수 있다. 그 때문에 어떤 실험적인 환경방출(experimentelle Freisetzung)을 통해서 발생하는 손해는 원인자책임의 원칙(Verursacherprinzip)47)에 의해서 그 방출의 운영자에게 부담 지워지게 된다. 여기에서 그 법적 상황은 최근 개정된 새로운 유전공학법을 통해서도 본질적으로 변경되지 않고 있다.

동의하였다. 기금의 규모는 약 2,000만 유로가 될 것으로 추정되지만, 소비자 보호부에서는 아직 규모를 확정하지 않았다. 이 기금은 공공연구기관에서 생명공학작물을 환경방출함에 따라 발생하는 피해에만 적용된다. 즉, 민간기업에서 기인한 피해는 보상하지 않을 것이다. 자료: Marginal Improvement on Biotech Regulations in Germany, USDA GAIN Report Number: GM5013.

43) Art. 6 Abs. 1, 13 Freisetzungsrichtlinie 2001 / 18 / EG.

44) Art.14 Abs. 1 GenTG(2005 BGBl. 1 S.186).

45) Art.4 Abs.2, bzw. Art.16 Abs.2 EG Verordnung 1829 / 2003.

46) Art.7 - 10; 12 und 14 des Protokolls von Kartagena über die biologische Sicherheit.

47) 김남진 / 김연태, 행정법(II), 법문사, 2004, 613면 이하; 고영훈, 환경법, 법문사, 2002, 67면 이하; 석종현, 일반행정법(하), 삼영사, 2001, 462면 이하; 홍정선, 행정법원론(하), 박영사, 2005, 768면 이하; Kloepfer, Umweltrecht, 3.Aufl., 2004, S.189ff.; Arndt, in: Steiner(Hrsg.), Besonderes Verwaltungsrecht, 7.Aufl., 2003, S.1017ff.

(2) 許容된 遺傳子作物(zugelassene Gen - Pflanzen)을 통한
損害48)

장차 농업종사자들은 遺傳子 - 옥수수(Gen - Mais) 및 傳統的인 옥
수수를 하나의 지역에서 재배할 수 있다고 한다. 아직 그 간격 및
재배규칙에 관하여 논쟁 중에 있다. 그러나 명확한 것은 전통적인
방법으로 농사를 짓는 농업종사자 또는 바이오 - 농업종사자(Bio -
Bauer)는 유전자 - 재배(Gen - Anbau)를 함으로써 자기들이 수확한
산출물에 대해 오염으로 인한 손해가 발생되는 것을 참작해야 한다
는 점이다. 그 수확물은 사실 계속해서 합법적으로 판매될 수 있지
만 그러나 더 이상 바이오 - 상품(Bio - Ware)은 아니다. 그래서 그
상품은 가치를 많이 상실하고 바이오 - 농업종사자(Bio - Landwirt)
는 판매상의 隘路에 봉착하게 된다. 이러한 손해에 대하여 최근 개
정된 유전공학법은 제36조a49)에서 법적 안전장치를 갖추었다. 즉
원칙적으로 유전자 - 농업종사자(Gen - Bauern)는 원인자로 간주되고 야
기된 손해를 부담해야 한다. 확실한 것은 세금들이 손해의 조정을 위
해 사용되지 않는다는 점이다. 유전자 - 옥수수꽃가루(Gen - Maispollen)
가 다른 영역으로 날아간 경우처럼 오염의 길은 입증되지 않아서 그
손해를 입은 피해 농업종사자(원고)는 자기 이웃의 유전자 - 농업종사

---

48) 지난 2004년도에 소비자 보호부에서는 아직 위험평가를 받지 않은 형질이 교차 수분
되는 경우 어떤 혼입비율을 적용할지에 대해 유럽연합 집행위원회에 수차례 문의하였
다. 현재 규정에 따르면 표시의 기준이 되는 혼입비율은 0.9%이다. 또한 위험평가는
받았지만 아직 공식적으로 승인되지 않은 GM 형질에 대해서는 0.5%의 혼입비율이 적
용되고 있다. 최근 집행위원회에서 독일 정부에 보내온 회신에 따르면 위험평가를 받
지 않은 형질의 경우에는 혼입비율이 적용되지 않는다. 이는 위험평가를 받지 않는
GM 형질을 갖춘 작물은 전혀 유통될 수 없다는 것을 의미한다. 자료: Marginal
Improvement on Biotech Regulations in Germany, USDA GAIN Report Number:
GM5013.

49) Art. 36a GenTG(2005 BGBI. I S.186).

자(Gen – Bauer 피고)에게 소송을 제기할 것인지를 결정할 수 있다. 소송을 당한 유전자 – 농업종사자(Gen – Bauer 피고)는 총체적으로 責任이 있으며 그래서 비록 또 다른 유전자 – 농업종사자(Gen – Bauer) 가 그 이웃에서 경영할지라도 모든 손해에 대하여 책임이 있다. 손해를 상이한 원인자 사이에서 분명히 나눌 수 있는 경우에만 그 손해는 합법적으로 재판상 나누어질 수 있다. 만약 판결을 받은 유전자 – 농업종사자(Gen – Bauer 피고)가 손해를 구상하려면, 그는 다른 원인자와의 분담을 원칙적으로 입증해야 한다.

아마도 追加費用은 유전자 – 토양(Gen – Flächen)의 이웃 농업종사자에게 부담 지워지게 된다. 자기 수확물에 관한 조사는 손해배상소송에서만 유효하게 행해질 수 있다. 생각건대, 유전자 – 기업(Gen – Firmen) 또는 유전자 – 농업종사자(Gen – Bauern)를 통해서 비용귀속을 하는 것이 바람직스럽다고 할 수 있다.

기독교민주연합 및 기독교사회연합의 연방의회 – 교섭단체(CDU / CSU – Bundestagsfraktion)는 세금을 통해서 共存損害(Koexistenzschäden)를 지원해야 한다고 주장했다. 그에 의하면 유전자 – 농업종사자(Gen – Bauern)는 재배규칙을 준수하지 않아서 그 결과 원인자로서 재판상 확정된 경우에만 지불해야 한다는 것이다. 그러나 사실상 이런 경우는 불가능할 것으로 판단된다. 생각건대, 물론 이러한 문제의 해결을 위해서는 원인자책임의 원칙이 공동부담의 원칙에 우선하지 않으면 안 된다는 점을 전제하여야 할 것이다.[50] 이러한 공동부담원칙보다 그 내용에 있어서 원인자부담의 원칙에 가까운

---

50) 천병태 / 김명길, 환경법, 삼영사, 2004, 51면, 류지태, 행정법신론, 신영사, 2005, 983면, Bender / Sparwasser, Umweltrecht, 2. Aufl. 1990, S.18ff.

것으로서 집단적 원인자부담원칙이 존재한다. 이는 환경오염을 발생하게 하는 집단에 대하여, 행정주체에 의하여 집단전체의 부담으로 그 제거비용을 부과하도록 하는 것을 말한다. 집단적 비용의 부담은 현실적으로는 재정적 기금의 형성을 통해서 시행되고 있으며, 이를 구체화하고 있는 제도로서는 미국의 슈퍼펀드(superfund)제도를 들 수 있다.[51)

4. 環境損害(Umweltschäden)에 대한 無責任

환경손해에 있어서의 책임은 독일 유전공학법에는 규정되어 있지 아니하다. 2004년 4월 30일 공고된 유럽연합 환경책임지침[52)(Um-welthaftungsrichtlinie)은 원자력사고 또는 선박사고의 경우에서와 마찬가지로 이러한 환경책임을 明示的으로 끄집어 내었다. 이것은 독일 유전공학법이 보여 주는 바와 같이 이 테마를 역시 排除하는, 장차 예상될 수 있는 국내적 立法에 대한 질책이라는 의미를 갖고 있다. 생각건대, 환경 및 생물학적 다양성에 대한 손해는 원인자책임의 원칙(Verursacherprinzip)에 따라 遺傳子 - 企業(Gen - Firmen)에 의해서 부담을 갖게 하는 것이 바람직스럽다.

5. 遺傳子 - 農業從事者(Gen - Bauern)에 관한 규정

최근에 개정된 독일 유전공학법 제16b조 제3항 제1호[53)에 의하

---

51) 류지태, 행정법신론, 신영사, 2005, 984면, Bender / Sparwasser, Umweltrecht, S.19ff.
52) EU - Umwelthaftungsrichtlinie, veröffentlicht vom 30. 4. 2004.

면, 연방정부는 최소간격, 품종선택, 무성하게 자라 퍼지는 것의 예방 또는 자연적 꽃가루 차단의 이용 등을 통해서 遺傳子－植物의 확산을 방지하려고 한다. 게다가 동 규정에는 유전공학으로부터 자유로운 농업의 보호를 위하여 '優秀生産物生産'(gute fachliche Praxis) 이라는 기초기준규정(Grundregeln)이 확정되어 있다. 여기에서 중요한 것은 단지 이러한 조치를 통해서 유전공학으로부터 자유로운 농업이 실제적으로 보호될 수 있을 때만 그 재배를 해도 좋다는 점이다. 반면에 그렇지 않은 경우에는 재배금지가 적용된다.

또한 유전공학법 제16b조 제5항에 의해서 遺傳子－企業(Gen－Firmen)이 遺傳子－作物－農夫에 관한 정보를 통해서 뒷받침해야 한다는 규정은 환영할 만하지만 결함 있는 정보가 책임전가를 야기할 수도 있을 것이다. 즉, 동 규정은 "유전자변형생물체를 포함하거나 그것으로 구성된 산출물을 유통시키는 자는 허가의 규정들을 포함하는 생산정보를 전달해야 한다"라고 규정하고 있다.54) 한편 동법 제16b조 제4항에 의해서 유전자－농업종사자를 위해 일종의 運轉者證明를 도입한 점은 역시나 바람직스럽다. 즉, 동 규정은 "유전자변형체를 포함하거나 그것으로 구성된 산출물을 가지고 영업목적을 위해 그것을 취급하는 자는 신뢰성, 지식, 숙련도 그리고 장비를 소유해야 한다."라고 규정하고 있다.55)

그러나 비판받아 마땅한 점은 유전공학법 제16b조 제6항에 의하여 모든 상세한 규정은 다음의 下位命令에서 규정된다고 한 점이다.

---

53) Art. 16b Abs. 3 GenTG(2005 BGBl. I S.186).

54) Art. 16b Abs. 5 GenTG(2005 BGBl. I S.186).

55) Art. 16b Abs. 4 GenTG(2005 BGBl. I S.186).

즉, 동 규정은 "연방정부에 수권되는 것은 연방상원의 동의를 가지고 법규명령을 통하여, 우수생산물 생산의 기본원리, 신뢰성, 지식, 숙련도 그리고 장비 등에 관한 특성 및 그 증거 그리고 생산정보의 내용을 상세히 정하는 것이다."라고 규정하고 있다.56) 그러나 이를 통해서 그 이행이 지체되어 매우 방해를 받고 결정적인 평가를 놓칠 위험이 있다.

이러한 상세규정을 가지고 농업 현실에서 遺傳子－農業의 비용이 遺傳子－農業從事者에 의해서 마땅히 부담 지워질 수 있을지의 여부가 결정된다. 즉, 예컨대 유전자옥수수와 통상옥수수 사이에 얼마나 간격을 유지해야 하는가? 유전자－농업종사자는 그 재배에 대하여 어떻게 의무를 져야 하는가? 재배규정들을 가지고 경험들이 수집되고 평가, 활용되는가? 그리고 과연 그것이 누구에 의해서? 자료들이 제대로 공개되는지?

생각건대 遺傳子－企業 및 遺傳子－農業從事者는 유전공학으로부터 자유로운 농업의 보호를 위해 관찰한 것, 즉 모니터링한 것과 그 경험을 수집해서 당해 행정관청에 알려 줄 의무가 있다고 하겠다.

독일 유전공학법 제16c조 제1항에 의하면 지금까지는 遺傳子－企業은 오로지 건강과 환경에 영향을 미치는 자료만을 수집해야 한다. 즉, 동 규정은 "운영자로서 유전자변형생물체로 구성되었거나 그것을 포함한 산출물을 유통시키는 자는 동법 제1조 제1호에 규정된 법익에 대한 영향을 조사하기 위해, 허가에서 정하는 바에 의하여 이를 모니터링해야 한다."라고 규정하고 있다.57) 다만 遺傳子－農業

---

56) Art. 16b Abs. 6 GenTG(2005 BGBl. I S.186).

從事者는 동법 제16b조 제3항 제1호에 의해서 재배자료만 수집해야 하는 것에 한정된다.

6. 生態的 敏感地域(ökologisch sensible Gebiete)을 保護하기 위한 규정

自然保護區域에서조차도 遺傳子－作物의 재배 및 환경방출은 원칙적으로 금지되지 아니하였다. 새로운 유전공학법[58]은 그 재배가 그 구역을 '심히' 침해하고 있는지의 여부, 즉 다만 추가심사규정을 도입했다. 자연보호행정기관은 그에 따라 遺傳子－作物의 實驗的 環境放出 또는 商業的 栽培를 직접적으로 거부할 수 있다. 게다가 이러한 새로운 유전공학법을 통해서 연방자연보호법은 새로 제34a조를 추가했다.[59]

7. 非遺傳工學地域(gentechnikfreie Regionen)의 保護

비유전공학지역은 농업종사자 및 식품산업계에 유전공학을 통한 생산으로 발생할 수 있는 오염위험의 감소를 용이하게 한다. 그래서 비유전공학지역은 유전공학으로부터 자유로운 농업 및 환경을 장기적으로 유지하는 데 있어서 중요한 요소이다. 독일 유전공학법은 비유전공학지역을 보호하는 명시적인 규정을 갖고 있지 아니한다. 다

---

57) Art. 16c Abs. 1 GenTG(2005 BGBl. I S.186).

58) Gesetz zur Neuordnung des Gentechnikgesetzes vom 21. Dezember 2004(2005 BGBl. I S.186).

59) Art. 34a Bundesnaturschutzgesetz.

만 동법 제16b조 제1항에서 만약 재배규정에 해당하지 않으면 어떤 지역에서의 재배는 개별적인 경우에만 행정기관에 의해서 금지될 수 있다.

생각건대 비유전공학지역을 법률에 규정하여 보호함이 마땅할 것이다. 특히 種子生産의 保護를 위해서 특별규정이 필요하다.

V. 맺는 말

최근에 개정된 독일 유전공학법(Gentechnikgeesetz)은 유전자변형 작물을 생산하지 않는 農業從事者 및 消費者를 保護하기 위한 중요한 쾌거라고 말할 수 있다. 재배규정, 재배할 경우의 투명성 그리고 책임규정들은 유럽 차원의 대강지침(Rahmenrichtlinie)을 광범위하게 수용한 것이다. 그러나 상세한 것은 아직도 많은 문제가 남아서 장차 하위명령(Verordnungen)에서 규정되어야 한다.

새로 개정된 독일유전공학법의 본질적 핵심사항은 다음과 같다. 즉, (1) 유전자변형생물체의 만성적 잠행성 우성(schleichende Dominaz)으로부터 비유전공학농업(gentechnikfreie Landwirtschaft)의 보호, (2) 농업유전공학(Agro - Gentechnik)을 통해 본질적으로 침해가 있는 경우 손해배상요구(Schadensersatzansprüchen)의 수행을 용이하게 하는 명확한 책임규정, (3) 유전자변형작물이 재배되는 토양에 공적으로 접근할 수 있는 연방등록제도는 보다 더 개선된 투명성을 제고한다는 점, (4) 유전자변형생물체－등록(GVO－Eintrag)에 대해 생태적으로 민감한 지역(ökologisch sensible Gebiete)의 보호를 위한 보다 더 개선된 규정들, 그리고 (5) 유전자변형생물체－종자－제공자(GVO－Saatgut－Anbieter)의 생산정보의무와 관련한 우수생산물 생산(gute fachliche Praxis)의 유지를 위한 구체적인 규정들은 법적 안전성을 가져온다는 점 등이 바로 그것이다.

본 연구는 특별히 환경침해에 있어서 결함 있는 책임규정, 공존규정(Koexistenzregeln)들의 결함 있는 심사규정, 생태적으로 민감한 지역(ökologisch sensible Gebiete) 및 비유전공학지역(gentechnik-freie Regionen)에 있어서 결함 있는 재배금지규정 그리고 파종작물 생산(Saatgutproduktion)의 경우에 결함 있는 특별한 보호규정을 批判的으로 지적하고 있다.

새로 개정된 유전공학법(Gentechnikgesetz)은 다른 유럽국가 및 한국에서의 입법에서 법 정책적으로 커다란 영향을 미칠 것으로 예상된다.

| 參考文獻(Literatur) |

Ⅰ. 국내문헌

김남진 / 김연태, 행정법(Ⅱ), 법문사, 2004.

고영훈, 환경법, 법문사, 2002.

류지태, 행정법신론, 신영사, 2005.

석종현, 일반행정법(하), 삼영사, 2001.

천병태 / 김명길, 환경법, 삼영사, 2004.

홍정선, 행정법원론(하), 박영사, 2005.

조인성, 생명공학 분야에 있어서 시설물허가의 기원과 법적 성질, 토지
공법연구 제25집, 2005.2.

Ⅱ. 외국문헌

Arndt, Umweltrecht, in: Steiner(Hrsg.), Besonderes Verwaltungsrecht,
7.Aufl., 2003.

Badura, Die Standortentscheidung bei der Unternehmergenehmigung
mit planungsrechtlichem Einschlag, BayVBl. 1976, 515 ff.

Bender / Sparwasser, Umweltrecht, 2. Aufl. 1990.

Börger, Genehmigungs − und Planungsentscheidungen unter dem Gesi-
chtspunkt des Gesetzesvorbehalts, 1987.

Caesar, in: Jahrbuch des Umwelt − und Technikrechts 1990.

Ehlers, Wirtschaftsaufsicht, in: Achterberg / Püttner, Besonderes Verwal-
tungsrecht, Bd. 1, 1990, 1 / 2 Rdnr. 166.

Enquete − Kommission, Chancen und Risiken der Gentechnologie.

Fritsch / Haverkamp, Das neue Gentechnikrecht der Bundesrepublik

Deutschland, BB 1990, Beil. 31, S.9.

Gerlach, Das Genehmigungsverfahren zum Gentechnikgesetz, 1993.

Graf Vitzthum / Geddert−Steinacher, Der Zweck im Gentechnikrecht, 1989, S.49 ff.

Hirsch / Schmidt−Didczuhn, GenTG, §13 Rdnr. 51.

Jarass, Die Vorgaben des europäischen Gentechnikrechts für das deutsche Recht, NuR 1991, S.45 ff.

Kaiser−Bauer / Dederichs, Schutz von Mensch und Umwelt. Das Gentechnik−Gesetz. Konzeption: Presse−und Informationsamt der Bundesregierung, 1990.

Kloepfer, Umweltrecht, 3.Aufl., 2004.

Kraatz, Die Zweckambivalenz des Gentechnikgesetzes: der Schutz− und Förderzweck in § 1 GenTG, 1993, S.184.

Richter, Gentechnologie als Regelungsgegenstand des technischen Sicherheitsrechts, 1989.

Ricke, Gentechnik und Umweltverträglichkeit, 1994, S.187.

Ronellenfitsch, Fachplanung und Verwaltungsgerichtsbarkeit, in: Festschr. f. Blümel, 1999, S.497(501 ff.).

Ders., Das atomrechtliche Genehmigungsverfahren, 1983, S.350 ff.

Turck, Der Anlagenbegriff nach dem Gentechnikgeesetz, NVwZ 1992, 650 ff.

Vogel, Allgemeine Gewerbefreiheit, Die Reformpolitik des preußischen Staatskanzlers.

Wahl, in: Landmann / Rohmer, Umweltrecht, Bd. IV, Stand 2001, 10.1, § 1 GenTG Rdnr 37.

Ders., Genehmigung und Planungsentscheidung, DVBl. 1982, 51 ff.

제5장

聯邦임미시온防止法(BImSchG) 및
遺傳工學法(GenTG)上 生命工學 施設概念

I. 들어가는 말

유럽 '生命工學聯合'은 1981년 生命工學을 미생물, 세포·조직배양 등의 잠재력을 기술적으로 이용하기 위하여 마치 미생물, 생화학, 미생물, 세포생물 그리고 절차공학 등과 같은 상이한 학문의 총체적 적용으로서 그 범위를 한정하였다. 오히려 '生命工學'이라는 표현은 수공업 분야에서 더 많이 사용된다. 生命工學節次는 이미 약 5,000년 전부터 시행되고 있다.[1] '生命工學'과 '遺傳工學'을 광범위하게 동일선상에 놓는 것은 그 자체로 너무 과소평가하는 것이다. 現代 '生命工學'[2]은 現代 '遺傳工學'뿐만 아니라 세포배양 차원의 수많은 절차를 포함하는 상위 개념으로 파악된다. 다만, 遺傳工學은 현대분자생물학의 일정한 노하우로 기술된다. 이러한 유전공학은 어떤 세포 또는 어떤 기관·생물체의 유전정보를 의도적으로 변형하

---

1) 수메르인을 통해 효모균 도움으로 맥주를 제조하였다.
2) 우리의 유전자변형생물체의 국가 간 이동 등에 관한 법률 제2조 제1호에서는 '현대생명공학기술'을 "가. 인위적으로 유전자를 재조합하거나 유전자를 구성하는 핵산을 세포 또는 세포 내 소기관으로 직접 주입하는 기술, 나. 분류학에 의한 과의 범위를 넘는 세포융합으로서 자연 상태의 생리적 증식이나 재조합이 아니고 전통적인 교배나 선발에서 사용되지 아니하는 기술"이라고 정의하고 있다. 또한 우리의 생명공학 육성법 제2조에서는 '생명공학'을 "1. 산업적으로 유용한 생산물을 만들거나 생산공정을 개선할 목적으로 생물학적 시스템, 생체, 유전체 또는 그들로부터 유래되는 물질을 연구, 활용하는 학문과 기술, 2. 생명현상의 기전, 질병의 원인 또는 발병 과정에 대한 연구를 통하여 생명공학의 원천지식을 제공하는 생리학, 병리학, 약리학 등의 학문(이른바 기초의과학)"이라고 정의하고 있다.

거나 재생시키기 위하여 사용되는 모든 방법과 기술로 파악된다(이른바 再組合技術).[3] 물론 유전공학에 진력함으로써 생명공학생산물은 과거 수십 년 동안 산업성장단계에 돌입했고 현대생명공학을 총체적으로 '제3의 산업혁명'으로 간주할 정도로 급격히 발전했다.[4] 이 점은 생명공학의 법적 문제를 유전공학의 실례를 중심으로 고찰하는 것을 정당화한다. 그러므로 다음에서 논의하는 것의 중점은 '생명공학기업'의 운영 장소로서 유전공학시설[5]이다.

그러한 시설에서 사용되는 遺傳工學은 의료기술, 인간과 동물의 식량보장, 증가하는 원료품의 이용에서의 진보 그리고 화석연료의 절약 또는 일반적으로 환경보호의 이익과 관련하여 기대될 수 있다. 그럼에도 불구하고 특별한 異意를 提起하는 경제적인 측면이 있다.[6] 이전에 독일에서 논의된 과학논쟁에서 遺傳工學에 대한 '實行可能性의 妄想'과 '危險社會'에 대한 경고가 토론되었다. 그때 정치적 논쟁에서 '赤色 遺傳工學'과 '綠色 遺傳工學'은 통상적으로 분리되었다.[7] 이러한 분리는 '赤色 遺傳工學'을 인간에게 적용하는 데 있어서 법적으로 특별히 다룰 목적으로 수행된다. 그 독립은 상당히 진척되어, 人間遺傳學은 이전처럼 고려되지 않고 있다.[8] 물론

---

3) Hirsch / Schmidt - Didczuhn, GenTG, 1991, Einl. Rdnr. 1; Wahl, in: Landmann / Rohmer, Umweltrecht, Stand 2002, 10.1 GenTG Vorbem. Rdnr. 2.

4) Vgl. Küster / Pühler, Biotechnik, in: Lexikon der Bioethik, Bd.1, 2000, S.390f.; ferner Herstatt / Müller, Management - Handbuch Biotechnologie, 2003.

5) 독일 유전공학법 제3조 제4호에서는 '유전공학시설'을 "밀폐공간에서 유전공학작업이 수행되고 그 당시 사용되는 생물체의 인간과 환경에 대한 접촉을 막고 위험잠재력에 적합한 안전수준을 보장하기 위하여 특별한 감금조치가 적용되는 시설"이라고 정의하고 있다.

6) Ronellenfitsch, Die Entwicklung des Gentechnikrechts, VerwArch 2002, 295 ff.(296).

7) 소위 綠色 遺傳工學은 주로 농업과 식료품생산의 분야에서, 그리고 이른바 赤色 遺傳工學은 의학 분야에서 적용된다.

포괄적으로 이해되는9) '綠色 遺傳工學'에 몰두하는 生命工學企業의 稼動場所로서 遺傳工學施設만을 주로 다루고 있다.

본 연구는 우리의 遺傳子變形生物體의 國家間 移動 등에 관한 法律 제22조에 규정된 生命工學分野 研究施設物의 設置 및 運營許可와 관련하여, 市場經濟, 生存配慮,10) 國家促進使命 그리고 危險防止의 緊張分野인 生命工學 一般과 統制許可11)의 性質을 갖는 施設許可와 연관된 生命工學 施設槪念을 고찰하는 데에 목적을 둔다. 이러한 고찰에서는 본 연구의 主題와 밀접한 관련이 있는 獨逸12)에서의 관계법인 聯邦임미시온防止法과 遺傳工學法이 특히 고려된다.

---

8) 이것에 관해서 Ronellenfitsch, Zur Freiheit der biomedizinischen Forschung, in: Hendler / Marburger / Reinhardt / Schröder(Hrsg.), Jb. UTR 2000, S.91 ff.; Ronellenfitsch, Der Mensch als gentechnisch veraenderter Organismus, in: Dolde(Hrsg.), Umweltrecht im Wandel, 2001, S.701 ff.

9) 따라서 Wahl(주석2)은 옆 번호 4에서 이른바 環境遺傳工學을 말한다.

10) Daseinsvorsorge 槪念은 Forsthoff의 1938년도의 논문집(Die Verwaltung als Leistungsträger)에서 처음으로 상설되었는바, 그의 이론적 기초는 이미 새로운 행정법이론을 모색한 1935년도의 논문(Von den Aufgaben der Verwaltungsrechtswissenschaft)에서 엿볼 수 있다고 한다. 인간은 생활에 필요한 재화를 자기 소유물의 이용에 의하여 취득하기보다는 상호충당에 의하여 획득할 수밖에 없는 사회적 수요가 증대하게 되며, Forsthoff는 이러한 생활재의 상호충당수요를 충족시키는 작용을 Daseinsvorsorge라고 지칭하였다. 이 개념은 국내에서 生活配慮 또는 生存配慮로 번역되고 있다. 이에 관해서는 석종현, 일반행정법(하), 295면 이하 김남진, 행정법의 기본 문제, 797면 이하 참조.

11) 독일법에 있어서도 Kontrollerlaubnis 이외에, 우리가 흔히 認可의 뜻으로 사용하는 Genehmigung이 許可의 뜻으로도 많이 사용된다. 특히 물질과 관련된 경우에는 Baugenehmigung(建築許可), Anlagengenehmigung(施設許可) 등 Kontrollerlaubnis보다 Genehmigung이라는 용어가 보편적으로 사용되고 있다. 許可는 법규에 의한 일반적인 금지(부작위 의무)를 특정한 경우에 해제하여 적법하게 일정한 사실행위 또는 법률행위를 할 수 있게 하는 행정행위를 말한다. 이에 관해서는 석종현, 일반행정법(상), 272면 이하 김남진, 행정법의 기본 문제, 205면 이하 참조.

12) 특히 독일은 1990년 6월 20일에 遺傳工學技術의 規律에 관한 法律(Gesetz zur Regelung der Gentechnik; Gentechnikgesetz – GenTG)을 제정하였다(BGBl. 1990 I, S.1080; BGGl. 1993 I, S.2066; BGBl. 2002 I, S.3220; BGBl. 2004 I. S.186).

Ⅱ. 生命工學: 市場經濟, 生存配慮, 國家促進使命 그리고 危險防止의 緊張分野

1. 獨逸과 유럽聯合의 經濟 憲法에 있어서 生命工學

遺傳工學에 대한 論爭은 전통적인 경제분과(생명농업 대 '생명공학농업')의 보호, 소비자 보호 또는 창조의 보호를 원용하여 법적으로 시의 적절하게 치열하다. 그로 인하여 遺傳工學 計劃은 정당화의 압력에 직면하게 된다. 遺傳工學的으로 變形된 生産物들이 너무 많아져서 그 때문에 불허용될 것이라는 항변도 목격된다. 그러나 遺傳工學 生産物의 허용성에 관한 모든 법적 논쟁은 獨逸과 유럽聯合의 市場經濟體制의 조건에서만 제기되어야 한다.

사실 獨逸 基本法에서는 市場經濟에 관한 명확한 표현을 발견할 수 없다. 그럼에도 불구하고 그 표현은 '基本法의 經濟政策的 中立性'에 관하여 논쟁을 불러일으키고 있다. 물론 獨逸 聯邦憲法裁判所 判決은 '입법자가 그 당시 基本法과 특별히 基本權을 존중할 때만' 경제정책 형성의 여지가 있음을 말하고 있다.[13] 基本法의 經濟秩序에 대한 논쟁을 새삼스레 제기하지 않아도[14] 최소한 市場經濟에 관한 基本權들의 親和性은 다루어질 수 있다. 獨逸 基本法 제12조 제1항[15]은 개인에게 인격적, 경제적 인생영위의 기초로서 職業遂行의 自由를 보장하고, 또한 개별적 능력과 생존유지의 영역에서 自由로

---

13) BverfGE 50, 290(338).

14) Tettinger, Verfassungsrecht und Wirtschaftsordnung, DVBl. 1999, 679 ff.

15) Artikel 12 Abs.1 GG

운 人格發現의 基本權을 구체화하고 있다.16) 遺傳工學의 경제적 이용 역시 職業의 自由에 의해서 파악된다. 어떤 필요성 평가는 遺傳工學企業의 設置 및 運營에 대한 한계로서 작용된다. 그것은 객관적 職業選擇의 제한을 '매우 중요한 공동체 이익에 대한 입증 가능하고 매우 개연성이 높은 危險의 防止를 위해 강제적으로 고려해야' 하기 때문이다.17)

유럽聯合의 경제적인 地圖形象은 一次的인 共同體法의 協定的 基礎와 一般的 法的 基礎에서 결론이 도출된다. 총체적으로 유럽聯合 經濟憲法의 地圖形象은 '自由로운 競爭下의 開放된 市場經濟原理'라고 말할 수 있다.18) '綠色 遺傳工學'에 관한 경제정책적으로 동기가 부여된 시장작동적 제한과 난관은 獨逸과 유럽聯合의 自由로운 經濟憲法에 부딪힌다.

2. 生存保障(Daseinssicherung)에 대한 生命工學의 貢獻

국가에 단지 生命工學의 장애만을 제거할 사명이 존재한 것은 아니다. 오히려 生命工學의 기회와 발전가능성과 관련하여 국가는 生命工學을 促進시킬 의무가 있다. 獨逸 基本法은 독일연방공화국을 社會的 法治國家로서 분류하고 있다. 여기에 개별적인 경우 당위적인 법적 결과를 도출할 수 있는 규범적인 진술이 들어 있다. 유럽聯合은 유럽聯邦國家의 방향에서 활동하고 있으며, 이미 지금은 하

---

16) BverfGE 54, 301(313); 101, 331(346 f.).

17) BverfGE 102, 197(214).

18) Oppermann, Europarecht, 2. Auflage 1999, Rdnr. 929.

나의 國家聯合이다. 그것은 共同體法에 관해서 국가 관련 해석을 요구한다. 國家는 내적 관계에 있어서 자기의 目的들을 통해서 정의된다. 憲法國家의 主要目的은 개별적 자유의 보장에 있고, 그래서 또한 다른 사람의 지나친 자유행사에 대한 보호에 있다고 말할 수 있다. 그 자유는 社會的으로 羈束된다. 자유제한은 그 정당성을 필요로 한다. 국가적 자유제한은 國家的 自己主張의 目的을 위해 그리고 文化的 正體性의 보전을 위해, 충돌하는 개별적 자유권을 균형 맞추어 따라서 모든 개별적 자유행사를 비로소 가능하게 할 때 그것은 정당화된다. 自由主義的 法治國家조차도 침해제거는 축소되지 않고 오히려 자유권의 실제적인 토대 역시 보장된다.

국가는 社會的 法治國家에서 社會的 最小水準 이외에 適合한 下部構造를 보장하고 個人的 生存保障을 가능하게 할 때만 자유를 보장한다. 生存保障의 한 부분이 國家의 課題이다. 여기에 社會國家的인 生存配慮(Daseinsfürsorge)와 法治國家的인 生存配慮(Daseinsvorsorge)가 보충된다.[19] 이것들은 국가과제를 통해 구체화되는 社會的 法治國家의 國家目的이다. 國家課題들 중에는 국가 자체적으로 충족해야 하는 課題들이 있다.[20] 生存配慮의 대부분의 課題들 중에서 국가는 다른 한편 保障義務로 후퇴하고 課題들의 충족을 市場에 넘겨 준다. 이러한 課題들이 어떻게, 어떠한 법적 형태로 그리고 누구에 의해서 수행되는가는 과제충족의 共同體 羈束이 중심을 이룰 때 그 다음의 문제이다. 마지막으로 사회적 공동생활의 경제적, 문화적 그리고 사회적 분야들이 존재한다. 이러한 분야들에서 국가는 고유

---

19) Ronellenfitsch, Daseinsvorsorge als Rechtsbegriff Aktuelle Entwicklungen im nationalen und europäischen Recht, in: Blümel(Hrsg.), Ernst Forsthoff, 2003, S.53 ff.
20) BverwG v. 1.12.1998 5 C 29.97, BverwGE 108, 56(63).

의 과제들을 충족하거나 보장하지 않게 된다. 이 과제들의 促進은 국가에게는 하나의 관심사여야 한다. 遺傳工學을 포함한 生命工學도 여기에 속한다. 獨逸 基本法 제74조 제1항 제26호[21]는 사실 遺傳工學에 관한 실제적인 진술을 포함하지 않고 있다(참조, 독일 기본법 제74조 제1항 제26호: "경합적 입법은 다음 분야를 그 대상으로 한다. 26. 인간의 인공 수정, 유전자 정보의 연구 및 인공적 변경과 장기 및 조직 이식에 관한 규정"). 遺傳工學의 유용성은 수많은 보호법익과 관련된다. 國家的 促進은 이러한 법익들에게 憲法的 地位를 갖는다(참조, 獨逸 基本法 제20조 제1항[22]): "독일연방공화국은 민주적, 사회적 연방국가이다.", 제20조 a[23]): "국가는 장래 세대들에 대하여 책임을 지고서도 헌법적 질서의 테두리 내에서 입법에 의하여 그리고 법률과 법이 정하는 바에 따라 집행권 및 사법에 의하여 자연적 생활기반을 보호한다.", 제74조 제1항 제13, 17, 20호[24]): "경합적 입법은 다음 분야를 그 대상으로 한다. 13. 직업훈련 지원규정과 학술적 연구의 진흥 17. 농업, 임업생산의 진흥, 식량의 확보, 농산물, 임산물의 수출입, 원양어업과 연안어업 및 연안보호 20. 식량, 기호품, 생활필수품, 사료, 농업용, 임업용의 종자 및 묘목의 거래 보호, 식물의 병해로부터의 보호 그리고 동물의 보호").[25] 國家的 促進은 遺傳工學的 計劃과 관련한 충돌하는 권리들의 균형·조정에 있어서 중요한 의미를 갖는다.

---

21) Artikel 74 Abs. 1 Nr. 26 GG

22) Artikel 20 Abs. 1 GG

23) Artikel 20 a GG

24) Artikel 74 Abs. 1 Nr. 13, 17, 20 GG

25) Joachim Becker, Materielle Wirkungen von Kompetenz−, Organisations−und Zuständigkeitsregelungen des Grundgesetzes? DÖV 2002, 397 ff.

3. 危險防止와 리스크 事前配慮

논쟁의 여지 없이 시민들 사이의 갈등의 조정은 전통적으로 危險防止의 개념하에 범주화되는 중심적인 國家課題이다.[26] 危險防止의 실질적 법은 프로이센 高等行政裁判所의 判例에까지 거슬러 올라간다. 이 재판소는 危險防止와 危險概念의 관련을 밝혀 내고, 이 危險을 "사물의 그 자체 상태로서 침해된 결과를 초래할 것이라는 憂慮(Besorgnis)를 갖게 하는 것이라고" 정의했다.[27] 이러한 '憂慮'는 처음에는 豫測的 危險防止의 측면에서 危害構成要素로서 관련되었으나, 그 후 세월이 지나고, 지난 세기의 70년대에 비로소 다시 반동하여, 리스크 事前配慮로서 危險防止의 곁에 서서 논의되었다.[28] 遺傳工學의 이른바 保護目的에 관하여 獨逸 遺傳工學法 제1조에 의하면 그 의미가 완전히 해명되지는 않지만 危險防止가 所謂 리스크 事前配慮, 즉 可能한 危險도 역시 포함한다고 일반적으로 알려져 있다. 연방임미시온방지법과 유전공학법 사이에서의 '생명공학시설법'은, 國家 促進使命의 고려하에 危險防止와 리스크 事前配慮의 구조가 遺傳工學 분야에서 조명될 때만 충분히 이해될 수 있다.

---

26) BverfGE 49, 24(56 f.).

27) PrVBl. 32, 119(120).

28) BverfGE 49, 89(143).

Ⅲ. 抑壓的 危險防止와 統制許可

1. Ius politiae

危險防止와 리스크 事前配慮에 관한 法 그리고 그 결과 技術安全法과 環境法에 대한 이해의 열쇠는 수백 년 이상 윤곽을 드러낸 警察槪念에 있다.[29] 現代的인 警察槪念은 프랑스에서 14세기에 발전한 'ius politiae'로 거슬러 올라간다. 이러한 'ius politiae'는 領主에게 먼저 지방의 평화를 유지하기 위한 조치의 法的 基礎로서 기여했고 18세기 초까지 매우 중요한 의미를 내포하여서 'police'는 모든 關係當局의 活動이라는 개념이 되었다. 독일어권에서는 18세기까지 'ius politiae'는 領主支配의 高權으로서 중세기에 이해되었다. 'ius politiae'의 원용으로 地方領主들은 법 자체를 요구하였고, 바로 공동체의 '좋은 秩序'(gute Ordnung)를 보살폈다. 이것과 연결된 絶對的인 權座에 관해서는 'Polizei'라는 표현이 동의어로 되었다.

自然法 思想과 啓蒙哲學의 영향으로 점점 警察國家의 限界에 관한 노력은 중요해졌다. 이와 함께 Joh. Stephan Puetter는 1794년 프로이센 一般란트法의 형성에 영향을 미쳤다. 이 법에 따르면 "경찰행정관청은 공공의 평온과 안녕, 질서를 유지하고 공중과 개인에게 가하여지는 현존하는 危險을 除去하기 위하여 필요한 국가기관"이라고 그 개념을 정의하고 있다. 프로이센 高等行政裁判所는 이 법 제10조 제2항 제17호에서 거의 수백 년 후에 危險除去에 관한 실질

---

29) Ronellenfitsch, Selbstverwaltung und Deregulierung im Ordnungs – und Umweltrecht, 1995, S.11 ff.

적인 경찰법의 축소를 뒷받침했다.30) 프로이센 一般란트法이 警察的 福祉目的을 완전히 제거하려 했다고 말하는 다수의 견해는 그러나 잘못이다. 이러한 警察的 福祉後見은 국가에는 물론 더 이상 警察的 強制幸福에서는 수행되지 못하는 중요한 계기가 되었다. 오히려 프로이센 一般란트法 발효 직후 시민의 經濟勢力을 향해 어떤 적극적인 국가 경제정책에 관한 정책적인 관계가 필요했다. 1806년 나폴레옹 革命 직후 프로이센은 營業의 自由를 도입하기 위한 길을 내디뎠다.31) 이 도입이 1810년 11월 2일 營業稅令에 의해서 이루어진 것은 우연이 아니다.32) 營業의 自由의 보장은 확실히 自由主義思想으로 말미암은 것이다. 국가는 營業의 自由와 硏究의 自由를 촉진시키면서 나아가 生存保障을 위해 공헌을 한다. 결과적으로 국가는 이러한 자유와 함께 연결된 리스크와 危險에 대한 共同責任을 졌다. 여기에 抑壓的 危險防止는 충족되지 않았다. 국가는 'ius politiae'와 병행하여 발전한 법적 수단인 豫防的 統制를 비로소 이용한다.

2. Ius supremae inspectionis

이러한 병행발전의 출발점에 독일어로 'Oberaufsicht'로 표현될 수 있는 'ius supremae inspectionis'가 존재했다. 16세기에 'ius supremae inspectionis'는 領主支配적인 배려의 발산으로 이해되어서 교회, 학교, 직업 활동에까지 확산되었다. 원래 이 개념은 국가권력

---

30) PrOVG 9, 363.

31) 그 결과 영업의 자유의 선언은 im Finanzediktvom 27. Oktober 1810 (Preuß. GS S.25).

32) Preuß. GS 1810 S.79.

으로 하여금 하위조직에 대한 침해의 법적 타이틀을 만들어 내는
데 사용되어 그 이후 警察國家의 시대에 순수한 情報法으로 그 의
미가 좁혀지고 18세기에 비로소 고유한 高權으로서 도그마틱한 윤
곽을 드러내었다. 警察國家로부터 法治國家로의 이행과 함께 국가권
력의 특별한 기능으로서 'Oberaufsicht'라는 개념은 그 의미를 잃고
地方自治監督과 學校監督에서부터 建築監督과 營業監督에 이르기까
지 국가권력의 서로 상이한 발현형태가 펼쳐졌다. 危險防止와 리스
크 事前配慮의 목적으로 이른바 許可留保부 豫防的 禁止33)라는 개
념이 형성되었다. 여기에서 'Oberaufsicht'는 다만 아직 하나의 統制
로서 존재한다. 그래서 적합한 표현은 바로 '統制許可'라고 할 수
있다.34)

3. 統制對象

警察的 危險防止가 行動妨害者와 狀態妨害者에 대하여 행해지는
것처럼 危險原은 行動, 특히 活動과 사물의 狀態에 있다고 할 수
있다. 그러므로 豫防統制의 統制對象은 바로 인간의 活動과 이러한
인간과 관계하는 사물의 狀態이다. 狀態統制가 活動統制보다 더 용
이하고 효율적으로 수행되어야 하기 때문에 독일에서는 施設槪念이
확고한 지위를 차지했다. 施設關聯 危險防止와 리스크 事前配慮는
독일연방공화국의 營業法과 임미시온방지법에서 오래된 발전 과정
의 산물이다. 遺傳工學法 개념 역시 營業施設 또는 産業施設에 있어

---

33) R. Piezner, Das Verbot mit Erlaubnisvorbehalt, JA 1973, 691 ff., 763 ff.

34) Froelich, in: Scholz(Hrsg.), Handbuch des gasamten öffentlichen Grundstücksrechts, 1932, S.63 ff., 77.

서 許可의 역사적 발전과 관련지을 때 비로소 이해될 수 있다.

이 역사적 발전은 1789년 人權宣言 제4조가 一般的 行動의 自由를 유포한 프랑스에서 그 기원을 갖는다. 여기의 一般的 行動의 自由는 동시에 제3자의 손해를 피하기 위하여 法律留保하에 있었다. 그러한 法律留保의 충족이 바로 1810년 施設許可法이다.[35] 이 법은 豫防統制를 목적으로 분류된 시설의 許可義務를 의도했다. 프로이센에서도 그 발전이 비슷하게 그리고 같은 시기에 진행되었다. 프로이센 국가는 나폴레옹 전쟁 후에 예산정책상 형량에서 영업의 자유의 도입을 강제하였고 산업화로 야기된 리스크와 危險의 共同責任을 부담하였다. 이 共同責任은 技術統制에서 문자로 기록되어 표현되었다. 이것은 먼저 社會政策的 衡量에서 결과로 나타났다.[36] 세 길드(同業者組合)의 이익을 위해서 기계들이 금지되면 바로 勞動保護가 그 중심에 서게 되었다. 증기기관의 도입으로 수공업으로 인한 제품 생산이 공장에 적합한 성격으로 받아들여졌을 때, 營業監督을 위한 獨逸 營業法이 변화되었다. 監督받을 義務가 있는 施設들에 대한 監督은 勞動法으로부터 일반적 危險防止에 관한 법으로 달라졌다. 무엇보다도 증기기관의 도입과 확대는 危險防止의 종류와 방식에 영향을 미쳤다. 거의 20년이 걸렸던 規制的 經驗段階[37] 후에 증기기관은 1845년 1월 17일의 프로이센 一般營業法[38]에서 許可의 必要性이 있는 施設로 규정되었다. 그 후에 제정된 獨逸 營業法 제16조의 전형[39]인 프로이센 營業法 제26조는 企業家許可의 기본형태를

35) I. Mieck, Luftvereinigung und Immissionsschutz in Frankreich und Freußen zur Zeit der frühen Industrialisierung, Technikgeschichte Bd. 48(1981), S.239 ff.

36) Anton, Geschichte der preußischen Fabikgesetzgebung, 1891.

37) Busch / Trabandt, Das Recht der überwachungsbedürftigen Anlagen, 1955, S.9.

38) Preuß. GS 1845 S.41.

규정했다. 그에 의하면 負擔的 施設, 즉 운영자, 인근 토지의 주민 그리고 공중에 대해서 입지 면에서 또는 운영공간의 특성상 심각한 被害(Nachteile), 危險(Gefahren) 그리고 負擔(Belästigung)을 줄 수 있는 施設의 設置에 관하여 관계 행정기관의 특별한 許可가 필요하다는 것이다. 이 負擔的 施設은 獨逸 營業法 제16조 제2항에 규정되었다. 이러한 시설에서 야기되는 負擔들은 이웃토지에 한정되지 아니하고 오히려 일반적으로 공중과 관련되었다. 營業法에 의한 許可를 수십 년 동안 실제적으로 경험한 후에 입법자는 營業法 제16조를 변화된 상황에 맞추어야 한다고 생각했다. 1959년 營業法 제16조는 '負擔的 施設'이 더 이상 법률에 규정될 필요가 없다고 개정되었다.[40] 그 대신에 營業法 제16조 제3항은 연방정부에 의회상원의 동의하에 이른바 負擔的 施設을 하위 命令을 통해 규정할 수 있다는 것을 수권했다. 이것은 1960년 8월 4일의 營業法[41] 제16조에 의해서 許可의 必要性이 있는 施設에 관한 命令을 통해 실현되었다.

독일 營業法 제16조는 聯邦임미시온방지法에서 규정된 企業家許可의 전형이다. 이 임미시온방지법은 營業法에 의한 許可의 必要性이 있는 施設에 관한 법을 교체해서[42] 제4조부터 제21조까지 규정했던 것이다. 營業法 제16조에서 발전된 基本原理는 계속해서 통용된다.[43] 연방정부의 수권, 즉 상원의 동의하에 命令을 통해 이른바 許可의 必要性이 있는 施設의 범위를 규정할 수 있다는 것은 聯邦

---

39) Beyendorff, Die Geschichte der Reichsgewerbeordnung, Diss. Leibzig 1901.

40) Gesetz zur Änderung der Gewerbeordnung und Ergänzung des Bürgerlichen Gesetzbuchs vom 22. 12. 1959(BGBI. I S.781).

41) BGBI. I S.690.

42) § 68 Abs. 1 BImSchG.

43) BT‐Drucks. 7/179, S.30.

임미시온방지法 제4조 제1항 제3문에 쓰여 있다. 먼저 營業法 제16조 제3항에 의해서 발령된 命令은 계속 유효해서[44] 1975년에 이르러서야 비로소 4. 聯邦임미시온방지命令[45]을 통해서 변경되었다. 1985년 7월 24일에 새로 개정된 4. 聯邦임미시온방지命令 BGBl. I S.1586.은 그 후 여러 번 변경되었다. 그래서 1988년 5월 19일자 命令[46]은 부록에서 遺傳工學施設을 언급한 새로운 번호 4.11을 규정했다. 특히 헤센 行政裁判所[47]는 명령제정자의 의회를 통한 정당한 결정이 중요하지 않다고 믿었기 때문에 독일 遺傳工學法이 비로소 발효되었고 4. 연방임미시온방지命令 번호 4.11은 다시 논쟁의 불씨를 지폈다.

독일 遺傳工學法은 알려지지 않은 리스크에 대해 統制를 보장하고[48] 동시에 遺傳工學을 促進하고 있다.[49] 그러므로 保護目的과 促進目的은 함께 존재한다.[50] 총체적으로 독일 遺傳工學法 제1조는 어떤 安全技術上 統制된 遺傳工學이 법적으로 바라던 것이라는 표현을 추측할 수 있다. '遺傳工學 贊同'의 決斷은 명시적으로 법률상 명기되어 있다.[51] 促進目的에 대한 保護目的의 絶對優位論[52]은 헌

---

44) § 66 Abs. 1 BlmSchG.

45) VO vom 14.2.1975(BGBl. I S.499 ber. 727).

46) BGBl. I S.608.

47) Beschluss vom 6.11.1989 8 TH 685 / 89, NVwZ 1990, 276.

48) Richter, Gentechnologie als Regelungsgegenstand des technischen Sicherheitsrechts, 1989.

49) Kaiser – Bauer / Dederichs, Schutz von Mensch und Umwelt. Das Gentechnik – Gesetz. Konzeption: Presse – und Informationsamt der Bundesregierung, 1990.

50) Graf Vitzthum / Geddert – Steinacher, Der Zweck im Gentechnikrecht, 1989, S.49 ff.

51) Kraatz, Die Zweckambivalenz des Gentechnikgesetzes: der Schutz – und Förderzweck in § 1 GenTG, 1993, S.184.

52) Wahl(Fußn.2), § 1 GenTG Rdnr 37.

법적으로 缺陷 있는 重要性에 기인한다. 遺傳工學의 이용은 기본권들과 국가과제들을 적극적 또는 소극적 방식으로 관계하여, 所謂 實際的 調和가 중요하게 된다. 최선을 다하여 리스크를 事前 配慮하고 危險을 방지할 의무는 변함이 없이 여전히 남는다. 聯邦草案은 이러한 목적을 위해 遺傳工學施設의 設置와 運營에 대한 許可를 계속해서 연방임미시온방지法하에 속하게 하고, 遺傳工學法의 적용가능성을 遺傳工學 活動에 집중하려고 의도했다. 그것에 대해 遺傳工學法은 命令을 통해 비교할 수 있는 危害를 가진 다른—遺傳工學이 아닌—生命工學 절차와 작업에 확장될 수 있었을지도 모른다. 그에 반해서 공동체법을 벗어나 연방임미시온방지법과 원자력법의 전형에 따라 연방초안의 활동 관련 계획은 포기되었다. 그 법률의 중심은 유전공학시설에서의 유전공학작업이다. 활동계획과 시설계획 사이의 동요부분 그리고 연방임미시온방지법과 유전공학법 사이의 조정은 불안정하게 했다. 왜냐하면 생명공학시설법은 사실 두 규정 전체의 단면에 위치하고 있기 때문이다.

Ⅳ. 施設計劃(構想)

1. 內 容

施設計劃은 위험한 것으로 분류된 활동들이 단지 특별한 시설물들에서만 수행된다고 한다. 그 때문에 그 시설들은 동시에 危險物로서 그리고 保護의 豫防手段으로서 다루어지고 강력한 국가 통제하

에 놓이게 된다. 이미 민법은 그러한 '위협적인 시설물들'을 알고
있다.53) 그러나 그 위험한 시설물들은 공법에서 더 커다란 의미를
갖는다. 예컨대 연방임미시온방지법,54) 원자력법,55) 水法56) 등은
특별한 시설개념들을 규정하고 있다. 물론 공항들57)과 철도역들58)
같은 교통시설에 관한 법도 역시 마찬가지로 그것들을 규정하고 있
다. 비록 모든 이러한 시설물들이 특별하다고 간주될지라도, 그 시
설물들은 다음과 같은 공통점을 갖고 있다. 즉, 危險防止가 장소와
관련하여 결과를 나타내고, 危險源이 대개 남아 있고, 항상 危險防
止 措置에 대한 守範者가 존재하고 그리고 제3자인 이웃의 범위가
한정될 수 있다는 것이다. 물론 施設計劃은 유전공학 분야에서도 역
시 공동체법상의 계획들이 주의해야 하고 나아가 고찰해야 하는 危
險防止와 리스크 事前配慮의 적합한 형태로서 나타나고 시설물에
있어서 모든 유전공학작업이 수행될 수 있는 것은 아니다.

2. 共同體法上 活動統制

기술적으로 특히, 생명공학적으로 생산하는 高價 醫藥品의 流通에
관한 개별국가의 조치를 조정하기 위한 委員會의 현대 생명공학의
발생의 시기에 통용된 指針(所謂 醫藥品指針59))은 아직 유전공학적

---

53) §907 BGB

54) Vgl. Henkel, Der Anlagenbegriff des Immissionsschutzgesetzes, Diss. Berlin 1988.

55) Vgl. Art.74 Nr.11a GG; BVerwG vom 19.12.1985, BVerwGE 72, 300(328).

56) Poncelet, Der wasserrechtliche Anlagenbegriff, 1995.

57) Hierzu Delbanco, Die Änderung von Verkehrsflughäfen, 1997,

58) Vgl. Ronellenfitsch, Bahnhof 2000, in: Blümel / Kühlwetter, Aktuelle Probleme des Eisenbahnrechts II, 1997, S.213 ff.

59) ABl Nr. L15 vom 22.12.1986, S.38 ff.

문제를 규정하지는 않았다. 조금 후에 유럽공동체의 제4차 환경프로그램에 관한 1987년 12월 19일자 委員會決定[60])이 있었는데, 그당시 위원회결정은 환경보호와 관련한 공동체 조치들에 대한 우위분야로서 생명공학의 심사 및 투입을 위한 조치들을 선언했다. 그후 '시스템指針'[61])과 '環境放出指針'[62])은 유전공학에 직접적으로 몰두했다. 시스템지침은 유럽 經濟共同體協約 제130s조에 근거를 두었고, 그래서 그것은 진정한 환경보호지침이다.[63]) 그에 반해서 유럽경제공동체협약 제100a조에 근거를 둔 환경방출지침은 域內市場指針이다. 시스템지침은 유럽연합의 회원국가에게 단지 最小標準을 규정한 반면,[64]) 환경방출지침의 국내적 이탈은 단지 특별한 예외상황에서만 허용되었다.[65]) 시스템지침의 '케이스 바이 케이스 켄셉'에상응하여[66]) 유전자변형미생물의 사용자는 모든 작업의 수행에 대하여 리스크 審査를 해야 했다. 그래서 작업의 수행을 위해서는 일정한 안전조치를 수행해야 한다. 환경방출지침의 目標는 다음과 같다. 즉, 사전배려의 원칙에 상응하여 회원국가의 법·행정규정과 유전

---

60) ABI Nr. C328 vom 7.12.1987, S.1.

61) RL des Rates über die Anwendung gentechnisch veränderter Mikroorganismen in geschlossenen Systemen vom 23.4.1990(ABI Nr. L117 vom 8.5.1990, S.1).

62) RL des Rates über die absichtliche Freisetzung genetisch veränderter Organismen in die Umwelt vom 23.4.1990(ABI Nr. L117 vom 8.5.1990, S.15).

63) Jarass, Die Vorgaben des Europäischen Gentechnikrechts für das deutsche Recht, NuR 1991, 49ff(49); Ricke, Gentechnik und Umweltverträglichkeit, 1994, S.81.

64) Zur mitgliedstaatlichen Restverantwortung im Umweltbereich Pernice, Auswirkungen des europäischen Binnenmarktes auf das Umweltrecht – Gemeinschafts(verfassungs –)rechtliche Grundlagen, NVwZ 1990, 201 ff.(205 ff.).

65) Unzutreffend Führ, Das bundesdeutsche Gentechnikgesetz, DVBl 1991, 558 ff.(562 f.). Vgl. demgegenüber Graf Vitzthum / Schenek, Die Europäisierung des Gentechnikrechts, in: Graf Vitzthum(Hrsg.), Europäische und Imternationale Wirtschaftsordnung aus der Sicht der Bundesrepublik Deutschland, 1994, S.47 ff., 83 ff.

66) Vgl. Corsepius, in: Eberbach / Lange / Ronellenfitsch(Hrsg.), GenTG / BioMedR, Loseblatt, Stand: 2003, Teil D.I, Einl.90 / 219 / EWG, Rdnr.7.

자변형생물체의 의도적 환경방출 및 유통에 있어서 인간 환경과 건강의 보호를 조정하는 것이다. 1998년 시스템지침은 근본적으로 변경되었다.[67] 사용된 배양분량을 고려한 작업 목표에 따른 차이는 포기되었고 독일법에 상응한 네 가지 리스크 단계에 다른 리스크심사를 통해서 대체되었다. 주요 계기는 바로 脫規制[68]였다. 즉, 법적 근거로서 유럽공동체 제95조(= 구유럽공동체협약 제100a조) 대신 유럽공동체 제175조(= 구유럽공동체협약 제130s조)를 고집했기 때문에 결과로 나타났던 것이다. 委員會는 여러 번 적응 과정의 어려움에도 불구하고 개선의 필요성을 선언한 후에, 환경방출지침은 심하게 개정되어서 새로운 판이 권고되었다.[69] 비록 시스템지침이 施設關聯 요소를 포함하고 있지만, 독일법과 공동체법의 계속된 조정에도 불구하고, 환경방출지침과 시스템지침은 活動關聯的이라는 점이 눈에 띈다. 시스템지침 이행의 경우에 국내 입법자의 더 강한 시설물 관련적 안전계획은 공동체법과 의견이 일치한다. 왜냐하면 유럽공동체 제175조의 틀 안에서 국내입법자에게 허용되기 때문이다.

3. 國內法上 施設統制

유전공학법 제1조 제1호의 의미에서 유전공학 절차 및 생산의 경

---

67) RL 98 / 81 / EG des Rates vom 26.10.1998 zur Änderung der RL 90 / 219 / EWG über die Anwendung genetisch veränderter Mikroorganismen in geschlossenen Systemen(ABl Nr. L333 vom 5.12.1998, S.13).

68) Vgl. Knoche, Die Novellierung der Geschlossenen – Systeme – Richtlinie: Grundlagen für eine umfassende Neuregelung / Deregulierung des deutschen Gentechnikrechts? GewArch 1999, 274 ff.

69) RL 2001 / 18 / EG des Europäischen Parlaments und des Rates vom 12. März 2001 über die absichtliche Freisetzung genetisch veränderter Organismen in die Umwelt und zur Aufhebung der RL 90 / 220 / EWG des Rates(ABl Nr. L106 vom 17.4.2001, S.1).

우에 광범위한 행정기관의 통제는 다음과 같은 방법에서 근본적으로 결과를 나타낸다. 즉, 유전공학작업은 개별적인 경우에 심사되는 유전공학시설에서만 수행된다는 것이다. 환경방출과 유통에 있어서의 통제는 활동 관련적이다. 정부초안의 당초 공동체법적인 '작업계획'은 연방상원의 운영으로 전통적인 영업법적 시설계획에 의해서 전제된 혼합개념을 통해서 대체되었다. 환경방출 및 유통의 허가는 활동에 미치었다. 또한 유전공학법 제8조의 틀에서도 일정한 활동은 허가능력이 있다. 그러나 근본적으로 유전공학법 제8조는 시설물계획을 유효하게 적용한다. 사실 유전공학작업은 그것이 행해지는 시설과 관계없이 완전히 남김없이 판단될 수는 없다. 여기에 시설계획의 더 넓은 장점으로서 시설허가는 집중효와 제척효를 부여받을 수 있게 된다. 나아가 만약 계속된 작업의 수행이 그 시설에서 요청된다면, 시설허가의 경우에 시설의 안전에 대한 예방수단은 항상 다시 심사되어서는 아니 된다.

4. 結果

만약 시설계획이 연방임미시온방지법과 유전공학법에 대해서 특징을 짓고 있다면, 연방임미시온방지법에 따른 시설에서뿐만 아니라 유전공학법에 따른 시설에서도 수행될지도 모르는 생명공학 계획에 있어서 정서의 문제가 다가온다. 이러한 문제의 해결은 시설계획들의 각각의 형성을 비교할 것을 요구하고, 그 후 존재하는 시설개념에 대한 생명공학시설의 정서를 요구함에 있다.

V. 聯邦임미시온防止法(BlmSchG)에 따른 施設許可

1. 計劃(構想)

연방임미시온방지법은 엄격한 施設計劃을 수행한다. 다만 동법 제4조 이하에 따른 許可가 必要한 施設과 동법 제22조에 따른 許可가 必要 없는 施設 사이를 구별할 따름이다. 연방임미시온방지법 제4조 이하에 따른 임미시온보호법상 허가는 영업법 제16조 이하에 따른 古典的 營業法上 企業家許可의 자리로 들어갔다. 그 허가는 영업목적이 아니라 부담시설의 위험잠재성을 목표로 하였기 때문에, 그 허가는 영업법의 대강을 이미 나타내고 있는 것이다. 이전의 영업법에서처럼 許可가 必要한 施設은 그 법에서 그 자체로 다만 일반적으로 정의된다(연방임미시온방지법 제4조제1항제1문). 제4차 연방임미시온방지령70)은 개별적인 시설형태를 허가필요성하에 두는 것을 본질적으로 규정한다. 그러면 제4차 연방임미시온방지법에 규정된 시설의 설치, 운영 그리고 본질적인 변경 등은 許可義務가 있게 된다.

2. 許可對象

어떤 허가가 얼마나 대상적 범위를 갖느냐라는 문제는 그렇게 간단히 대답할 수 있는 것이 아니다. 좁은 견해에 따르면 다만 放出하는 技術施設만이 고려된다고 하고, 넓은 견해에 따르면 全體 稼動場所가 고려된다고 한다. 원칙적으로 연방임미시온방지령 제1조 제2

---

70) I.d.F. der Bek. vom 14.3.1997(BGBl I S.).

항을 기초로 하여서는 넓은 견해에 근거를 둘 수 있다.[71] 그 견해
는 가동에 필요한 주요설비 이외에도 또한 임미시온방지법상 의미
있는 부수설비도 포함한다. 유전공학법 제41조 제2항이 적용되지
않는 한, 遺傳工學 施設은 제4차 연방임미시온방지령에 의해서 원
칙적으로 더 이상 미치지 아니한다. 이것은 유전공학의 특별한 위험
을 보호하는 것이 문제가 되는 경우에만 적용된다. 게다가 遺傳工學
計劃은 임미시온방지법상 許可에 속한다.

3. 許可要件

연방임미시온방지법 제6조에 의하면 허가는 다음과 같은 경우에
발령될 수 있다. 즉, 연방임미시온방지법 제5조와 동법 제7조에 근
거해서 발령된 법규명령[72]으로부터 도출된 의무가 충족되고 여타
공법적 규정과 노동보호의 이익이 시설의 설치 및 가동에 대립하고
있지 않은 경우이다. 연방임미시온방지법 제5조는 保護原則 및 事前
配慮原則을 정하고 있다. 이미 보호원칙(연방임미시온방지법 제5조
제1항 제1호)은 하위법률의 규정들을 통해서 구체화하고 있다(연방
임미시온방지법 제48조). 사전배려원칙(연방임미시온방지법 제5조 제
1항 제2호)과 관련해서는 그 법률 자체가 '기술 수준'[73]을 지시하
고 있다.

---

71) Jarass, BImSchG, Komm., 5.Aufl., 2002, §4 Rdnr.50.
72) Vgl. die Störfall－Verordnung(12.BImSchV) vom 26.4.2000(BGBl. I S.603) und die
    Verordnung über Großfeuerungsanlagen(13.BImSchV) vom 22.6.1983(BGBl. I S.719).
73) Legaldefinition in §3 Abs.6 BImSchG.

4. 許可範圍

만약 허가요건이 충족되면, 法的 許可請求權이 발생한다. 물론 計劃法上 特徵을 갖는 企業家許可의 문제이다. 그 허가는 조건과 부담 하에서 발령될 수 있다.[74] 기한과 이의제기 유보는 상응한 신청을 전제한다. 내용적 제한과 수정부담이 가능하다. 追加 附款은 사건에서 본래 허가의 부분취소를 위한 전조이고 연방임미시온방지법 제17조의 좁은 요건하에서만 허용된다. 그 허가는 연방임미시온방지 법 제13조를 통해서 나타내는 集中效와 동법 제14조에 의한 除斥效를 사법상 방어청구권에 대해 전개하고 있다.

VI. 遺傳工學法(GenTG)에 따른 施設許可

1. 計劃(構想)

獨逸 遺傳工學法은 施設槪念에 중점을 두고 하나의 混合槪念을 확립하고 있다. 遺傳工學法의 施設槪念에서 두 종류가 따른다. 하나는 遺傳工學作業은 오로지 遺傳工學施設에서만 수행되어야 한다(이른바 施設强制, 獨逸 遺傳工學法 제8조 제1항 제1문). 다른 하나는 遺傳工學作業을 위해 원칙적으로 어떤 施設許可가 필요하다는 것이다(이른바 許可義務). 施設物許可는 施設에서의 遺傳工學作業을 포괄한다. 조금 덜한 危險作業에서는 施設의 許可義務의 자리에 어떤

---

74) §12 Abs.1 BImSchG.

申告가 들어갈 수 있다. 사정에 따라서는 施設의 危險防止機能이 매우 희박해져서 活動과 관련된 槪念을 가지고 危險防止와 리스크 事前配慮가 작동될 수 있다.

2. 許可對象

遺傳工學施設의 設置와 運營 또는 本質的인 變更을 위해서는 원칙적으로 '施設許可'가 필요하다. 獨逸 遺傳工學法 제8조 제1항 제2문에서의 表現方式은 이른바 聯邦 上院의 에크베르테결정으로 거슬러 올라가서[75] 보다 나은 이해를 위해 상이한 許可要件들이 사용된다는 것을 알 수 있다. 여기 '施設許可'에서처럼 일부러 강조점을 추가한 것은 獨逸 遺傳工學法의 두 번째 장에 의한 許可가 이 명칭에 해당함을 단지 의미한다. 獨逸 遺傳工學法 제8조 제1항 제2문은 施設許可의 內容을 규정하지 않고 있다. 施設許可의 範圍가 空間的으로 事物的으로 어느 정도인가는 직접 입법자에 의한 施設의 確定槪念이 아니라 다만 解釋에 의해서 정해질 따름이다. 여기에서 특별히 '施設許可'의 文脈은 遺傳工學施設의 設置, 運營 또는 그 位置, 性質 그리고 運營의 本質的인 事項의 變更과 관련하여 의미심장하다고 할 수 있다. 獨逸 遺傳工學法 제3조 제4호는 遺傳工學施設을 '사용되는 遺傳子變形生物體를 인간과 환경에 접촉되지 않도록 하기 위하여 密閉된 시스템에서 遺傳工學作業이 실행되고 物質的 遮斷用으로 사용되는 施設'로 정의하고 있다. 原子力法에서 비교 가능하고 聯邦임미시온방지法에서의 개념과 구분되는 安全 技術上의 施設槪念은 이 법에서 근간을 이루고 있다. 遺傳工學法에서는 객관적

75) BT–Drucks. 11 / 5622, S.40.

營業施設의 추억들과 부수시설의 도입에 대하여 소홀히 하고 있다고 말할 수 있다.76) 다만 密閉 시스템을 위해 본질적으로 구성된 運營場所의 부분들로만 파악되고 있을 따름이다.77) 建築物의 어떤 부분이 밀폐 시스템에 해당하는지, 建築物이 많은 遺傳工學施設을 포괄할 수 있는지 또는 거꾸로 遺傳工學施設이 상이한 實驗分野와 生産分野로 구성될 수 있는지 등은 법률에 개방되어 있다. 許可機關은 施設槪念을 넓게, 그러나 遺傳工學施設의 運營者는 施設槪念을 좁게 이해하는 경향이 있다. 이러한 緊張關係는 물론 法庭에서의 論爭보다도 오히려 許可節次의 전 단계에서 參與者의 妥協을 통해서 해결되고 있다.78) 그럼에도 불구하고 헤센 주 行政裁判所에 施設槪念에 관하여 1989년 11월 6일의 잘못된 決定에 있어서 적어도 부분적으로 取消될 수 있는 가능성이 제공되었다. 申請者가 미생물의 遺傳工學的 變換을 통해 의도적으로 획득하려고 했던 最終生産物인 인간인슐린을 어떤 中間生産物을 거쳐 생산되어야 하는 어떤 施設의 設置와 運營에 관한 許可에 대항했을 때, 裁判所는 다음과 같이 決定했다.79) 즉 最終生産을 위한 가동장소에서는 遺傳工學施設이 중요한 문제가 되지 않기 때문에 許可에 관한 法律適合性의 판단을 위해 독일 연방임미시온방지법이 의미심장하다는 것이다.

---

76) Vgl. §1 Abs.2 Nr.2 der 4. BImSchV; BVerwG v. 6.7.1984, BVerwGE 69, 351(355).

77) Ronellenfitsch, in: Eberbach / Lange / Ronellenfitsch, §8 Rdnr.26.

78) Vgl. auch Meffert, Erste Erfahrungen mit dem Vollzug des Gentechnikgesetzes in Rheinland – Pfalz, VerwArch 1992, 463 ff.(465 f.).

79) Beschluss v. 23.5.1990 – 8 TH 1006 / 89, NVwZ – RR 1990, 458.

3. 許可要件

독일 遺傳工學法 제11조의 許可要件에서는 人的 物的 要求事項들이 구별될 수 있다. 제1호에서 제3조까지는 人的 要求事項을, 제4호와 제5호는 物的 要求事項을 규정하고 있다. 제6호에서 언급된 다른 공법적 규정은 人的 物的 要求事項을 포함한다. 人的 許可要件은 바로 遺傳工學施設의 設置와 運營의 경우에 운영자와 책임자의 신뢰성 또는 프로젝트 책임자와 바이오안전관리자의 專門知識이라고 할 수 있다. 信賴性은 不信賴性原因의 缺陷與否에 의하여 평가된다. 자신의 행동의 사실관계에서 드러나는 총체적 인상에 의해서 또한 人格性의 품위에 의해서 그가 遺傳工學的 義務들을 합법적으로 충족하려는지에 대하여 보장받지 못한 자는 그가 이것을 의도했거나 할 수 있는지 여부에 종속되지 아니하고 信賴性이 부족하다고 판단된다. 專門知識에 대한 해명은 전문지식증거에 따른다. 이러한 要求事項들은 내용적으로 이해될 수 있다. 物的 許可要件은 危險防止와 리스크 事前配慮에 대한 義務를 가리킨다. 즉 科學과 技術水準에 따른 運營者의 義務 또는 독일 遺傳工學法 제1조 제1호에 규정된 法益의 保護를 위해 마찬가지로 科學과 技術水準에 따라 필요한 安全對策의 保障을 말한다. 自然科學的 工學的 知識水準과의 二重的 關聯은 遺傳工學法을 聯邦憲法裁判所[80]조차도 승인한 行政機關의 判斷餘地[81]를 위한 適用分野로 만든다. 정확한 專門知識을 바탕으로 한 行政機關의 判斷餘地가 요구된다고 할 수 있다.[82]

---

80) BVerfGE 84, 34(50).

81) Vgl. zutreffend Kroh, Risikobeurteilung im Gentechnikrecht – Einschätzungsspielraum der Behörde und verwaltungsgerichtliche Kontrolle, DVBl 2000, 102 ff.

82) Vgl. auch Pietzner / Ronellenfitsch, Das Assessorexamen im Öffentlichen Recht, 10. Aufl., 2000, §10 Rdnr.10.

4. 許可範圍

만약 許可要件이 충족되면 물론 독일 遺傳工學法에 의해서 許可를 위한 法的 請求權이 발생한다. 그 許可의 法的 性質은 바로 計劃法的인 가미가 없는 羈束行爲이라고 말할 수 있다.[83] 허가는 附款하에서도 발해질 수 있다.[84] 許可는 독일 遺傳工學法 제22조에 규정된 이른바 集中效를 갖는다.

Ⅶ. 施設槪念

1. 槪觀

법은 수많은 시설개념을 분별하고 있다. 다양한 시설들이 대개 豫防的 統制(計劃留保 및 許可留保)하에 놓여 있기 때문에, 만약 구체적인 시설들이 여러 시설물 유형의 전제조건을 충족하면, 겹치는 統制라는 문제가 발생한다. 그 결과는 統制目的이 구별될 경우에만 풀수 있는 경합하는 권한의 혼돈이다. 무엇보다 秩序法的 統制目的과 計劃法的 統制目的을 구분할 수 있다.

---

83) Ronellenfitsch, in: Lange / Eberbach / Ronellenfitsch, GenTG / BioMedR, §11 Rn 26.
84) §19 GenTG.

2. 秩序法的 施設槪念

질서법적 통제목적은 이미 고찰된 ius supremae inspectionis에서 기인한다. 여기에서부터 한편으로 建築監督,[85] 다른 한편으로 經濟 監督[86]이 발전되었다. 건축감독은 建築의 自由를 침해한다.[87] 토지 소유자에게 이미 일반란트법의 적용하에 자기 토지를 원하는 바에 따라 건설하고 고정시킬 자유가 있다.[88] 자유로운 農村에 대해서는 거의 규정의 필요성이 없다. 그에 반해서 都市에서는 사적인 이웃법 외에 이미 예컨대 화재위험 및 건강위험을 피하기 위해 건축경찰 규정이 존재하였다. 抑壓的 規定이 危險防止에 너무 늦게 호소했기 때문에, 위험제거는 事前統制로서 모습을 갖추었다. 건축허가는, 건축 시설물에 대한 위험이 공공 안전 또는 질서와 연관되었는지는 어떤 통제의 결과로써 생겨났다.[89] 이 점은 오늘날까지 여전히 남아 있다. 사실 허가 요건의 심사의 경우에는 건축시설의 목적도 역시 중요하다. 그러나 건축허가는 시설의 이용을 포함하지 않는다. 사인은 사적 이웃소송에서 건축시설물의 이용에 대해서 방어할 수 있다. 그에 반해서 經濟監督的 企業家許可는 기업가 활동을 목표로 하고 있다. 즉, 무엇보다도 가동되는 시설의 이용을 목표로 하고 있는 것이다. 그 기업가허가는 재원을 개척하고 복지후견의 임무를 경감하기 위하여 프로이센 국가가 특히 도입한 영업의 자유를 확증하고 있다.[90] 사실 이러한 목적이 정말 충족되었는지 그 통제를 위해,

---

85) 이전에도 역시 광범위하게 '건축경찰'로서 명명되었다. Friedrichs, Polizeiverwaltungsgesetz, 1932, S.36 ff.

86) Vgl. Mösbauer, Staatsaufsicht über die Wirtschaft, 1990, S.16 ff.

87) Schulte, Das Dogma Baufreiheit, DVBl 1978, 133 ff.

88) §65 I 8 ALR: "일반적으로 모든 소유자는 권능을 가지고 자기의 토지를 건축물과 함께 점유하거나 자기 건물을 변경시킬 수 있다."

89) Pahlke, Das Wesen der Baugenehmigung und des Baudispenses, VerwArch 1927, 32 ff.

또한 위험제거라는 목적을 위해 영업활동의 형태들은 豫防的 禁止
에 따랐다.91) 그러나 일정한 기업적인 영업운영이 허가를 받을 뿐
만 아니라 그것을 이용할 대로 다 이용할 수 있었던 것은 요소적
국가이익에 있었다. 그 때문에 營業法的 企業家許可에 이의제기자를
위한 제척규정92)과 사적 방어청구권의 제척을 통해서 보강되었
다.93) 영업법 제16조 이하는 연방임미시온방지법과 유전공학법에
있어서 기업가허가를 형성하기 위한 전형이었다. 시설물 가동과 시
설물 작업이 지속적으로 허가된다는 규정은 중요하다.

3. 計劃法的 施設槪念

종래에는 시설의 공간 관련성이 고려되지 않았다. 그러나 이미
공간 관련성은 건축허가 및 기업가허가의 경우에 허가기관이 고려
해야 했던 외부적 허가구실이었다. 그래서 기초자치단체(게마인데)
에서는 地方彫刻的 建築禁止.94) 및 建築線計劃95)을 고려해야 했다.
여기에서 建設基本計劃이 발전했다.96) 건설기본계획과 관련해서 建
築許可 및 企業家許可는 두 가지의 計劃許可가 되었다. 이때부터 건
축의 자유 및 영업의 자유는 計劃形成의 自由97)(指定留保 및 計劃

90) 역사적 발전에 대해서는 Breuer, Freiheit des Berufs. in: HStR VI, 1989, §147 Rdnr.1 ff.
91) Vgl. Lagenstein, Die Gewerbepolizeierlaubnis, 1912, S.42 ff.
92) §17 Abs.2 Satz1 GewO a.F.
93) Vgl. auch PrOVG 103,204(211).
94) Dierschke, Ortsstatuarische Bauverbote, 1907.
95) Vgl. preuß. Fluchtliniengesetz vom 2.7.1875(GS S.561).
96) Vgl. bereits den preuß. Entwurf eines Städtebaugesetzes von 1929, LT－Drs. Nr.
    3015.
97) BVerwG v. 12.12.1969－IV C 105.66, BVerwGE 34,301(304).

留保)의 토대에서 계획형량의 척도에 의해서만 존재한다. '건축시설'을 설치, 변경 또는 이용변경을 내용상 가지고 있는 계획에 대해서는 건축법 제30조 이하가 적용된다. 이전에 建築秩序法的 許可는 建築計劃法的 許可를 다음과 같은 방법으로 괄호 속에 묶었다. 즉, 건축법 제30조 내지 제37조의 적용가능성은 건축감독기관의 계획의 허가의무, 승인의무 또는 신고의무에 달려 있다는 것이다. 判例[98])의 批判에 따라 이러한 적용요건은 建設 空間秩序法을 통해서 제거되었다. 따라서 건축시설물의 건축계획법적 개념은 법적 정의의 흠결로 건축질서법적 시설개념을 통해서 손쉽게 충족될 수는 없다.[99]) 오히려 건축계획법적 시설개념은 토양법적 관련성과 그와 연관된 계획규정의 필요성이 더 중요하다.[100])

4. 複合的 施設槪念

許可留保 및 計劃留保는 구조적으로 구분된다. 그래서 空間關聯 計劃에 대해서는 항상 두 가지 문제에 대답해야 한다. 즉, 첫째로 그 계획이 선택된 입지에 적합한가(계획법적 문제), 둘째로 그 계획이 법적으로 규정된 허가요건을 충족하는가(질서법적 문제)라는 문제이다. 일정한 계획에서 허가유보 및 계획유보는 함께 하고 그 施設承認은 計劃確定決定 또는 計劃許可를 통하여 수행된다. 그런 계획에서는 특별한 전문계획법에서 규정된 프로젝트 관련적 專門計劃이 중요하다. 시설승인을 포함하는 계획확정결정 또는 계획허가는

---

98) BVerwG v. 19.12.1985 - 7C 65,82, BVerwGE 72,300(323 ff.).

99) Vgl. Halama, Berliner Komm. zum BauGB, Stand 2002, §29 Rdnr.6.

100) Vgl. etwa BVerwG v. 11.5.200 - 4C 14.98, NVwZ 2000, 1169(1171).

승인효과에 대하여 광범위한 集中效, 形成效, 그리고 除斥效를 전개한다. 또한 그것은 구별된 시설유형의 특징을 나타내는 시설물의 법적 정서에도 영향을 미친다. 단일한 계획에 대한 수많은 계획확정절차와 관련하여 전 단계 계획확정의 집중효는 후 단계 그것도 포함한다(행정절차법 제75조 제1항 제1문 제2반문). 이러한 효과는 다만 다른 시설에 대한 필요한 결과조치에 있어서의 誘發原則에 의해서 행정절차법 제75조 제1항 제1문 제1반문을 확장하는 것이다. 그 결과조치는 다른 행정기관의 권한 분야를 침해하고, 다만 제한된 적용우위를 실현할 수 있다. 다른 시설에 대한 필요한 조치 자체는 다만 그것이 이러한 시설에 대해 존재하는 원래의 계획권한을 침해할 때만 결과조치인 것은 아니다.[101] 그러나 원칙적으로 집중효는 단일한 법적 권능이라 할 수 있다.

Ⅷ. 맺는 말

전술한 바와 같이 본 연구는 우리의 유전자변형생물체의 국가 간 이동 등에 관한 법률 제22조에 규정된 생명공학 분야 研究施設의 設置 및 運營許可와 관련하여 시장경제, 생존배려, 국가 촉진사명 그리고 위험방지 등의 긴장 분야에서 生命工學 施設槪念을 獨逸에 있어서 聯邦임미시온방지法과 遺傳工學法을 중심으로 고찰해 보았다.

한편으로 유전공학법에 따르고, 다른 한편으로 연방임미시온방지

---

101) BVerwG vom 12.2.1988 - 4C 54.84 -, DVBl. 1988, 843.

법에 따라 허가의무가 있는 生命工學施設의 총체를 통일하여 유전공학법의 것이라고 선언할 수는 없다.[102] 유전공학법 제22조의 집중효는 연방임미시온방지법과 비교하면 더 특별한 규정이고,[103] 다만 秩序法的 意味에서 광범위하게 이해되고 있다. 그에 반하여 計劃法的 施設 理解를 차용하는 것은 허용될 수 없다. 유전공학법에 따른 시설허가는 計劃法的 特徵을 나타내지는 않는다. 그 집중효는 遺傳工學 施設槪念이 대상적으로 미치는 것보다 더 계속되지는 아니한다. 그 시설은 遺傳工學作業이 密閉된 시스템에서 遂行되는 設備만을 말한다. 밀폐된 시스템을 위해서 본질적인 가동장소의 그런 부분만이 포함된다. 시설의 총체의 경우, 다만 유전공학작업이 수행되거나 그런 시설 부분들에 대해 안전기술상 관련이 있는 그 시설의 부분만이 유전공학법 제8조하에 속한다.[104] 그러는 사이에 이러한 시설 부분들이 공동 시설물을 형성한다. 유전공학법 제3조 제4호는, 건축시설물의 어떤 부분이 유전공학시설을 나타내는지, 하나의 건축시설이 더 많은 유전공학시설을 포함할 수 있는지 또는 거꾸로 하나의 유전공학시설이 상이한 실험실 분야 및 생산 분야로 구성될 수 있는지 등을 언급하지 않는다. 安全技術的 施設槪念은 유전공학작업이 수행되고 통일된 유전공학시설로 요약되는 전체 건축시설의 모든 설비를 제외한다. 거꾸로, 주어진 밀폐된 시스템의 수가 유전공학시설의 수를 필수적으로 정하지 않는다. 사실, 遺傳工學施設에 속하는 것은 다만 유전공학작업이 밀폐된 시스템에서 수행되는 시

---

102) A.A.Michael Görke, Organisations - und Vollzugsprobleme im Bereich des Gentechnikrechts unter besonderer Berücksichtigung der Reichweite des gentechnischen Anlagenbegriffs nach §3 Nr.4 GenTG, Diss. Tübingen 2002 propagierten.

103) Jarass, BImSchG, §13 Rdnr. 14.

104) Hirsch / Schmidt - Didczuhn, §8 GenTG, Rdnr.9.

설이다. 더 많은 같은 방법의 밀폐된 시스템을 통일된 유전공학시설로 요약할 수 있다.[105] 營業法에 있어서의 發展은 유전공학법에서 완전히 단절되지는 않는다. 영업법에서는 오래전부터 判例[106]의 찬동으로 많은 자체 독립적인 '같은 種類의 施設'의 단일한 허가가 인정된다. 같은 종류의 시설은 '좁고, 空間的이며 經營的인 것과 關聯되어 있다.'[107] 遺傳子變形生物體의 內部稼動的인 運送을 위한 길은 통일된 유전공학시설물의 분야에 포함될 수 있지만, 그러나 遺傳工學安全命令[108]의 용량조건이 제한되면 그렇게 해서는 아니 된다. 사실, 유전자변형생물체의 내부가동적인 운송은 유전공학법 제3조 제2b호의 의미에서 유전공학작업을 표현하고 있다. 그러나 유전공학법 제8조 제1항 제1문의 施設强制는 運送을 위한 길이 아닌 運送設備만을 고려한 것이다.[109] 많은 유전공학시설을 통해 共同으로 利用된 設備에 있어서 다른 시설에 비해 밀폐된 시스템은 그때마다 존재해야 한다. 따라서 공동설비는 많은 시설허가의 구성요소이다. 그에 반해서 다만 유전공학시설의 임미시온방지법상 관련된, 통일적으로 허가할 수 있는 '부수시설물'은 존재하지 않는다.

우리의 遺傳子變形生物體의 國家間移動 등에 관한 법률 제22조에서는 硏究施設의 設置 및 運營許可에 관하여 규정하고 있다. 硏究施設은 연구시설물의 안전관리등급별로 관계중앙행정기관의 장의 許可를 받거나 신고하도록 규정하고 있다. 다만, 이 법률에서는 硏究施設에 관해서는 안전성 확보를 위한 노력을 하고 있으나 生産施設에 관해서는 안전성 확보에 관한 규정을 하지 아니하고 있다. 이는

105) Turck, Der Anlagenbegriff nach dem Gentechnikgesetz, NVwZ 1992, 650ff(651).

106) PrOVG 74,257(259).

107) §1 Abs.3 der 4.BImSchV.

108) Anhang III A II Nr. 10, III Nr. 12 GenTSV.

109) Turck, Der Anlagenbegriff nach dem Gentechnikgesetz, NVwZ 1992, 650ff(652).

다음의 법률개정작업에서 보완될 필요성이 있다. 그런데 동법의 遺傳工學施設의 槪念에 대해서는 다양한 법적 해석의 여지를 가지고 있다. 그 施設槪念이 구체적으로 명확하게 법적으로 정의되어 있지 않기 때문이다. 이것을 위해서는 지금까지 논의한 독일에 있어서 연방임미시온방지법과 유전공학법 사이의 生命工學 施設槪念의 法理가 유용할 것이다. 특히 본문에서 다룬 질서법적 시설개념, 계획법적 시설개념 그리고 복합적 시설개념 등은 생명공학 시설개념에 대한 체계적 이해의 폭과 깊이를 더해 줄 것으로 판단된다.

| 參考文獻(Literatur) |

Ⅰ. 국내문헌

김남진, 행정법의 기본 문제, 제4판, 법문사, 1994.
석종현, 일반행정법(상), 제8판, 삼영사, 2005.
석종현, 일반행정법(하), 제8판, 삼영사, 2005.

Ⅱ. 외국문헌

Anton, Geschichte der preußischen Fabikgesetzgebung, 1891.

Joachim Becker, Materielle Wirkungen von Kompetenz−, Organisa-
     tions−und Zuständigkeitsregelungen des Grundgesetzes? DÖV
     2002.

Beyendorff, Die Geschichte der Reichsgewerbeordnung, Diss. Leibzig
     1901.

Breuer, Freiheit des Berufs. in: HStR Ⅵ, 1989.

Busch / Trabandt, Das Recht der überwachungsbedürftigen Anlagen,
     1955.

Corsepius, in: Eberbach / Lange / Ronellenfitsch(Hrsg.), GenTG / BioMedR,
     Loseblatt, Stand: 2003, Teil D.Ⅰ, Einl.90 / 219 / EWG.

Delbanco, Die Änderung von Verkehrsflughäfen, 1997.

Dierschke, Ortsstatuarische Bauverbote, 1907.

Friedrichs, Polizeiverwaltungsgesetz, 1932.

Froelich, in: Scholz(Hrsg.), Handbuch des gasamten öffentlichen Gru-
     ndstücksrechts, 1932.

Führ, Das bundesdeutsche Gentechnikgesetz, DVBl 1991.

A.A.Michael Görke, Organisations – und Vollzugsprobleme im Bereich des Gentechnikrechts unter besonderer Berücksichtigung der Reichweite des gentechnischen Anlagenbegriffs nach §3 Nr.4 GenTG, Diss. Tübingen 2002.

Halama, Berliner Komm. zum BauGB, Stand 2002.

Henkel, Der Anlagenbegriff des Immissionsschutzgesetzes, Diss. Berlin 1988.

Herstatt / Müller, Management – Handbuch Biotechnologie, 2003.

Hirsch / Schmidt – Didczuhn, GenTG, 1991.

Jarass, Die Vorgaben des Europäischen Gentechnikrechts für das deutsche Recht, NuR 1991.

_____, BImSchG, Komm., 5.Aufl., 2002.

Kaiser – Bauer / Dederichs, Schutz von Mensch und Umwelt. Das Gentechnik – Gesetz. Konzeption: Presse – und Informationsamt der Bundesregierung, 1990.

Knoche, Die Novellierung der Geschlossenen – Systeme – Richtlinie: Grundlagen für eine umfassende Neuregelung / Deregulierung des deutschen Gentechnikrechts? GewArch 1999.

Kraatz, Die Zweckambivalenz des Gentechnikgesetzes: der Schutz – und Förderzweck in § 1 GenTG, 1993.

Kroh, Risikobeurteilung im Gentechnikrecht – Einschätzungsspielraum der Behörde und verwaltungsgerichtliche Kontrolle, DVBl 2000.

Küster / Pühler, Biotechnik, in: Lexikon der Bioethik, Bd.1, 2000.

Lagenstein, Die Gewerbepolizeierlaubnis, 1912.

Meffert, Erste Erfahrungen mit dem Vollzug des Gentechnikgesetzes in Rheinland – Pfalz, VerwArch 1992.

Ⅰ. Mieck, Luftvereinigung und Immissionsschutz in Frankreich und Freußen zur Zeit der frühen Industrialisierung, Technikgeschichte Bd. 48(1981).

Mösbauer, Staatsaufsicht über die Wirtschaft, 1990.

Oppermann, Europarecht, 2. Auflage 1999.

Pahlke, Das Wesen der Baugenehmigung und des Baudispenses, VerwArch 1927.

Pernice, Auswirkungen des europäischen Binnenmarktes auf das Umweltrecht − Gemeinschafts(verfassungs −)rechtliche Grundlagen, NVwZ 1990.

Pietzner / Ronellenfitsch, Das Assessorexamen im Öffentlichen Recht, 10. Aufl., 2000.

R. Piezner, Das Verbot mit Erlaubnisvorbehalt, JA 1973.

Poncelet, Der wasserrechtliche Anlagenbegriff, 1995.

Richter, Gentechnologie als Regelungsgegenstand des technischen Sicherheitsrechts, 1989.

Ricke, Gentechnik und Umweltverträglichkeit, 1994.

Ronellenfitsch, Die Entwicklung des Gentechnikrechts, VerwArch 2002.

_____, Zur Freiheit der biomedizinischen Forschung, in: Hendler / Marburger / Reinhardt / Schröder(Hrsg.), Jb. UTR 2000.

_____, Der Mensch als gentechnisch veraenderter Organismus, in: Dolde(Hrsg.), Umweltrecht im Wandel, 2001.

_____, Daseinsvorsorge als Rechtsbegriff Aktuelle Entwicklungen im nationalen und europäischen Recht, in: Blümel(Hrsg.), Ernst Forsthoff, 2003.

_____, Selbstverwaltung und Deregulierung im Ordnungs − und Umweltrecht, 1995.

_____, Bahnhof 2000, in: Blümel / Kühlwetter, Aktuelle Probleme des Eisenbahnrechts Ⅱ, 1997.

Schulte, Das Dogma Baufreiheit, DVBl 1978.

Tettinger, Verfassungsrecht und Wirtschaftsordnung, DVBl. 1999.

Turck, Der Anlagenbegriff nach dem Gentechnikgesetz, NVwZ 1992.

Graf Vitzthum / Geddert – Steinacher, Der Zweck im Gentechnikrecht, 1989.

Graf Vitzthum / Schenek, Die Europäisierung des Gentechnikrechts, in: Graf Vitzthum(Hrsg.), Europäische und Imternationale Wirtschaftsordnung aus der Sicht der Bundesrepublik Deutschland, 1994.

Wahl, in: Landmann / Rohmer, Umweltrecht, Stand 2002, 10.1 GenTG Vorbem.

제6장

遺傳工學法(GenTG)上 遺傳子變形(GM) 作物[1]과 傳統・有機農(non-GM) 作物의 共存方案과 示唆點

Ⅰ. 序 論

생명공학은 산업적으로 유용한 제품의 제조 및 공정 개선을 위해 생물체, 생물체 유래물질 또는 생물학적 시스템을 활용하는 기술이다. 이는 발효제조기술, 동물수정란이식기술 등의 전통생명공학기술과 생물공정기술, 동식물세포배양기술, 세포융합기술, 핵이식기술, 단백질공학기술, 유전자재조합기술 등의 현대생명공학기술로 구분된다. 현대생명공학기술의 범주에 포함되는 遺傳工學技術은 특정 생물체의 유전형질을 인위적으로 변형시키거나 개조해 새로운 형질을 가진 생물체를 만들어 내는 세포융합, 핵이식기술, 유전자재조합기술 등을 포함한다.[2]

유럽연합(EU)은 2004년 4월부터 'GM 식품 및 사료에 관한 명

---

1) GM 작물이란 일반적으로 생산량 증대 또는 유통·가공상의 편의를 위하여 유전공학기술을 이용, 기존의 육종방법으로는 나타날 수 없는 형질이나 유전자를 지니도록 개발된 농산물을 말한다. DNA 분리가 가능해지면서 1994년 칼진사의 무르지 않는 토마토가 세계 최초로 미 식품의약품국의 승인을 얻어 시판된 이후, 1996년 미국의 몬산토사가 GM 콩을 상업적으로 대규모 재배하면서 GMO가 대중화되기 시작했다. GM 작물은 식량문제를 해결해 줄 '녹색혁명의 총아', '제2의 녹색혁명'으로 평가되기도 하지만, 다른 한편으로는 괴기소설의 주인공인 프랑켄슈타인이 과학기술의 결정체로 태어났지만 결국 괴물 같은 존재가 된 것처럼 GMO도 처음 의도와 다르게 인류의 건강과 환경에 재앙으로 변할지도 모르기 때문에 '프랑켄푸드'라는 오명을 받고 있다. 참조: 독일·중국의 최근 법제 및 유럽연합의 판례동향, 월간법제, 2005년 11월 통권 제575호, 법제처.

2) 한국생명공학연구원, 2003년 바이오안전성백서, 20면.

령'3) 및 '표시 및 추적가능성에 관한 명령'4)의 두 가지 새로운 규제시스템을 도입, 시행함으로써, 1998년 이후 중단되었던 유전자변형생물체(Genetically Modified Organism: GMO)의 승인이 재개되었다.5) 또한, 2004년 9월에는 이전부터 승인되었던 Bt옥수수(MON810)와 관련한 17개 품종의 종자를 유럽공통종자 카탈로그에 등재시킴으로써 EU 역내의 유통 및 상업재배가 허가되었다.6)

위와 같이 EU가 GMO 재배에 현실성을 띠게 되면서 2003년부터 共存方案 제정이 중요 현안사항으로 대두되었다. 共存方案이란 GMO, 전통, 유기농 재배의 3가지 재배방법이 共存할 수 있도록 하기 위한 규칙을 말하며, 특히 규칙 제정에서 핵심이 되는 사항은 GMO가 다른 유기 작물로 화분비산(교차수분) 등이 발생해 유기재배자

---

3) Regulation(EC) No.1829 / 2003. 이 명령은 GMO를 포함하고 있거나, GMO로부터 생산된 식품 또는 사료의 시장 유통을 규제한다. GM 식품 및 사료에 대해 신청자는 다음 두 가지 중 하나를 선택할 수 있다. 하나는, '지침(Directive) 2001 / 18 / EC' 기준에 따른 GMO의 환경에 대한 의도적 방출 승인과 '명령 1829 / 2003' 기준에 따른 GMO의 식품 및 사료 이용에 대한 승인 두 가지 모두를 얻기 위해서 이른바 'one door, one key' 원칙을 적용하여 '명령 1829 / 2003'에 따른 승인신청서를 제출한다. 그리고 '지침 2001 / 18 / EC'와 '명령 1829 / 2003' 모두에 신청서(또는 신청서 일부)를 제출한다. 참고로 '지침 2001 / 18 / EC'는 다음 두 가지 행위에 적용된다. 즉, 실험 목적으로 환경에 GMO를 방출하는 것(예를 들어 필드테스트)은 지침의 파트 B를 통해 규제한다. 그리고 GMO를 포함하고 있는 제품의 시장 출시(예를 들어 재배, 수입 또는 다른 제품으로의 변환)는 주로 파트 C에서 규제한다.

4) Regulation(EC) No.1830 / 2003. 시장에 유통되는 GMO나 GM 식품 및 사료는 표시와 이력추적(labelling and traceability) 조건을 준수해야 한다. 이러한 조건은 '명령 1829 / 2003'과 GMO에 대한 이력추적 및 표시, GMO로부터 생산된 식품 및 사료에 대한 이력추적, 그리고 '지침 2001 / 18 / EC'의 일부 수정에 대한 '명령 1830 / 2003'에 명시되어 있다. 참고로 이력추적이란 생산에서 소비에 이르는 모든 유통 과정을 따라 제품을 추적하는 것이다.

5) EU의 법률 구조에서 '명령(Regulation)'과 '지침(Directive)'은 개념상 차이가 있다. 전자는 일반적으로 적용되는 법률로서 그 전체가 구속력을 지니고 모든 회원국에게 직접적으로 적용된다. 반면에 후자는 각 회원국이 달성하고자 하는 목표에 대해서 구속력을 지니므로 이행 형태나 방식은 각 회원국의 선택사항이다.

6) www.nias.affrc.go.jp, EU의 GM 작물과 non-GM 작물의 共存方案, 일본 농업생물자원연구소(NIAS) News 18(2005.9.).

측에 경제적 손해를 입혔을 경우의 배상책임 문제와 이러한 문제가 발생하지 않도록 하기 위한 재배방법의 채택 등이다.

EU에서는 불가피한 혼입허용치를 0.9% 이하로 규정하고 있어 이러한 기준을 준수하려면 지역조건이나 작물특성에 맞추어 재배지역의 실정에 맞는 共存方案이 마련되어야 한다. 따라서 EU의 행정 집행기관인 유럽위원회는 共存方案을 각국의 실정에 맞추어 제정하도록 위임한 상태이다. 이에 가맹국 중 共存方案에 대해 적극적으로 대응하고 있는 나라는 덴마크, 독일, 네덜란드, 이탈리아 등이며, 이들 국가들 역시 共存規則 제정에서 큰 차이점을 드러내고 있다.[7]

---

7) <표> 유럽 각국의 GMO / 전통 / 유기농 재배 共存方案(출처: 立川 雅司, 일본 농업생물자원연구소 연구자료 제5호, 2005년 8월)

		덴마크(2004년 6월 성립)	독일(2004년 11월 성립)	네덜란드(2004년 11월 합의)
법률근거		법률(GM 작물의생산등에관한법률)	법률(유전공학법의 일부 개정)	관련 4개 단체 합의(향후 농업부가 세부규칙 제정)
재배 조건	재배허가	라이센스제	등록제(재배 3개월 전 신청)	등록제 (해당 연도의 2월 1일까지)
	생산규범	라이센스 취득 시 강습 수강	우량생산규범의 준수	농민단체의 지시에 따라 우량생산규범 준수 필수
	공존 대상작물	감자, 사탕무, 옥수수	명확하지 않음	감자, 사탕무, 옥수수
손해 배상	경제적 손해배상	있음	있음	있음
	연대책임	해당 규정 없음	연대책임(joint and several liability)	해당 규정 없음
	책임추궁	농업부가 책임 추적함	임의 주변농가에게 청구가능	위반자에 대한 민법상의 배상청구
	배상기금	있음	없음	있음
	기금출처	GMO 생산자와 정부	해당 없음	종자회사, 생산자(유기농업자 포함), 가공기업
	생산자 부담	약 100DDK / ha / 년	해당 없음	미정
	발효기준	약 500DDK 이상의 손해 발생 시	해당 없음	미정
기타		향후 재검토 2년 후 재검토 예정	명확하지 않음	3년 기한으로 합의

따라서 유럽위원회는 각국의 共存方案 제정 및 운용 현황을 재검토해 향후 방향에 대해 논의하고 있으며, EU 가맹국의 共存方案이 정착되려면 다소 시간이 걸릴 것으로 예상된다.

특히, 최근 독일연방정부는 2004년 11월 26일 연방의회에서 유전공학법8)을 재차 개정·의결했다. 그 법은 연이어 연방대통령에 의해서 서명되었으며, 또한 유럽위원회에도 통지되었다. 마침내 2005년 2월 4일 그 법은 효력을 발생하게 되었고, 그 법에서는 농업과 소비자들을 위해서 '保護, 透明性 그리고 法的 安全' 등에 관한 법적 장치가 마련된 것이다.

본 연구는 최근에 개정된 독일 유전공학법의 본질적인 목적 가운데 하나인 GMO의 사용에 있어서 소비자와 생산자 간에 GM 작물 및 non-GM 작물의 共存 및 選擇의 自由 실현과 관련하여 그 내용을 분석·소개·비판하고, 우리나라 유전공학 관련 법령에의 시사점에 대하여 고찰함을 그 목적으로 한다.

이하에서는 2005년 개정된 독일 유전공학법의 주요내용 및 그 시사점을 고찰하기 전에, 먼저 독일 유전공학법의 전반적 체계 및 내용에 관해 일반적 개설의 수준에서 살펴보고자 한다.

---

8) 특히 독일은 1990년 6월 20일에 유전공학기술의 규율에 관한 법률(Gesetz zur Regelung der Gentechnik; Gentechnikgesetz - GenTG)을 제정하였다.(BGBl. 1990 I, S.1080; BGGl. 1993 I, S.2066; BGBl. 2002 I, S.3220; BGBl. 2005 I. S.186).

Ⅱ. 遺傳工學法(GenTG)의 槪說

1. 法律規定 槪觀

독일 유전공학법은 7개의 장으로 구성되어 있다. 제1장은 '총론'에 관하여 규정하고 있는데, 그 항목은 이 법률의 목적 및 적용범위, 개념규정, 바이오안전성중앙위원회에 관한 조직규정, 그리고 모든 유전공학계획의 경우에 있어서 그 일반 의무에 관하여 규정하고 있다. 제2장은 특별히 '遺傳工學施設에서 遺傳工學作業'을, 제3장은 특히 遺傳子變形生物體의 '環境放出 및 그 流通'을 규정하고 있다. 제4장에서는 중요한 절차에 있어서 '공동규정'에 관하여 규정하고 있다. 그리고 특별한 문제로는 제5장 '책임규정', 제6장 '벌칙규정'에 규정되어 있다. 마지막으로 제7장에서는 '경과규정'에 관하여 규정하고 있다.

1) 目的規定

독일 유전공학법은 알려지지 않은 리스크에 대해 통제를 보장하고[9] 또한 유전공학을 촉진하고 있다.[10] 그러므로 保護 目的과 促進 目的은 함께 존재한다.[11] 총체적으로 독일 유전공학법 제1조는 어떤 안전기술상 통제된 유전공학이 법적으로 바라던 것을 표현한 전

---

9) Richter, Gentechnologie als Regelungsgegenstand des technischen Sicherheitsrechts, 1989.

10) Kaiser − Bauer / Dederichs, Schutz von Mensch und Umwelt. Das Gentechnik − Gesetz. Konzeption: Presse − und Informationsamt der Bundesregierung, 1990.

11) Graf Vitzthum / Geddert − Steinacher, Der Zweck im Gentechnikrecht, 1989, S.49 ff.

문이라고 이해할 수 있다. '유전공학 찬성'이라는 결단은 명시적으로 법률에 명기되어 있다.[12] 촉진목적에 대한 보호목적의 절대우위론[13]은 헌법적인 전설에 기인한다. 유전공학의 이용은 당해 기본권들을 적극적 또는 소극적 방식으로 종합하여 이른바 실제적 조화의 관점이 중요하게 된 것이다. 이른바 기회·위험 형량은 이제 단행법률 차원에서 행해지고 있다.

2) 施設槪念

연방초안은 유전공학시설의 설치 및 운영의 허가도 계속해서 연방임미시온방지법(BImSchG) 아래 두려고 했다. 그것에 있어서 유전공학법은 법규명령을 통하여 비교 가능한 리스크를 가진 유전공학적이 아닌, 다른 생명공학적 절차와 작업으로 확장될 수 있을지도 모른다. 그러나 연방임미시온방지법과 원자력법(AtG)의 전형에 따른 유럽연합법(EG - Recht)[14]과는 달리, 연방초안의 활동중심적 개념은 포기되었다. 그 법률의 핵심은 자체로 의미가 있지만, 그럼에도 불구하고 수많은 의문을 야기한 遺傳工學施設에서의 遺傳工學作業이다.[15] 그중에 가장 문제가 많은 것은 바로 安全等級이다. 4가지 안전등급은 유전공학법 제7조 제1항을 형성할 즈음에 국제적으로 통용되고 있었다. 도그마틱에서 그 통용을 변형시키는 것은 흔히 매우 난이하다. 유전공학법에서도 역시 그 입법자는 지나치게 요구되

---

12) Kraatz, Die Zweckambivalenz des Gentechnikgesetzes: der Schutz - und Förderzweck in § 1 GenTG, 1993, S.184.

13) Wahl, in: Landmann / Rohmer, Umweltrecht, Bd. IV, Stand 2001, 10.1, § 1 GenTG Rdnr 37.

14) Jarass, Die Vorgaben des europäischen Gentechnikrechts für das deutsche Recht, NuR 1991, S.45 ff.

15) Turck, Der Anlagenbegriff nach dem Gentechnikgeesetz, NVwZ 1992, 650 ff.

었다. 실제 실감할 수 있는 법률 적용의 경우에는 그 규정이 거의 쓸모가 없다. 어떤 법률가가 적은 위해성, 어느 정도 위해성 그리고 높은 위해성을 엄격히 구분할 수 있고, 언제 위해성이 전혀 없다고 할 수 있는가? 안전등급은 규범적으로 결정된 위험등급이다.

3) 許可節次 및 許可要件

유전공학시설의 설치 및 운영에 대한 許可節次 또는 유전자변형 생물체의 환경방출 및 유통에 대한 許可節次는 임미시온보호법에서, 더 이르게는 영업법에서 그 許可節次의 본보기에 의하여 규정되었 다.16) 만약 계획의 실현가능성이 존재하면, 신청과 더불어 요구되는 서류를 접수하게 된다. 그래서 형식적인 許可節次가 시작된 것이다. 당해 행정기관이 개입하고, 그 계획이 공고될 수 있다. 그 공고와 함께 해석 및 청문단계의 틀에서 개최되는 통상 공공참여가 시작된 다. 이의제기는 그 제기기간 내에 수행된다. 공공참여가 종결되고 참여한 제3의 행정기관의 입장이 개진되자마자, 최종적인 대상평가 가 진행된다. 허가신청의 수용 또는 거부는 허가의 정규종결을 의미 한다. 건축법에서와 마찬가지로 간소화한 신고절차 또는 면제절차도 역시 존재한다.

먼저 허가절차는 시설허가 및 그 관련 허가와 밀접한 관계를 맺 고 있다. 許可義務에 대한 준거점으로서는 유전공학작업, 유전공학 시설 그리고 그 시설 관련 활동 등 총체적인 연관그물이 사용된다. 더 나아가 유전공학작업의 목적에 의해서도 차이가 있다. 유전공학 작업 이외에 유전자변형생물체의 환경방출 및 유통은 특별히 다루

---

16) Gerlach, Das Genehmigungsverfahren zum Gentechnikgesetz, 1993.

어지지만 豫防的 統制라는 동일한 규정 메커니즘하에 놓인다. 따라서 원칙적으로 유전공학법 제11조에 포함된 許可要件이 양자에 나란히 충족되어야 한다.

4) 監督 및 責任

유전공학법 제17조부터 제31조까지에 포함된 행정기관의 統制 또는 監督手段에 관해서는 임미시온방지법에서와 병행하여 존재한다.

유전자변형생물체와 관련해서 유전공학법 제32조 내지 제37조의 규정에서는 유전공학의 賠償責任에 관한 문제를 규정하고 있다. 여기의 책임규정은 다른 위해성이 있는 기술과 동일하게 유전공학기술의 사용으로 발생한 피해에 대한 危險責任(Gefährdungshaftung)을 규정하고 있다. 동법 제32조 제1항의 규정에 의하면 운영자는 유전공학작업과 관련하는 생물체의 특성으로 사망하거나, 신체 또는 건강을 침해받거나 또는 물건의 손상을 받으면 이에 대한 손해를 배상하여야 한다. 동법 제34조는 유전공학 분야에서의 책임이 근거하는 위험책임을 도입하고 있다. 여기서 피해자에 대한 입증을 용이하게 하기 위하여 제한된 원인추정을 규정하고 있다. 즉, 유전자생물체에 의하여 피해가 발생하면 유전공학적 작업과 관련되는 그 생물체의 특성에 원인이 있는 것으로 추정하고 있다. 운영자는 동법 제34조 제2항의 규정에 의하여 그 피해가 다른 유전자변형생물체에 의하여 발생하였다는 개연성을 입증하여야 비로소 이러한 추정으로부터 면책을 받을 수가 있다.

2. 適用範圍 및 概念規定

독일 유전공학법은 제2조 제1항에 의해서 유전공학시설과 유전공학작업, 유전자변형생물체의 환경방출과 유전자변형생물체를 함유하거나 이것으로 구성된 생산품의 유통에 適用된다. 동법 제2조 제3항에 의하여 인간유전공학, 즉 유전자변형생물체를 인간에게 사용하는 것에 대해서는 유전공학법이 원칙적으로 適用되지 않는다.

유전공학법은 제3조 제1호 내지 제14호의 槪念에 관하여 체계적이지 못한 일련의 규정을 정하고 있다. 이 개념들은 일상개념, 생물학적 기본개념 그리고 법률적 전문용어 등의 다양한 혼합물이다. 개념규정으로 동시에 그 법률의 적용범위가 확정되기 때문에 일반적으로 개념들의 규범적인 특징이 전제되어야 한다.

3. 施設許可(Anlagengenehmigung)

유전공학 施設許可는 소위 부담적 시설과 관련이 있고, 그래서 이러한 허가는 허가의무자, 환경일반 그리고 이웃의 이해 조정에 기여한다. 이 경우 시설은 이들에게 부담이 되거나 위험 또는 리스크를 끼치게 된다.

1869년 6월 21일자 북독일연방의 영업법(Gewerbeordnung)[17]은 1810년 10월 28일자 영업세령(Gewerbesteueredikt)[18]과 1845년 1월

---

17) Nordd. BGBl. 1869, S.245.

18) Vgl. zum historischen Kontext auch Vogel, Allgemeine Gewerbefreiheit, Die

17일자 프로이센 영업법의 연속선상에서 그 이해 조정을 의도했다. 그러면서 이러한 북독일연방의 영업법은 한편으로 영업의 자유를 인정하고 그와 더불어 기술의 이용 역시 자유롭게 하였고, 다른 한 편으로 위험한 시설들을 어떤 강한 통제하에 두었다.[19] 그 통제는 형식화한 허가절차에서 심사되어야 하는 위험 관련 인적·물적 허가조건에서 사용된다. 시설허가는 企業家許可로 되었다. 기업가허가의 경우에는 전래된 경찰법의 수단이 중요하다. 기업가허가는 경찰 Oberaufsicht에서 발전했고, 오늘날의 강학상 허가(통제허가)또는 소위 허가유보부 예방적 금지는 경찰 Oberaufsicht에서 기인한다. 허용되었지만 아직도 위험한 시설들은 통제목적으로 잠재적으로, 다시 말해서 국가적으로 해제될 때까지 금지되었다. 그 금지에 상응하여 허가의무가 존재한다. 독일 영업법 제16조에서 기업가허가의 기본 형태를 형성할 때 경찰형량 특히 이웃의 보호, 경제와 기술촉진의 관점 또는 영업운영자의 존속보호가 하나의 역할을 했다. 예컨대 원자력법, 연방임미시온방지법 그리고 유전공학법에 의한 허가는 이러한 영업법에 의한 허가에 근거를 두고 있다. 예방적 금지는 부득이 다음과 같은 규범구조를 가지고 있다. 즉, 구성요건의 측면에서 허가조건이 충족되면 그 법적 결과는 하나의 기속결정이라고 할 수 있다.[20]

그러나 이러한 예방적 금지의 규범 구조는 과거에 공간 관련 계획에서 공간계획적 생태적 범주에 관한 경제행정법적 또는 환경법

---

19) Vgl. auch Ehlers, Wirtschaftsaufsicht, in: Achterberg / Püttner, Besonderes Verwaltungsrecht, Bd. 1, 1990, 1 / 2 Rdnr. 166.

20) BVerfGE 8, 71(76); 20, 150(158); 34, 165(200); 41, 378(399); 46, 120(157); 49, 89(145); 50, 256(263); 51, 1(41).

적 허가의무들이 축적됨으로써 흐려지게 되었다. 이로 인하여 기업가허가는 계획법에 해당하게 된다.[21] 그래서 허가를 발할 때 어느 정도의 범위에서 계획적 형성의 자유 또는 계획재량이 존재하는 것이다.[22] 게다가 계획재량은 최근 통합된 환경보호를 위해 도구로 사용되었다. 강학상 허가 그리고 전문계획결정을 더욱 서로 동화시키고 허가기관의 기속을 상대화하는[23]것은 다만 법 정책적인 성격을 가질 뿐이다. 아울러 헌법적으로 받아들일 수 없어서 다시 고려해 볼 만하다. 입법자가 핵에너지의 평화적 이용을 위해 헌법적 임무를 고려할 때, 허가유보부 예방적 금지를 규범화하고 그럼에도 불구하고 재량여지를 열었던 독일 원자력법 제7조 제2항은 연방 헌법재판소에 의해서 다만 특별지위가 고려되어 원자력법에는 헌법적으로 이의가 없다고 했다.[24] 어차피 핵기술시설을 허가할 때 존재하는 거부재량은 법적 결과의 측면에서 대안적 결정을 창조한 것이 아니라, 오히려 허가기관에 구성요건적으로 허가요건을 확대할 수 있도록 수권했다는 것을 의미한다.[25]

그럼에도 불구하고 거부재량의 도입의 문제는 유전공학 분야에 관한 입법절차에서도 역시 매우 중요했다. 1989년 11월 6일 헤센주 행정재판소(HessVGH) 판결의 압력으로 유전공학과 함께 마찬가

21) Grundlegend Badura, Die Standortentscheidung bei der Unternehmergenehmigung mit planungsrechtlichem Einschlag, BayVBl. 1976, 515 ff.

22) Nachweise bei Ronellenfitsch, Fachplanung und Verwaltungsgerichtsbarkeit, in: Festschr. f. Blümel, 1999, S.497(501 ff.).

23) So schon frühzeitig Wahl, Genehmigung und Planungsentscheidung, DVBl. 1982, 51 ff.; Kaum weiterführend Börger, Genehmigungs – und Planungsentscheidungen unter dem Gesichtspunkt des Gesetzesvorbehalts, 1987.

24) BVerfGE 49, 89(145 f.).

25) Ronellenfitsch, Das atomrechtliche Genehmigungsverfahren, 1983, S.350 ff.

지로 신세계로 들어가는 핵기술시설에 병행해야 한다고 생각했다.[26] 이러한 견해는 명백히 이 재판소의 매우 잘못된 결정의 결과이다. 이 재판소는 핵에너지 분야에서의 위험잠재력을 유전공학 분야에서의 그것과 동일시하고 핵에너지 이용의 경우와는 달리 입법자가 당시 유전공학에 대하여 형식적 법률로 근본결단을 하지 않은 것에 이의를 제기했다. 이 재판소에 의해서 소위 본질성 이론이 기본권들에 대하여 비판적 의도로 적용되고 아울러 기본권 충돌의 경우조차도 왜곡되어 잘못 서술된 점을 도외시하더라도—입법자가 기본권적으로 보장된 활동을 합헌적인 방식으로 제한하지 않는 한 그 활동은 허용된다는 것을 감한 할 때—유전공학을 핵에너지의 평화적 이용과 비교하는 것은 절름발이처럼 적당하지 않다. 유전자 연구는 독일 유전공학법의 발효 전에는 결코 금지되지 않았다(독일 기본법 제5조 제3항 제1문). 그 연구는 같은 방식으로 연구결과의 상업적 이용을 위해서도 통용되었다(독일 유전공학법 제12조 제1항, 제14조 제1항). 그럼에도 불구하고 유전공학을 위한 특별 법률에 대한 요구는 더욱 커졌다. 그래서 당시 독일 유전공학법 제13조(현재는 제11조)에서 유전공학시설에 대한 허가의 구성요건을 형성할 때 입법자는 헤센 주 행정재판소의 논쟁에 의해서 압력을 받지 않고, 오히려 연방 임미시온방지법 제6조를 지향했다. 원자력법을 차용하는 것은 입법론으로 허용되지 않는다. 물론 기업가허가와 계획결정 사이의 차이를 조정하고 유전공학법 제11조의 틀에서 계획적 또는 생태적 형량을 고려하는 것은 중요하지 않다. 그래서 유전공학법의 시설허가에서는 환경영향평가(UVP)[27]의 고려하에 허가기관의 계획형성의 자유가 없는 진정한 기업가허가가 중요하다.

---

26) Vgl. Hirsch / Schmidt - Didczuhn, GenTG, §13 Rdnr. 51.

27) Ricke, Gentechnik und Umweltverträglichkeit, 1994, S.187.

허가의 법률적 요건이 충족되면 신청자는 허가를 발할 주관적 공권 또는 법적 청구권을 가진다.[28] 엄격한 기속결정으로서 허가결정을 확정적으로 분류한다는 것은 유전공학법 제11조의 구성요건의 측면이나 법적 결과의 측면에서 허가기관의 형량결정 또는 기타 재량결정을 위한 여지가 결코 존재하지 않음을 의미한다. 소위 통제목적과 촉진목적의 균형을 맞추는 것은 물론 허가요건에서 거의 인식할 수 없다. 허가요건들이 파악되어서 그것들 자체가 이해 조정을 의도한 것은 아니다. 입법자는 불확정개념으로 대피해서 논쟁의 여지가 있는 계획의 허가에 관하여 행정부와 사법부에 책임을 전가한다. 이러한 두 가지 국가권력과 관련해서는 그 통제 밀도가 중요하게 된다.

4. 環境放出(Freisetzung) 및 流通(Inverkehrbringen)

유전공학법 제3조 제5호는 環境放出을 다음과 같이 규정한다. 즉, 환경방출이란 목적을 가지고 유전자변형생물체를 환경에 방출시키는 것을 말하며, 이는 나중에 환경에 방출시키고자 하는 목적을 지닌 유통이 아직 허가되지 않는 경우에만 환경방출이라는 것이다. 그 반면에 流通은 동법 제3조 제6호에 의하여 산출물이 유전공학시설에서 유전공학작업을 위해 특정되지 않았거나 혹은 그 산출물이 허가된 방출의 대상물이라면 유전자변형생물체를 포함하거나 혹은 그러한 생물체로부터 생성되는 산출물을 제3자에게 교부하거나 법의 유효 범위에서 운반하는 것을 의미한다. 그래서 유전공학작업, 유전

28) Graf Vitzthum / Geddert - Steinacher, Der Zweck im Gentechnikrecht, 1989, S.20 ff., 24; Fritsch / Haverkamp, Das neue Gentechnikrecht der Bundesrepublik Deutschland, BB 1990, Beil. 31, S.9.

자변형생물체의 환경방출 및 유통 등의 적용범위는 명백하게 구별되지 아니한다.

유전공학법 제14조에 의하여 유전자변형생물체의 환경방출 및 유통의 경우에는 許可 義務가 존재한다. 허가절차 및 허가요건은 구조적으로 시설 관련 규정에 상응한다. 특히 유통은 포괄적으로 유럽화되었다.

Ⅲ. 遺傳工學法(GenTG)上 GM 作物과 non‑GM 作物의 共存

독일에서는 GM 식품의 안전성에 대한 논란이 계속되고 있는 가운데, 유럽위원회가 유럽 내 GM 식품의 유통유예를 폐지한 후, 유전자변형이 이루어지지 않은 농업을 보호하기 위하여 새로운 법률을 필요로 하게 되었다.

이 법의 주요목적은 유전자변형이 없는 기존의 생태적인 농업을 GMO와의 혼합, 교배 및 그 외의 영향으로부터 보호하려는 것이다. 새롭게 도입된 조항은 GM 작물의 등록, 감시체계, GM 작물의 표시제와 GM 작물이 꽃가루 등으로 인해 전통적인 방법으로 경작하는 작물의 순수성을 해치게 된 경우의 엄격한 손해배상책임조항 등이다.

다음의 기술은 2005년 2월 4일에 발효한 새로운 독일 유전공학법의 중요한 변동 부분에 관해서 그 내용을 분석·소개하고, 그 적합필요성에 관한 입장을 정리한 것이다.

1. 法의 目的: 法益으로서 共存 및 選擇의 自由

미래에는 유전자조작작물[29]이건, 비유전자조작작물[30]이건 모든 재배형태가 가능하게 되어 있다. 최근에 개정된 독일 유전공학법의 본질적인 목적 가운데 하나는 GMO의 사용에 있어서 소비자와 생산자 사이의 共存 및 選擇의 自由를 실현함에 있다. 이러한 목적은 최근 개정된 독일 유전공학법 제1조 제2호에서 그 법익으로서 규정되어 있다. 이 규정에 의하면 "생산물, 특히 식품 및 사료는 전통적이거나 생태적(환경친화적)이거나 또는 GMO의 사용에 의해서 생산되고 유통될 수 있는 가능성을 보장해야" 한다는 것이다.[31] 법의 목적으로서 이러한 법익의 확정은 유전공학법에서 유전공학의 위험에 대한 보호의 측면에서 상응하는 규정을 정하고 또한 유전공학법을 해석할 때 그 법익을 참고하는 것을 가능하게 한다. 긍정적으로 평가할 점은 유럽연합 방출지침 2001 / 18[32]이 GMO의 위험에 대한 보호의 측면에서 사전배려의 원칙을 규정[33]하고 있는데, 개정된 유전공학법은 이 규정을 법의 목적에서 다시 반영하고 있다는 것이다.

---

29) 이른바 GM 작물이라고도 한다.

30) 이른바 non-GM 작물, 즉 유기농·전통작물을 말한다.

31) Art.1 Nr.2 GenTG(2005 BGBl. I S.186).

32) ABl. EG Nr.L 106 vom 17.4.2001, S.1.

33) Art. 6, 13 Freisetzungsrichtlinie 2001 / 18 / EG.

또한 이 규정을 통하여 유전공학으로부터 자유로운 생산을 보호한다는 점은 긍정적으로 평가한다. GM 작물의 재배를 금지하는 것은 물론 이 법을 근거로 다만 개별적으로 가능하다. 즉 어떤 일정한 GM 작물이 어떤 지역에서 공존 가능하지 않다고 확정되면 그 재배는 최근 개정된 독일 유전공학법 제16b조 제1항[34])에 의하여 거부된다. 이른바 공존이라는 보호목적을 통해서 연방정부는 유럽연합 방출지침 2001 / 18[35])을 이행했다고 볼 수 있다.

2. 環境放出 및 流通

원칙적으로 GM 작물은 流通될 수 없고, 다만 경작자가 관할 행정청의 허가를 받아야만 그 유통이 가능하다. 개정 유전공학법 제14조 제2a항에서는 GM 작물의 비율이 0.5%를 넘지 않는 한, 식품, 사료 또는 가공을 위해 직접 쓰일 것으로 예상되는 결과물은 허가받지 않아도 된다고 규정하고, 이를 증명하기 위해서 전문가의 의견서 또는 유럽연합의 해당 연구협의회 혹은 식품안전을 위한 유럽행정청의 의견서를 첨부하도록 하였다.[36])

---

34) Art.16b Abs.1 GenTG(2005 BGBl. I S.186).

35) Art. 26a Abs. 1 Freisetzungsrichtlinie 2001 / 18 / EG.

36) Art.14 Abs. 2a GenTG(2005 BGBl. I S.186).

1) 立地(現位置) 登錄을 통한 透明性[37]

최근 개정된 유전자공학법이 유전자 토양을 명백히 밝힌 것은 긍정적으로 평가할 만하다. 그래서 이제는 유전자재배지역이 어디인가라는 비밀을 일부러 뒤적일 필요가 없어졌다. 최근 개정된 독일 유전자공학법 제16a조[38]에 규정된 立地(現位置) 登錄(Standortregister)이라는 제도를 통해서 당사자는 더 잘 보호될 수 있게 되었다. 그 등록에서는 유전자 토양은 파종에 대한 경작지 표시를 함으로써 통보되어야 한다. 즉, GM 작물의 경작과 유통의 감독을 위해 GMO를 다루는 사람은 GM 작물의 명칭, 특성, 경작토지와 그 크기, 경작시기를 명기하여, 빠르면 경작하기 9개월 전, 늦어도 3개월 전까지 연방소비자 보호와 식품안전청에 통보하여야 한다. 유전공학법 제16a조 제3항에 의하면 "GMO의 계획된 재배는 그 농장경작자에 의하여 이르면 그 재배 9월 전에, 늦어도 그 3월 전에 관할 연방상급행정기간에 통보되어야 한다."라고 규정되어 있다. 생각건대, 동 규정에 규정된 '늦어도 3월'이라는 기간은 오염을 피할 목적이라는 관점에서 또 다른 대안적 재배계획을 위태롭게 한다. 그래서 3개월이라는 시간이 지나치다는 의견도 있으며, GMO를 경작하는 사람은 자신의 주소지에 GMO 반대그룹에 의한 테러를 두려워하고 있다. 개인의 신상정보와 관련된 부분을 제외한 등록부의 일반적인 부

---

37) 2005년 3월 16일에 독일 연방의회 소비자보호위원회에서 유전공학법 2차 개정안이 통과되었다. 2차 개정안이 1차 개정안과 다른 것 중의 하나는 GM 작물 재배지의 등록에 관한 것이다. 제1차 개정안에는 GM 작물의 재배를 의도하고 있는 지역의 위치를 정확히 등록해야만 했다. 그리고 이 위치는 인터넷을 통해 모든 국민에게 공개된다. 하지만 2차 개정안에 따르면 GM 작물 재배지를 정확히 밝힐 필요가 없다. 다만 GM 작물 재배지가 위치하고 있는 마을 / 지역(village / region)을 등록하면 된다. 자료: Marginal Improvement on Biotech Regulations in Germany, USDA GAIN Report Number: GM5013.

38) Art.16a GenTG(2005 BGBl. I S.186).

분은 일반에게 공개되고, 인터넷을 통해서 그 사실을 알 수 있다. 등록은 동법 제16a조 제4항에 의한 법률상 문언에 의하면 인터넷을 통해서 알려지게 되어 있다. 이는 유전자변형이 되지 않은 작물을 경작하는 이웃토지의 소유자나 양봉업자에게 정보에 대한 투명성을 보장하여 자기 생산물의 순수성을 해치는 것을 예방할 수 있다.

한편, 유전자공학법 제16a조 제2항에 의하면 실험적인 환경방출이 늦어도 파종 시작 3일 전에 비로소 등록에 있어서 통보되어야 한다. 즉, 동 규정은 "운영자는 GMO의 허가받은 환경방출의 사실상의 수행을 이르면 그 환경방출 2주 전, 늦어도 3일 전에 권한 있는 연방 상급행정기관에 통보해야 한다."고 문언상 규정하고 있다. 생각건대, 여기서 '늦어도 3일'이라는 기간은 너무 촉박한 통지로서 납득이 되지 않는다.

이러한 입지(현 위치) 등록제도를 통해서 연방정부는 유럽연합 환경방출 2001 / 18 제31조39)의 제안 및 유럽위원회의 공존을 위한 지도지침40)을 이행했다고 볼 수 있다.

이러한 등록제도는 계속해서 논쟁 가운데에 있다. 기독교민주연합 및 기독교사회연합의 연방의회의 교섭단체는 법률통과 직전에 유전자지역에 있어서 정확한 상태의 공고규정을 저지할 것을 요구했다.41) 추측건대 이러한 등록제도는 계속해서 정치적 논쟁을 촉발시킬 것으로 판단된다.

---

39) Art. 31 Freisetzungsrichtlinie 2001 / 18 / EG.
40) 3.5. Standortregister, Kommission der EG. 23. Juli 2003, Leitlinien der EU – Kommission für die Koexistenz: Empfehlung der Kommission für Leitlinien für die Erarbeitung einzelstaatlicher Strategien und geeigneter Verfahren für die Koexistenz gentechnisch veränderter, konventioneller und ökologischer Kulturen.
41) BT – Drs. 15 / 4143, Antrag der CDU / CSU – Fraktion.

2) 遺傳子變形作物(GM‒Pflanzen)을 통한 損害[42)]

가. 商品이 아닌 實驗 作物(Versuchspflanzen)

GMO는 허가받은 경우를 제외하고는 원칙적으로 시장으로 출시해서는 안 된다. 이러한 근본원리는 유럽연합 방출지침 2001 / 18 제6조 제1항 및 제13조[43)]에서 연원하고 아울러 독일 유전공학법 제14조 제1항[44)]에서도 발견된다. 이러한 견해는 유럽연합에 의해서 다시 한번 유럽연합 표시하위명령[45)] 제4조 제2항 및 제16조 제2항에서 확인되었다. 카르타헤나 의정서[46)] 제7조부터 10조, 제12조 및 제14조에서도 역시 상응하는 규정들이 발견된다.

어떤 상품이 씨앗이나 수확물에 의해서 오염된 경우 이 상품을 팔 수 없다는 것은 필연적인 귀결이라고 말할 수 있다. 이러한 상품의 계속적인 사용은 독일법상 또는 국제법상 위법하다고 하겠다. 이 상품의 소유자는 자기 상품의 손해에 근거하여 피해배상을 유효하게 할 수 있다. 그 때문에 어떤 實驗的인 環境放出을 통해서 발생하는 손해는 원인자책임의 원칙[47)]에 의해서 그 방출의 운영자에

---

42) 2005년 3월 16일, 독일 경제지 'Handelsblatt'에서 보도한 바에 따르면 소비자 보호부 퀴나스트 장관(녹색당 소속임)은 공개된 장소에서 GM 작물을 재배하는 연방연구프로젝트에 의해 경제적 피해가 발생했을 경우 이를 보상해 주는 기금을 마련하는 데 동의하였다. 기금의 규모는 약 2,000만 유로가 될 것으로 추정되지만, 소비자 보호부에서는 아직 규모를 아직 확정하지 않았다. 이 기금은 공공연구기관에서 GM 작물을 환경 방출함에 따라 발생하는 피해에만 적용된다. 즉, 민간기업에서 기인한 피해는 보상하지 않을 것이다. 자료: Marginal Improvement on Biotech Regulations in Germany, USDA GAIN Report Number: GM5013.

43) Art. 6 Abs. 1, 13 Freisetzungsrichtlinie 2001 / 18 / EG.

44) Art.14 Abs. 1 GenTG(2005 BGBl. I S.186).

45) Art.4 Abs.2, bzw. Art.16 Abs.2 EG Verordnung 1829 / 2003.

46) Art.7‒10; 12 und 14 des Protokolls von Kartagena über die biologische Sicherheit.

47) 김남진 / 김연태, 「행정법(II)」, 법문사, 2004, 613면 이하; 고영훈, 「환경법」, 법문사, 2002, 67면 이하; 석종현, 「일반행정법(하)」, 삼영사, 2001, 462면 이하; 홍정선, 「행정법원론(하)」, 박영사, 2005, 768면 이하; Kloepfer, Umweltrecht, 3.Aufl., 2004, S.189ff.;

게 부담 지워지게 된다. 여기에서 그 법적 상황은 최근 개정된 새로운 유전공학법을 통해서도 본질적으로 변경되지 않고 있다.

나. 許容된 遺傳子變形作物(zugelassene GM−Pflanzen)을 통한 損害[48]

장차 농업 종사자들은 유전자옥수수 및 전통적인 옥수수를 하나의 지역에서 재배할 수 있다고 한다. 아직 그 간격 및 재배규칙에 관하여 논쟁 중에 있다. 그러나 명확한 것은 전통적인 방법으로 농사를 짓는 농업종사자 또는 바이오농업종사자는 유전자재배를 통해 자기들이 수확한 산출물의 오염으로 인한 손해를 참작해야 한다는 점이다. 그 수확물은 사실 계속해서 합법적으로 판매될 수 있지만 그러나 더 이상 바이오상품은 아니다. 그래서 그 상품은 가치를 많이 상실하고 바이오농업종사자는 판매상의 애로에 봉착하게 된다. 이러한 손해에 대하여 최근 개정된 유전공학법은 제36조a[49]에서 法的 安全裝置를 갖추었다. 즉 원칙적으로 유전자농업종사자는 원인자로 간주되고 야기된 손해를 부담해야 한다. 확실한 것은 세금들이 손해의 조정을 위해 사용되지 않는다는 점이다. 유전자옥수수꽃가루가 다른 영역으로 날아간 경우처럼 오염의 길은 입증되지 않아서 그 손해를 입은 피해 농업종사자(원고)는 자기 이웃의 유전자농업종

Arndt, in: Steiner (Hrsg.), Besonderes Verwaltungsrecht, 7.Aufl., 2003, S.1017ff.

48) 지난 2004년도에 소비자 보호부에서는 아직 위험평가를 받지 않은 형질이 교차 수분되는 경우 어떤 혼입비율을 적용할지에 대해 유럽위원회에 수차례 문의하였다. 현재 규정에 따르면 표시의 기준이 되는 혼입비율은 0.9%이다. 또한 위험평가는 받았지만 아직 공식적으로 승인되지 않은 GM 형질에 대해서는 0.5%의 혼입비율이 적용되고 있다. 최근 유럽위원회에서 독일 정부에 보내온 회신에 따르면 위험평가를 받지 않은 형질의 경우에는 혼입비율이 적용되지 않는다. 이는 위험평가를 받지 않는 GM 형질을 갖춘 작물은 전혀 유통될 수 없다는 것을 의미한다. 자료: Marginal Improvement on Biotech Regulations in Germany, USDA GAIN Report Number: GM5013.

49) Art. 36a GenTG(2005 BGBl. I S.186).

사자(피고)에게 소송을 제기할 것인지를 결정할 수 있다. 소송을 당한 유전자농업종사자(피고)는 총체적으로 연대책임이 있으며 그래서 비록 또 다른 유전자농업종사자가 그 이웃에서 경영할지라도 모든 손해에 대하여 책임이 있다. 손해를 상이한 원인자 사이에서 분명히 나눌 수 있는 경우에만 그 손해는 합법적으로 재판상 나누어질 수 있다. 만약 판결을 받은 유전자농업종사자(피고)가 손해를 구상하려면, 그는 다른 원인자와의 분담을 원칙적으로 입증해야 한다.

아마도 추가비용은 유전자 토양의 이웃 농업종사자에게 부담 지워지게 된다. 자기 수확물에 관한 조사는 손해배상소송에서만 유효하게 행해질 수 있다. 생각건대, 유전자기업 또는 유전자농업종사자를 통해서 비용귀속을 하는 것이 바람직스럽다고 할 수 있다.

그러나 기독교민주연합 및 기독교사회연합의 연방의회 교섭단체는 稅金을 통해서 공존 손해를 지원해야 한다고 주장했다. 즉, GM 작물과 non‒GM 작물을 모두 경작이 가능하게 하라는 공존법칙에 입각하여 이러한 손해에 대해 국가가 이에 대한 배상책임을 지고, 주의의무를 다하지 못한 GM 작물을 재배하는 자에게만 책임을 주장을 한 것이다. 그에 의하면 유전자농업종사자는 재배규칙을 준수하지 않아서 그 결과 원인자로서 재판상 확정된 경우에만 지불해야 한다는 것이다. 그러나 사실상 이런 경우는 불가능할 것으로 판단된다. 생각건대, 물론 이러한 문제의 해결을 위해서는 원인자책임의 원칙이 공동부담의 원칙에 우선하지 않으면 안 된다는 점을 전제하여야 할 것이다.[50] 이러한 공동부담원칙보다 그 내용에 있어서 원인자부담의 원칙에 가까운 것으로서 집단적 원인자부담원칙이 존재

---

50) 천병태 / 김명길, 「환경법」, 삼영사, 2004, 51면, 류지태, 「행정법신론」, 신영사, 2005, 983면, Bender / Sparwasser, Umweltrecht, 2. Aufl. 1990, S.18ff.

한다. 이는 환경오염을 발생하게 하는 집단에 대하여, 행정주체에 의하여 집단 전체의 부담으로 그 제거비용을 부과하도록 하는 것을 말한다. 집단적 비용의 부담은 현실적으로는 재정적 기금의 형성을 통해서 시행되고 있으며, 이를 구체화하고 있는 제도로서는 미국의 슈퍼펀드(superfund)제도를 들 수 있다.[51]

3) 環境損害에 대한 無責任

環境損害(Umweltschäden)에 있어서의 책임은 독일 유전공학법에는 규정되어 있지 아니하다. 2004년 4월 30일 공고된 유럽연합 환경책임지침[52]은 원자력사고 또는 선박사고의 경우에서와 마찬가지로 이러한 환경책임을 명시적으로 끄집어 내었다. 이것은 독일 유전공학법이 보여 주는 바와 같이 이 테마를 역시 배제하는, 장차 예상될 수 있는 국내적 입법에 대한 질책이라는 의미를 갖고 있다. 생각건대, 환경 및 생물학적 다양성에 대한 손해는 원인자책임의 원칙에 따라 유전자기업에 의해서 부담을 갖게 하는 것이 바람직스럽다.

4) 遺傳子農業從事者에 관한 規定

GMO를 다루는 사람에게 신뢰성과 전문지식 등을 요구하며, GMO로 인해 다른 생산물에 해를 끼치지 않도록 예방의무를 지우고 있다. GM 작물을 경작하거나 비료를 만드는 등의 행동을 할 경우 이웃토지의 수확물이 꽃가루나 열매로 인해 교접이 되는 경우 등을 막아야 하는데, 최근에 개정된 독일 유전공학법 제16b조 제3항 제1

---

51) 류지태, 「행정법신론」, 신영사, 2005, 984면, Bender / Sparwasser, Umweltrecht, S.19ff.
52) EU - Umwelthaftungsrichtlinie, veröffentlicht vom 30. 4. 2004.

호[53])에 의하면, 연방정부는 최소간격, 품종선택, 무성하게 자라 퍼지는 것의 예방(잡초제거) 또는 자연적 꽃가루차단(포자장벽)의 이용 등을 통해서 유전자식물의 확산을 방지하려고 한다. 게다가 동 규정에서는 유전공학으로부터 자유로운 농업의 보호를 위하여 '優秀生産物生産'(gute fachliche Praxis)이라는 기초기준규정이 확정되어 있다. 여기에서 중요한 것은 단지 이러한 조치를 통해서 유전공학으로부터 자유로운 농업이 실제적으로 보호될 수 있을 때만 그 재배를 해도 좋다는 점이다. 반면에 그렇지 않은 경우에는 재배금지가 적용된다.

또한 유전공학법 제16b조 제5항에 의해서 유전자기업이 유전자·작물·농부에 관한 정보를 함께 배달해야 한다는 규정은 환영할 만하지만 결함 있는 정보가 책임전가를 야기할 수도 있을 것이다. 즉, 동 규정은 "유전자변형생물체를 포함하거나 그것으로 구성된 산출물을 유통시키는 자는 허가의 규정들을 포함하는 생산정보를 전달해야 한다."라고 규정하고 있다.[54] 한편 동법 제16b조 제4항에 의해서 유전자농업종사자를 위해 일종의 운전자증명을 도입한 점은 역시나 바람직스럽다. 즉, 동 규정은 "유전자변형체를 포함하거나 그것으로 구성된 산출물을 가지고 영업목적을 위해 그것을 취급하는 자는 신뢰성, 지식, 숙련도 그리고 장비를 소유해야 한다."라고 규정하고 있다.[55]

그러나 비판받아 마땅한 점은 유전공학법 제16b조 제6항에 의하여 모든 상세한 규정은 다음의 하위명령에서 규정된다고 한 점이다.

---

53) Art. 16b Abs. 3 GenTG(2005 BGBl. I S.186).
54) Art. 16b Abs. 5 GenTG(2005 BGBl. I S.186).
55) Art. 16b Abs. 4 GenTG(2005 BGBl. I S.186).

즉, 동 규정은 "연방정부에 수권되는 것은 연방상원의 동의를 가지고 법규명령을 통하여, 우수생산물 생산의 기본원리, 신뢰성, 지식, 숙련도 그리고 장비 등에 관한 특성 및 그 증거 그리고 생산정보의 내용을 상세히 정하는 것이다."라고 규정하고 있다.[56] 그러나 이를 통해서 그 이행이 지체되어 매우 방해를 받고 결정적인 평가를 놓칠 위험이 있다.

이러한 상세규정을 가지고 농업 현실에서 유전자농업의 비용이 유전자농업종사자에 의해서 마땅히 부담 지워질 수 있을지의 여부가 결정된다. 즉, 예컨대 유전자옥수수와 통상옥수수 사이에 얼마나 간격을 유지해야 하는가? 유전자농업 종사자는 그 재배에 대하여 어떻게 의무를 져야 하는가? 재배규정들을 가지고 경험들이 수집되고 평가, 활용되는가? 그리고 과연 그것이 누구에 의해서? 또한 자료들이 제대로 공개되는지?

생각건대 유전자기업 및 유전자농업종사자는 유전공학으로부터 자유로운 농업의 보호를 위해 관찰한 것, 즉 모니터링한 것과 그 경험을 수집해서 당해 행정관청에 알려 줄 의무가 있다고 하겠다.

독일 유전공학법 제16c조 제1항에 의하면 지금까지는 유전자기업은 오로지 건강과 환경에 영향을 미치는 자료만을 수집해야 한다. 즉, 동 규정은 "운영자로서 GMO로 구성되었거나 그것을 포함한 산출물을 유통시키는 자는 동법 제1조 제1호에 규정된 법익에 대한 영향을 조사하기 위해, 허가에서 정하는 바에 의하여 이를 모니터링해야 한다."라고 규정하고 있다.[57] 다만 유전자농업종사자는 동법

---

56) Art. 16b Abs. 6 GenTG(2005 BGBl. I S.186).
57) Art. 16c Abs. 1 GenTG(2005 BGBl. I S.186).

제16b조 제3항 제1호에 의해서 재배자료만 수집해야 하는 것에 한 정된다.

5) 生態的 敏感 地域(ökologisch sensible Gebiete)을 保護하 기 위한 規定

自然保護區域에서조차도 유전자작물의 재배 및 환경방출은 원칙적으로 금지되지 아니하였다. 새로운 유전공학법[58]은 그 재배가 그 구역을 '심히' 침해하고 있는지의 여부, 즉 다만 추가심사규정을 도입했다. 자연보호행정기관은 그에 따라 유전자작물의 실험적 환경방출 또는 상업적 재배를 직접적으로 거부할 수 있다. 게다가 이러한 새로운 유전공학법을 통해서 연방자연보호법은 새로 제34a조를 추가했다.[59]

6) 非遺傳工學 地域(gentechnikfreie Regionen)의 保護

비유전공학 지역은 농업종사자 및 식품산업계에 유전공학을 통한 생산으로 발생할 수 있는 오염위험의 감소를 용이하게 한다. 그래서 비유전공학 지역은 유전공학으로부터 자유로운 농업 및 환경을 장기적으로 유지하는 데 있어서 중요한 요소이다. 독일 유전공학법은 비유전공학 지역을 보호하는 명시적인 규정을 갖고 있지 아니한다. 다만 동법 제16b조 제1항에서 만약 재배규정에 해당하지 않으면 어떤 지역에서의 재배는 개별적인 경우에만 행정기관에 의해서 금지

---

58) Gesetz zur Neuordnung des Gentechnikgesetzes vom 21. Dezember 2004(2005 BGBl. I S.186).

59) Art. 34a Bundesnaturschutzgesetz.

될 수 있다.

생각건대 비유전공학 지역을 법률에 규정하여 보호함이 마땅할 것이다. 특히 종자생산의 보호를 위해서 특별규정이 필요하다.

3. GM 作物의 表示義務

GM 작물의 경우 表示義務를 명확히 하였다. 새로 도입된 유전공학법 제17b조는 기존에는 관련 조문을 유추 해석해서 표시의무를 부과하던 것을 법 규정으로 명확히 하였다. GM 작물을 유통시키려는 사람은 "이 상품은 GM 작물입니다"라는 표시를 상품에 부착하여야 한다. 다만 일반적인 예외규정으로 직접적으로 가공될 것이 예상되고, 또한 최종소비자에게 식품의 형태로 전달되지 않을 경우에는 표시의무가 없다. 강조할 부분은 GM 작물의 흔적이 0.9%에 미치지 못하고 우연하게 기술적으로 제거할 수 없는 경우에는 이러한 표시의무가 적용되지 않는다.[60]

4. 여론: Bt옥수수 試驗栽培 結果 發表

2004년 11월 24일, 독일 생명공학기업은 Bt옥수수의 상업화를 위한 시험재배 결과를 발표하였다. 지난 1998년 이래로 500ha의 농지에 몬산토사에서 개발한 MON810 옥수수를 독일에서 시험 재배해 왔다. 2004년의 시험재배는 共存과 관련한 과학적 연구를 위해 이루어진 것이다. 시험재배가 이루어진 곳은 바덴-뷔르템베르크(2), 바

---

60) Art. 17b GenTG(2005 BGBl. I S.186).

이에른(9), 튀링겐(1), 작센(5), 작센-안할트(6), 브란덴부르크(4), 메클렌부르크-포어포메른(2) 등 7개 주 29개 재배지(총 300ha)이다.

이번 프로그램의 목적은 GM 작물과 전통·유기작물 간의 共存과 관련한 데이터를 수집하는 것으로, GMO와 전통·유기품종 간의 교차수분에 영향을 미칠 수 있는 위치, 거리, 기후, 주변 환경, 바람 등의 데이터가 수집되었다.

Bt옥수수의 재배지는 5ha-20ha까지 다양했으며 재래 옥수수 재배지에 둘러싸여 있고, 그 바깥에는 옥수수 이외의 작물재배지가 있다. 또한 Bt옥수수 재배지의 중심에는 개화시기가 다른 재래 옥수수를 일부 재배하였다. 교차수분과 관련한 샘플은 가장 중심지에 있는 재래 옥수수에서도 얻었으며, 옥수수와 10m 이내, 30m 이내, 50m 이내, 60m 이내 떨어져 있는 재래 옥수수로부터도 다양하게 채취하였다.

분석 결과, 개화시기가 다르다고 해서 Bt 옥수수 재배지의 중심에서 재배한 재래 옥수수의 교차수분을 방지하지는 못한 것으로 나타났다. Bt 옥수수와 10m 이내에 떨어져 재배한 재래 옥수수는 최대 혼입비율인 0.9%를 넘어 평균 1.3%의 혼입비율을 나타냈다. 20m 이상 떨어진 재래 옥수수의 혼입비율은 0.9% 이하였으며, 30m 이내인 경우에는 평균 0.4%, 60m 이내인 경우는 평균 0.3%의 혼입비율을 나타냈다.

마틴루터대학교에서 주관한 이번 연구에 따른 주요 결론은 0.9% 이상의 GMO 혼입비율을 방지하기 위해서는 Bt 옥수수와 전통·유기작물 사이에 20m 이상의 완충지대를 설정해야 한다는 것이다.

독일에서는 GMO 반대자의 활동이 매우 활발하기 때문에 이번 연구에 이용된 시험재배지는 대중에게 공개되지 않았다. 하지만 개정된 유전공학법이 2005년부터 발효됨에 따라 GM 작물 시험재배지는 결정 즉시 등록되어야 하며, 일반 대중에게 공개될 예정이다.

Ⅳ. 우리나라의 遺傳工學 關聯法令의 現況 및 示唆點

1995년 생물다양성협약(CBD: Convention on Biological Diversity) 당사국들은 GMO의 잠재적 위험을 다루게 될 바이오안전성의정서(이하, '의정서')의 작성을 촉진하기에 이르렀으며, 지난 2003년 9월 11일부로 GMO의 국가 간 이동에 중점을 둔 동 의정서가 국제적으로 발효되어 2005년 현재 126개국이 가입하고 있다.

의정서 가입 현황에서 눈여겨볼 만한 점은 GM 작물을 재배하고 있는 것으로 파악된 17개 국가 중 11개국[61]이 가입하고 있으며, 대다수의 재배면적을 점유하고 있는 나머지 6개국[62]은 가입하지 않고 있다. 이들 국가가 가입하지 않고 있는 것은 의정서 이행에 따른 GM 작물의 개발 및 수출에 타격을 받을 것을 고려한 조치로 보이

---

61) 중국, 스페인, 독일, 루마니아, 멕시코, 온두라스, 콜롬비아, 파라과이, 브라질, 인도, 남아공.

62) 미국, 캐나다, 아르헨티나, 호주, 우루과이, 필리핀.

고 있다. 그러나 최근 GM 작물 재배규모가 세계 4위에 해당하는 중국이 2005년 6월 제2차 당사국회의를 앞둔 시점에서 의정서에 가입했고, 이로써 개발도상국이 주였던 당사국 대열에 중국이 합류함으로써 의정서 이행에 더욱 탄력을 받을 것으로 예상된다.

의정서의 국제적 흐름 속에서 우리나라는 2000년 9월 동 의정서에 서명하였으며, 시민단체 등 바이오안전성 확보 요구와 더불어 의정서 국내이행체제 구축에 대한 초석을 마련하고자 2001년 3월 산업자원부가 주관이 되어 '유전자변형체의 국가 간 이동 등에 관한 법률'(이하 GMO 법률)을 제정·공포하였다. 이후 각 부처별로 동법 시행에 필요한 하위 법령 제정을 위해 노력해 왔고, 최근 이러한 노력의 결과로서 동법 시행령(2005년 9월 20일)이 확정되기에 이르렀다.

이하에서는 우리나라 GM 작물의 현황을 살펴보고, 아울러 유전공학 관련 법령의 동향 및 개정된 독일 유전공학법의 시사점을 순서대로 기술하고자 한다.[63]

1. GM 作物 現況

우리나라는 1991년부터 생명공학연구에 착수하여 2002년 9월 당시 약 35작물, 111종의 GM 작물(나무 포함)을 연구·개발 중이다. 작물별로 보면, 벼가 26종으로 가장 많고, 다음으로 감자가 11종이며, 고추 10종, 배추 8종, 애기장대 6종, 사과 4종, 상추, 토마토, 콩과 카네이션이 각각 3종, 당근, 들깨, 마늘, 양배추, 수박, 포플러,

---

63) 과학기술부, 2005년 생명공학백서, 315면 이하.

현사시나무와 해바라기가 각각 2종, 고구마, 오이, 참깨, 복분자, 밀, 단옥수수, 인삼, 임산버섯, 난, 나리꽃, 민들레, 옻나무, 잣나무, 차나무, Arabidopsis, 기타 약용식물이 각각 1종의 순이다.

이러한 작물은 특성별로 보면 염분, 건조, 저온, 냉해 등으로부터 강한 재해저항성이 22종으로 가장 많고, 그 다음은 병저항성이 16종이며, 그리고 아미노산 함유 등의 기능향상과 제초제저항성이 각각 11종, 세균 및 바이러스저항성이 각각 11종, 다수확용과 해충저항성이 각각 3종, 개화조절, 착색증진 등이 38종의 순으로 나타났다.

요컨대 우리나라는 약 35작물, 111종의 GM 작물(나무 포함)을 연구·개발 중에 있지만, 실제 우리나라 내 영농현장에 개발·보급된 GM 작물은 없다. 그렇기 때문에 2002년 9월 현재 우리나라에서 栽培되는 GM 작물은 없다.[64]

현재 농촌진흥청은 1991년부터 농업생명공학 연구를 착수하여 18품목 45종에 대한 GM 작물을 개발 중이며 아직까지 실용화된 작물은 없으나, 현재 선발 과정이나 안전성 평가 단계에 있다. 국내 대학, 연구소 및 종묘회사 등에서도 연구개발이 이루어지고 있으나 보급 및 판매를 위해 승인된 GM 작물은 국내에 아직까지 없으며, 그간 학회 등에서 보고된 자료는 아래 표와 같으나 사실 확인이 어려운 경우가 많다.[65]

---

64) 한국생명공학연구원, 2003년 바이오안전성백서, 142면.
65) 과학기술부, 2005년 생명공학백서, 99면 이하.

〈표〉 GM 작물 개발 현황: 18작물 45종

구 분	개발 특성
유전자도입 검정단계	카테킨 생산 상추 등 22종
기능 검정단계	비타민 E 강화 들깨, 철분강화 감자 등 19종
안전성 평가단계	제초제 저항성 벼, 들깨, 바이러스 저항성 감자 등 4종

* 4작물은 현재 격리포장에서 농업적 특성, 환경영향 등에 대한 평가시험
을 수행 중에 있으며 3－4년 내에 실용화가 가능

〈표〉 대학 및 민간부문에서 보고된 GM 작물 개발 현황

작물명	개발 특성
벼	제초제저항성, 한발저항성 등 11종
감자	내병성, 살충성 등 6종
고추	전신획득 저항성, 개화 조절 등 5종
당근	가축 세균병 방제 백신 등 2종
사과	개화조절, 착색증진 등 4종
상추	염분, 건조저항성 등 2종
수박	내병성, 내재해성 등 2종
토마토	생산효율 향상, 살충성 등 2종
갓	크롬저항성 등 1종
카네이션	바이러스저항성, 화색변경 등 2종
포플러	중금속저항성 등 2종
현사시나무	중금속저항성, 가뭄저항성 등 2종

2. 遺傳工學 關聯法令의 國內 動向

우리나라는 2000년 9월 '바이오안전성에 관한 카르타헤나의정서'66)에 서명하였으며, 2001년 3월 제정·공포된 '유전자변형생물체의 국가 간 이동에 관한 법률'67)이 바이오안전성에 관한 기본법으로서 역할을 하게 될 것이다. GMO 법률은 의정서의 시행과 유전자변형생물체의 개발·생산·수입·수출·유통 등에 관한 안전성 확보를 위하여 필요한 사항을 정함으로써 유전자변형생물체로 인한 국민의 건강과 생물다양성의 보전 및 지속적인 이용에 미치는 위해를 사전에 방지하고 국민생활의 향상 및 국제 협력을 증진함을 목적으로 하고 있다.

그동안 관계 부처 간 협의를 거쳐 동법 시행령 및 시행규칙, 관련 지침·고시 등이 상당 부분 정비되었고, 이에 따라 지난 2005년 9월 30일에는 동법 시행령이 국무회를 통과함으로써 확정되기에 이르렀다. GMO 법률은 의정서의 국내 이행을 위하여 GMO의 수입 및 생산 승인제도, GMO의 개발·이용에 관한 연구시설의 설치와 바이오안전성위원회를 설치하도록 규정하고 있으며, 이에 GMO의 수입 및 생산승인방법 및 절차에 관한 사항 등 법에서 위임된 사항과

---

66) '바이오안전성의정서(Cartagena Protocol on Biosafety)'는 '생물다양성협약(Convention on Biological Diversity: CBD)' 당사국 총회에서 2000년 1월 29일 채택되었다.

67) 2001년 3월 28일 법률 제6448호 공포. 동법은 단순히 '바이오안전성의정서'의 이행이라는 단순한 차원을 넘어서 유전자변형생물체의 안전성 확보에 관한 기본법적 성격을 가지고 있다. 그래서 유전자변형생물체의 비의도적인 방출위험을 사전에 차단하기 위하여 실험실에서 안전성 확보에 관한 규정도 포함하게 되었다. 또한 동법의 규율범위를 외국에서 우리의 영토로 유입되는 유전자변형생물체의 안전성 확보 외에 국내에서 개발·생산·유통되는 유전자변형생물체에까지 확대함으로써 이 법률은 유전자변형생물체의 인체·환경에 대한 안전성 확보를 위한 기본법이 되고 있다. 한국생명공학연구원, 2003년 바이오안전성백서, 158면.

그 시행에 있어 필요한 사항을 금번 확정된 시행령에서 정하였다.

시행령의 주요 내용을 살펴보면, GMO의 용도에 따라 관계 행정 기관의 업무를 구분하였으며(시행령 제2조), GMO 수입 및 생산 승인(5조 내지 15조), 위해성 심사(16조, 17조), 연구시설 허가(23조), 바이오안전성위원회(28조, 29조) 등을 규정하여 GMO의 안전성 확보 조치를 위한 근거를 마련하였다.

한편 농림부는 GMO 법률 및 농산물품질관리법에 의거하여 농업·임업·산림용 GMO의 연구개발, 생산, 유통 등 단계별로 산하 기관 간 업무분담을 통해 GMO의 효율적인 안전관리체계를 구축해 왔다. 구체적으로는 농업연구 관련 GMO의 실험실 안전관리, GM 농산물의 환경위해성 평가심사, GM농산물의 수출입 및 생산 승인, GM 농산물의 취급관리, GM 농산물의 국경감시, GMO의 표시제 등을 들 수 있다. 또한, 농림부는 수입농산물의 수급상황을 고려하여 우리나라에서 유통되고 있거나, 유통될 가능성이 있는 대부분의 GM 농산물의 환경위해성 심사를 마친 상태이거나 일부 진행 중에 있다.

그런데 국회에서 의정서 비준이 곧 이루어질 경우, 의정서와 동시에 발효될 GMO 법률 및 동법 시행령, 시행규칙을 근간으로 하여 우리나라의 바이오안전성 관리가 이루어질 예정이다. 그러나 아직 동법이 발효되지 않았기 때문에 현재는 기존의 관련 법률 및 규정에 의해 다음과 같은 바이오안전성 확보를 위한 국가관리체계가 형성되어 있다.

1) 硏究 및 開發 段階

연구 및 개발 단계에서 GMO를 규제하고 있는 기존의 관리체계
는 존재하지 않는다고 볼 수 있다. 다만, '생명공학육성법' 제15조
및 동법 시행령 제15조의 규정에 의거한 '유전자재조합실험지침[68]'
을 보건복지부 주관하에 1997년부터 시행하고 있으나, 그 실효성은
없다고 판단된다. 이 지침은 그 모법이 생명공학을 육성하는 것에
있다는 것과 지침 위반에 대한 구체적 제재 방법이 명시되어 있지
않다는 점에서 한계가 있다. 또한, 농촌진흥청 훈령으로 '농업연구
관련 유전자재조합체 실험 및 취급규정'(1999년 12월)을 시행하고
있으나 이 또한 그 실효성에 한계가 있다.

2) 生産 및 輸入 段階

식품 및 식품첨가물 등으로 이용되거나 가공되는 GMO(농산물,
축산물, 수산물, 미생물)를 생산 및 수입하는 경우, 그 안전성에 대
하여 식품의약품안전청에서 주관하는 '유전자재조합식품의 안전성
평가심사 등에 관한 규정'(이하 식품심사규정)에 따라 심사받아야
한다. 식품심사규정은 '식품위생법' 제15조의 규정에 의한 강제규정
으로 2004년 2월 27일부터 시행된다. 이전에 시행되었던 임의 규정
'유전자재조합식품·식품첨가물 안전성 평가자료 심사지침'에 의해
이미 안전성 확인을 받은 경우, 식품심사규정에 의하여 평가를 받은
것으로 간주하며, 현재 심사가 진행 중인 품목에 대해서는 식품심사
규정에 의해 심사가 진행 중인 것으로 간주된다.

---

68) 1997년 4월 22일 보건복지부고시 제1997-22호.

수입 또는 국내 생산된 GM 농산물로서 재배용뿐만 아니라 식용, 사료용 등으로 사용되어 원형 상태로 국내 환경에 방출될 우려가 있는 경우, 농림부(농촌진흥청)에서 관할하여 2002년 1월부터 시행하고 있는 'GM 농산물의 환경위해성평가심사지침[69]'(이하 농산물 환경위해성지침)에 의한 환경위해성 심사를 받을 수 있다. 이는 임의 규정으로서 반드시 환경위해성 심사를 받을 필요는 없으나, GMO 법률이 발효될 경우, 이를 모법으로 한 강제규정으로 전환될 가능성이 많아 몇 가지 품목에 대한 심사 신청이 접수되어 있다. 심사 중인 농산물 품목은 모두 재배용이 아니며, 그중 몇 개 품목은 이미 식품의약품안전청 규정에 의한 안전성 확인을 받은 상태이다.

3) 流通 段階

GMO 및 제품에 대한 유통을 관리하기 위하여 관련 표시제가 실시되고 있다. '식품위생법' 제10조에 근거하여 식품의약품안전청 주관으로 2001년 7월부터 시행하고 있는 '유전자재조합식품 등의 표시기준'[70]에 따르면 유전자 재조합된 콩, 옥수수, 콩나물, 감자를 원료로 한 콩가루, 두부, 옥수수가루 등 27가지 가공식품에 그 표시를 하여야 한다. 구체적으로는 제품의 용기나 포장에 바탕색과 구별되는 색깔과 활자로 주 표시 면이나 원재료명 옆에 유전자재조합 식품임을 표시하여야 한다. 하지만, 유전자재조합 DNA나 단백질이 남아 있지 않는 경우 또는 사료의 경우에는 표시 대상에서 제외된다.

또한 농림부에서는 '농산물 품질관리법' 제16조에 근거하여 콩,

---

69) 2002년 1월 9일 농림부고시 제2002-2호.
70) 2001년 7월 12일 식품의약품안전청고시 제2001-43호.

옥수수, 콩나물, 감자에 대해 유전자변형 여부를 표시해야 하는 'GM 농산물 표시요령'[71]을 2001년 3월부터 시행하고 있다. 포장하지 아니하고 판매하는 경우는 푯말, 안내표지판 등으로 표시하고, 포장하여 판매하는 경우는 식별이 용이한 위치에 쉽게 알 수 있는 활자체와 크기로 표시하여야 한다. GMO 법률이 발효될 경우 동시에 'GM 수산물의 표시 대상 품목 및 표시요령'[72]도 시행된다.

표시제 실시 이후에 우리나라에 유전자변형 표시를 하고 수입된 GMO 및 제품이 있다. 하지만 수입된 대부분의 콩과 옥수수가 식용유, 전분 등의 고도로 정제된 가공식품의 원료로 사용되고, 그 찌꺼기는 가축 사료의 원료로 이용되기 때문에 표시 대상에서 제외되며, 따라서 소비자들이 매장에서 유전자변형이 표시된 제품을 찾아볼 수는 없다.

마지막으로 2002년 3월부터 공정거래위원회에서 시행하고 있는 '중요한 표시·광고사항 고시'[73]의 <Ⅲ-1 유전자변형 물질 분야의 중요정보>에 따르면 유전자변형 표시 대상이 되는 제품에 대해서는 그 사실을 반드시 광고내용에 포함하여야 한다.

3. 示唆點

지난 2년여의 논쟁과 합의 과정을 거쳐 2004년 11월 26일 독일

---

71) 2000년 4월 22일 농림부고시 제2000-31호.

72) 2002년 12월 31일 해양수산부고시 제2002-113호.

73) 개정 2002년 3월 5일 공정거래위원회고시 제2002-3호.

의회는 책임에 대한 규정을 강화하고, 共存 規定을 제정할 것을 요구하는 것을 주요 내용으로 하는 유전공학법을 통과시켰다. 이 법률은 2005년 1월 1일부터 시행되었다. 그러나 이와 같은 독일의 유전공학법에 대해서는 유럽연합 집행위원회와 농산업계의 반발이 심해 시행 과정에 많은 논란이 예상된다. 이러한 논란은 바로 우리에게 시사하는 바가 크다고 할 것이다.

집행위원회에서 가장 우려하고 있는 부분은 'EU지침 2001 / 18보다 훨씬 규제가 엄격한 共存 관련 규정이다. 집행위원회는 유전공학법이 non - GMO 농민들에게 너무 편향적인 내용을 담고 있음을 지적하고 있다. 예를 들어 법률 제16c조에서는 GMO 품종 생산 농민들이 주변의 non - GMO 농민들의 생산시스템에 GMO 형질이 혼입되지 않도록 보장하는 조치를 취할 것을 규정하고 있다. 이 조항에 따른 조건과 벌칙에 의하면 농민들이 GMO 품종을 재배한다는 것은 불가능하다는 것이다.

집행위원회는 이와 같은 법률 내용이 결국 GMO 재배농민들에게 불공정하고 불균형적인 상황을 초래할 수 있음을 지적하고 있다. 집행위원회의 입장은 GM 작물을 생산하고 싶은 농민의 권리를 법률에서 보장해야 한다는 것이다.

또한 집행위원회는 과도한 책임 규정에 대해 문제점을 지적하고 있다. 주변 농지에 GMO 형질이 우발적으로 혼입되었다고 이에 대한 책임을 우수농산물 생산기준을 준수하고 있는 독일 농민에게 부여해서는 안 된다는 것이다.

이번 법률에 따르면 우발적 혼입을 유발한 GMO 꽃가루가 그 농지에서 발생했든지, 아니면 다른 농지에서 발생했든지 상관없이 GMO 생산농민은 그에 대한 경제적 피해 배상의 책임을 지게 된다. 집행위원회는 이러한 규정이 너무 과도하며, 예측할 수 없는 위험을 내포하고 있음을 지적하고 있다.

더불어 집행위원회는 독일의 법률이 EU의 0.9%보다 엄격한 최대 혼입비율을 규정하고 있음을 문제 삼고 있다. 이 법률에서는 주변 농가에서 0.9%보다 낮은 혼입비율을 정하고, 그러한 농산물 공급 계약을 했을 때(예를 들어 유기농산물), GMO의 우발적 혼입에 따른 피해가 발생했을 경우, GMO 생산농가에서 피해를 보상하여야 한다(0.9%보다 낮은 혼입이었다 하더라도 주변 농가에서 계약된 비율보다 많이 혼입되어 경제적 피해가 발생했을 경우). 최대 혼입비율을 정하는 것은 개별 회원국 수준이 아닌 EU 차원의 권리이자 의무라는 것이 집행위원회의 주장이다.

그러나 이러한 유럽연합 집행위원회의 주장에도 불구하고 새로 개정된 유전공학법은 향후 한국에서의 입법에서 법 정책적으로 커다란 참고가 될 것으로 예상된다. 특히 선진국들은 이미 GMO와 관련한 국내법령을 완비하여 GMO로부터 보호를 받고 있지만, 개도국들의 경우에는 국내 체제구축 등의 미비로 무방비상태라는 점이 국제적으로 우려를 낳고 있다는 현실에서 더욱 그렇다.

V. 結論

GM 식품 및 사료에 대한 표시요건이 규정되어 있는 EU역내시장에서 GM 작물의 꽃가루가 날아다니면 재래작물을 생산하고 싶은 농민들에게는 경제적인 피해가 나타날 수도 있다. 共存이라는 것은 표시나 순도 기준과 같은 법적 요건을 준수함에 있어 농민들이 GM 작물, 재래작물, 유기작물 사이의 현실적인 선택권을 가질 수 있는 가에 관한 것이다.

농민들은 자신들이 선호하는 경작방식을 선택할 수 있어야 하며, 이미 자신이 구축해 놓은 경작방식을 바꾸도록 강요받아서도 안 된다. 일반 원칙에 따르면 어떤 지역에 새로운 생산방식이 도입되기 시작하는 단계에서는 그러한 신종방식을 도입한 농민이 다른 작물과의 혼합을 막을 수 있는 조치를 취할 책임이 있다.

共存을 보장하기 위한 관리조치의 개선을 위해서는 지속적인 모니터링과 평가, 그리고 그에 따른 최선의 경작방식을 때에 맞춰 공유하는 것이 매우 필요하다. 최우선순위는 이웃 농가 사이의 조화를 위한 조치, 그리고 농가수준의 관리조치에 두어야 한다. 이러한 조치들이 共存을 보장할 수 없음이 증명된다면, 지역 차원의 조치, 예컨대 해당 지역에서는 특정 GMO를 경작하지 못한다는 조치도 고려할 수 있지만, 이와 같은 조치는 共存을 보장하지 못하는 특정 작물에만 적용되어야 하며, 적용되는 지리적 범위도 되도록 축소해야 한다. 조치가 시행되는 지역을 넓히는 것은 작물에 따라, 생산방식에 따라 하나하나의 정당한 근거가 있을 때만 가능하다. 예컨대 종자 생산과 작물 생산은 구분해서 판단해야 한다.

새로 개정된 독일 유전공학법의 주요내용은 다음과 같다. 즉, (1) GMO의 만성적 우성으로부터 비유전공학농업의 보호, (2) 농업유전공학을 통해 본질적으로 침해가 있는 경우 손해배상요구의 수행을 용이하게 하는 명확한 책임규정, (3) GM 작물의 연방등록제도는 보다 더 개선된 투명성을 제고한다는 점, (4) GMO 등록에 대해 생태적으로 민감한 지역의 보호를 위한 보다 더 개선된 규정들, 그리고 (5) GMO·종자·제공자의 생산정보의무와 관련한 우수생산물 생산의 유지를 위한 구체적인 규정들은 법적 안전성을 가져온다는 점 등이 바로 그것이다.

특별히, 본 연구는 환경침해에 있어서 결함 있는 책임규정, 공존규정들의 결함 있는 심사규정, 생태적으로 민감한 지역 및 비유전공학 지역에 있어서 결함 있는 재배금지규정 그리고 파종작물 생산의 경우에 결함 있는 특별한 보호규정을 비판적으로 지적하고 있다.

새로 개정된 유전공학법은 다른 유럽국가 및 한국에서 입법정책적으로 커다란 영향을 미칠 것으로 예상된다.

| 參考文獻(Literatur) |

I. 국내문헌

김남진 / 김연태, 「행정법(II)」, 법문사, 2004.
고영훈, 「환경법」, 법문사, 2002.
과학기술부, 2005년 생명공학백서
류지태, 「행정법신론」, 신영사, 2005.
법제처, 월간법제, 2005년 11월 통권 제575호.
석종현, 「일반행정법(하)」, 삼영사, 2001.
천병태 / 김명길, 「환경법」, 삼영사, 2004.
한국생명공학연구원, 2003년 바이오안전성백서.
홍정선, 「행정법원론(하)」, 박영사, 2005.

II. 외국문헌

Arndt, in: Steiner(Hrsg.), Besonderes Verwaltungsrecht, 7.Aufl., 2003.

Badura, Die Standortentscheidung bei der Unternehmergenehmigung mit planungsrechtlichem Einschlag, BayVBl. 1976.

Bender / Sparwasser, Umweltrecht, 2. Aufl. 1990.

Börger, Genehmigungs – und Planungsentscheidungen unter dem Gesichtspunkt des Gesetzesvorbehalts, 1987.

Ehlers, Wirtschaftsaufsicht, in: Achterberg / Püttner, Besonderes Verwaltungsrecht, Bd. 1, 1990.

Fritsch / Haverkamp, Das neue Gentechnikrecht der Bundesrepublik Deutschland, BB 1990.

Gerlach, Das Genehmigungsverfahren zum Gentechnikgesetz, 1993.

Graf Vitzthum / Geddert−Steinacher, Der Zweck im Gentechnikrecht, 1989.

Hirsch / Schmidt−Didczuhn, GenTG, §13.

Jarass, Die Vorgaben des europäischen Gentechnikrechts für das deutsche Recht, NuR 1991.

Kaiser−Bauer / Dederichs, Schutz von Mensch und Umwelt. Das Gentechnik−Gesetz. Konzeption: Presse−und Informationsamt der Bundesregierung, 1990.

Kloepfer, Umweltrecht, 3.Aufl., 2004.

Kraatz, Die Zweckambivalenz des Gentechnikgesetzes: der Schutz−und Förderzweck in § 1 GenTG, 1993.

Richter, Gentechnologie als Regelungsgegenstand des technischen Sicherheitsrechts, 1989.

Ricke, Gentechnik und Umweltverträglichkeit, 1994.

Ronellenfitsch, Fachplanung und Verwaltungsgerichtsbarkeit, in: Festschr. f. Blümel, 1999.

_____, Das atomrechtliche Genehmigungsverfahren, 1983.

Turck, Der Anlagenbegriff nach dem Gentechnikgeesetz, NVwZ 1992.

Vogel, Allgemeine Gewerbefreiheit, Die Reformpolitik des preußischen Staatskanzlers Hardenberg(1810−1820), 1983.

Wahl, Genehmigung und Planungsentscheidung, DVBl. 1982.

____, in: Landmann / Rohmer, Umweltrecht, Bd. IV, Stand 2001, 10.1, § 1.

Marginal Improvement on Biotech Regulations in Germany, USDA GAIN Report Number: GM5013.

www.nias.affrc.go.jp, 일본 농업생물자원연구소(NIAS)EU의 GM 작물과 non−GM 작물의 共存方案, News 18(2005.9.).

立川 雅司, 일본 농업생물자원연구소, 연구자료 제5호, 2005년 8월.

제7장

遺傳子變形生物體(GVO)로서의 人間과 遺傳子治療

I. 들어가는 말

遺傳工學(Gentechnik)[1]을 인간에 대해서 적용하는 것에 관한 논쟁처럼 그렇게 개방적이게 이데올로기적으로 도출되는 또 다른 논쟁은 거의 없다.[2] 종교적 강경론자는 창조신앙과 우주이성이 위험에 처했다고 간주하고, 종말 노이로제 환자는 불안에 떨게 되고, 위선자와 선동가는 지속적으로 의도된 위장정보를 갖고 있는 주민의 불편한 심기에서 이득을 본다.[3] 신학자와 철학자는 윤리적 문제에 있어서 충고를 한다. 아주 자주 絶對性 要求(Absolutheitsanspruch)를 갖고 부여된 대답은 다음과 같이 암시한다. 즉, 倫理的 多元主義(ethischer Pluralismus)는 이와 관련하여 수용할 수 없다는 것이다. 심지어 평상시 주의 깊게 신중히 검토하는 법률가들조차도 人間遺傳學(Humangenetik)의 모든 가지에 있어서 '倫理的 最小限' (ethisches Minimum)을 강력히 요구하기 위하여 지체 없이 인간존엄성을 상기시킨다.[4] 독일 연방의회가 '現代醫學에 관한 法과 倫理'(Recht und

---

1) 졸고, 생명공학 분야에 있어서 시설물허가의 기원과 법적 성질, 토지공법연구 제25집 2005년 2월, 599 이하.

2) Bach(Hrsg.), Auf dem Weg in die totale Medizin? Eine Handreichung zu "Bioethik", 1999.

3) Dietrich, Die Würde des Menschen ist antastbar, FAZ 71 / 24.3.2001, S.1.

4) Fuchs, Patentrecht und Humangenetik, JZ 1999, 597ff.

Ethik der modernen Medizin)를 다루는 앙케트 - 위원회(Enquete - Kommission)를,[5] 그리고 연방정부가 '國家 倫理諮問委員會'(Nationaler Ethikrat)를[6] 설치한 것은, 만약 그들에게 단지 알리바이 기능 (Alibifunktion)만을 맡기는 것이 아니라면, 바로 불안함의 표시이다. 논쟁은 표면적으로는 순수하게 人間中心的(anthropozentrisch)으로 유도된다. 건강한 아이들에 대한 희망과 유전병 치료 및 예방은 복제 인간과 유전자 조작된 아이 기계(Kindermaschinen)에 대한 공포와 갈등관계에 있다. 遺傳子 操作된 人間(gentechnisch veränderter Mensch)이 자기 이웃과 環境에 어떤 影響을 끼칠지도 모른다는 觀點은, 비록 보통 리스크 평가가 遺傳工學의 핵심이지만, 후퇴한다.[7] 결국 이러한 관점에 대해서는 다음과 같은 이유 때문에 그 관심의 방향이 조정되어야 한다. 즉, 만약 국제적으로 댐들이 이미 터졌다면 독일은 댐 붕괴 논쟁으로 후퇴할 수는 없기 때문이다. 연방 공화국 같은 개방된 국가에서 인간 유전학을 엄격하게 취급하는 것은 그것과 관련한 이용과 기회의 관점에서 고수할 수 없다. 그러면 중요한 것은 인류를 위한 人間遺傳學의 위험이 아니라 오히려 구체적 이웃과 환경을 위한 生命工學의 리스크이다. 바이오醫學論爭(Biomedizinkontroverse)은 일반적인 技術論爭(Technikkontroverse)의 일부분이다.

본 연구는 遺傳子變形生物體(gentechnisch veränderter Organismus: GVO)로서의 人間과 관련하여 독일에서의 논의를 중심으로, 먼저

---

5) Vgl. Maintz, Der Bundestag und die Gentechnik: Debatte über das Bild des Menschen, Blickpunkt Bundestag 6 / 2000, S.5ff.

6) 여기에 비판적인 것으로는 FAZ 102 / 3.5.2001, S.1; Kamann, Das bombastische Forum, DIE WELT 4.5.2001, S.29.

7) Vgl. nur Tünnesen - Harmes, Risikobewertung im Gentechnikrecht, 2000.

바이오醫學論爭 그리고 法的 規定 프로그램을 고찰하고 마지막으로 과연 遺傳子治療[8])를 체세포 유전자치료와 생식세포 - 유전자치료로 구분하여 각각 獨逸 遺傳工學法(GenTG)[9])에 적용할 수 있는지에 관하여 고찰하는 것을 목적으로 한다. 독일 공법의 강한 영향하에 있는 우리나라 공법과 공법학에 있어서도 바이오 의학의 경우 특히 유전자 치료와 관련하여 앞으로 21세기 우리 자신의 공법을 구축하는 데 있어 독일에서의 논의가 示唆하는 바가 자못 클 것이다.

Ⅱ. 바이오醫學論爭[10])

1. 技術論爭

바이오醫學에 대한 論爭은 技術의 機會와 리스크에 대한 과거 논쟁의 잘 다듬어진 전례에 따른다. 18세기에 행해진 기술에 대한 승리의 길은 지나간 세기에 점차로 약해진 科學技術에 대한 樂觀論과 관련을 맺고 있었다. 기술의 축복, 자연에 대한 인간의 승리로 간주된 것은—자연력, 궁핍 그리고 전염병에 대한 안전. 평균 생활기대

---

8) 김정순, 생명공학기술적용의 법적 문제—인체유전자치료·분석을 중심으로—, 법제연구 제16호, 155면 이하; 이종영, 유전자치료의 법적 문제, 법제연구 제20집, 39면 이하.

9) 특히, 독일은 1990년 6월 20일에 유전공학기술의 규율에 관한 법률(Gesetz zur Regelung der Gentechnik; Gentechnikgesetz - GenTG)을 제정하였다(BGBl. 1990 I, S.1080; BGBl. 1993 I, S.2066; BGBl. 2002 I, S.3220; BGBl. 2004 I, S.186).

10) Ronellenfitsch, in: Eberbach / Lange / Ronellenfitsch, Gentechnikrecht - Biomedizinrecht, Losebl., Vorbem. BioMedR(1997ff.); ders., Zur Freiheit der biomedizinischen Forschung, in: Jahrb. des Umwelt - und Technikrechts 2000; ders., Forschungsfreiheit und biomedizinische Forschung, 2001.

의 고양, 증가하는 생활수준, 인간존엄적 근로수준, 이동, 여가 그리고 커뮤니케이션의 가능성―서구 산업국가에서 당연한 것으로 받아들여졌고 비록 몇몇 문명화된 생활이 현대 자연과학, 기술 그리고 의학의 성과 없이는 생각할 수 없을지라도 그것은 다만 아직 미미하게 평가받는다. 문명은 문명적 리스크를 의미한다. 필연적으로 否定的 結果들은 기술적용과 관련된다. 세계전쟁 이후 재구조화 단계에서는 그런 부정적 결과들이 대수롭지 않다고 여긴 반면에 지난 세기의 후반에는 단지 環境 保護의 利益만을 심사숙고하지는 않았다. 그 외에 많은 사람들은 현대 기술의 부정적 결과들은 감당할 수 없게 되었다는 것을 믿기 시작했다. 리스크 사회의 슬로건이 유행하기 시작했다. 일련의 큰 技術 事故 이후에 넓은 크라이스(Kreis)에 있어서 기술 시설의 실패는 자연재해로 나쁘게 인식되었다. 사람들은 실업, 전통적 가치관의 붕괴, 환경파괴, BSE - 위기[11]에 대한 책임을 산업 사회에 지웠다. 저항 운동에 있어서 反 - 원자력 평화 운동의 연합은 폭력 행사에 대해 뒤로 물러나지 않았다. 모든 법적 방지 및 지연 수단의 사용은 특별히 효과적인 저항 형태를 보여 주었다. 法律家들(Juristen)은 기술논쟁(Technikkontroverse)의 전선 전투병으로 되었다. 다이나믹한 技術이 靜的인 法의 통제에서 벗어난다는 두려움으로부터 法의 使命과 機能이 논의되었다.

---

11) Mettke, Verlassen von Gott und allen Geistern! ZLR 2000, 799ff. Zur Einordnung der Bovine Spongiforme Enzephalopathie als Tierseuche, VGH Bad. - Württ., Urt. vom 7.12.1999 - 10 S 2690 / 98, NvwZ - RR 2000, 427.

2. 遺傳工學論爭

이러한 불안정한 상황에서 1973년 生命工學 특히 遺傳工學 분야에서 스탠리 코헨(Stanley Cohen)에 의한 遺傳情報의 意圖的 變形에 대한 기초적 발견 이후에 바로 독일에서 산업적 이용이 우선 계속해서 미미했던 과학혁명이 발생했다. 경제는 움츠렸다. '綠色 遺傳工學'(grüne Gentechnik)[12)]에 대한 신앙전쟁은 목소리가 점점 사라졌지만 아직 완전히 극복된 것도 아니다. 예컨대 생태연구소, 환경그룹, 유전공학적 네트워크 등 전문적인 비판자들은 여하 간에 유전공학에 비판적으로 반대 입장에 서 있는 수많은 사회단체가 있다.[13)] 물론 전쟁무대는 人間外의 遺傳子變形生物體로부터 人間遺傳學으로 중심이 옮아 갔다. 일반적인 논쟁은 法的 規定 프로그램에 아직도 여전히 영향을 끼친다.

---

12) 통상 '녹색 유전공학'과 '붉은 유전공학'을 구별한다. '녹색 유전공학'은 주로 농업과 식료품 생산의 분야에서, 그리고 '붉은 유전공학'은 의학 분야에서 적용된다. 이러한 구별은 '붉은 유전공학'을 인간에게 적용하는 데 있어서 법적으로 특별히 다룰 목적으로 수행된다. 졸고, 전게 논문, 601면.

13) Vgl. Willmitzer, Die Gentechnologie und ihre Kritiker, in: Konrad - Adenauer - Stiftung(Hrsg.), Aktuelle Fragen der Politik Bd. 6, 1994, S.7ff.

Ⅲ. 法的 規定 프로그램

1. 遺傳工學法(GenTG)과 遺傳工學指針

(1) 遺傳工學法

遺傳工學 分野에서는 우선 특별한 규범규정들이 빠져 있었다. 그럼에도 불구하고 독일에서 遺傳工學的 硏究는 法으로부터 自由로운 空間에서 진행된 것은 아니었다. 의미에 따라 비교 가능한 생물학적이고 화학적인 연구계획에 대한 규정들이 적용되었다. 더 나아가 遺傳工學作業(gentechnische Arbeiten)을 수행하는 시설의 경우에는 聯邦－임미시온防止法(Bundes－Immissionsschutzgesetz)은 적합한 法的 基礎를 만들었다. 1988년 입법자는 遺傳工學作業을 수행하는 시설들을 許可義務가 있는 施設(genehmigungspflichtige Anlagen)의 카탈로그에 끼워 넣었다. 헤센에서 조금 후에 어떤 그런 종류의 시설이 사실상 허가를 받았을 때 예상처럼 法的 異意 提起가 일어났다. 1989년 11월 6일자 유명한 판결에서 입법자는 遺傳工學에 대해 형식적인 법률로서 근본적인 결단을 행하지 않았다고 暫定的인 權利保護(einstweiliger Rechtsschutz)의 절차에서 헤센行政裁判所(Hessischer Verwaltungsgerichtshof)는 異意를 말했다.[14] 核에너지와 遺傳工學에 대한 법적 병행은 거기에서 도출되는 결론에서처럼 마찬가지로 잘못 선택된 것이었다.[15] 그럼에도 불구하고 遺傳工學에 대

---

14) －8 Th 685 / 89－, NVwZ 1990, 276＝NJW 1990, 336 m. Anm. Deutsch＝DVBl 1990, 63＝UPR 1990, 33＝JZ 1990, 88 m. Anm. Rupp.

15) Vgl. Reuber, Lebens－und Gesundheitsschutz und Gesetzesvorbehalt unter besonderer Berücksichtigung der Gentechnologie, Diss. Köln 1993.

한 특별한 법률에 의한 요구가 당시 시점에서 광범위하게 확산되었다.[16] 이것은 특히 어차피 전환 필요성이 있는 유럽聯合指針(EU-Richtlinien)인 '密閉시스템'(geschlossene System)과 '環境放出'(Freiset-zung)의 작별이 직접적으로 예정되었기 때문에 빨리 결론을 맺으라고 입법자를 강제했다. 遺傳工學法(Gentechnikgesetz)은 알려지지 않은 리스크들의 통제를 보장하였고 동시에 遺傳工學을 가능하게 만들었다. 그 때문에 遺傳工學法 제1조에서는 保護目的과 促進目的이 나란히 함께 존재한다. 총체적으로 규정들로부터 安全 技術上 統制된 遺傳工學이 법적으로 꼭 바라던 것임을 추론할 수 있다. 이미이러한 규정은 정치적으로 심히 논쟁이 되어 왔었다. 그 갈등을 날카롭게 하지 않기 위하여 人間遺傳學(Humangenetik)과 같은 관심 있는 테마를 제외했다.[17] 그러나 그것은 애초에 단지 법률규정에 표현되었다. 遺傳工學法 제2조는 그렇게 정확하지 못했기 때문에 1993년 12월자 법률개정에서 그 규정이 보충되어야 했다. 이제는 다음과 같이 명확히 규정되어 있다. 즉, "법률은 人間에게 遺傳子變形生物體를 적용하는 것에 대해서는 적용하지 아니 한다"[18]라는 것이다.

(2) 遺傳工學指針

그에 반해서 유럽聯合指針(EU-Richtlinie)인 '密閉시스템'(gesc-

---

16) Vgl. Kloepfer / Delbrück, Gentechnikrecht zum Schutze der Umwelt, UPR 1989, 281ff.

17) Vgl. Ruderisch, Rechtliche und rechtspolitische Fragen der Humangenetik, ZRP 1992, 260 ff.

18) § 2 Abs. 3: "Dieses Gesetz gilt nicht für die Anwendung von gentechnisch veränderten Organismen am Menschen."

hlossene System)[19]과 '環境放出'(Freisetzung)[20]은 人間 遺傳學 (Humangenetik)을 명백히 제외하지는 않는다. 그래서 體細胞 遺傳 子治療(somatische Gentherapie)를 통해 인간을 취급하는 것은 이러 한 指針들의 적용 분야에 해당된다.[21]

2. 胚芽保護法(ESchG)과 바이오醫學 - 컨벤션

(1) 胚芽保護法

人間遺傳學 分野에서는 기술통제를 위해서 刑法으로 武裝된 禁止[22](strafbewehrter Verbot)에 대한 진부한 수단이 발굴되었다. 人間遺傳學에 대한 중요한 법적 기초로서는 1990년 12월자 胚芽保護法(Embryonenschutzgesetz)이 적용된다.[23] 胚芽保護法은 형법의 하나이고 그래서 人間遺傳學을 질서 있게 조종하는 것으로서는 적합하지 아니한다. 형법으로서 이 법은 광범위한 규정에 꼭 맞는다고 할 수 없고 이미 과잉 금지의 원칙을 고려하면 결코 '완전하지' 않다고 할 수 없다. 이미 라우프스(Laufs)의 비판은 출발에서 잘못 생

---

19) Richtlinie 90 / 212 / EWG über die Anwendung genetisch veränderter Mikroorganismen in geschlossenen System i.d.F. der Richtlinie 98 / 81 / EG.

20) Richtlinie 90 / 220 / EWG über die absichtliche Freisetzung genetisch veränderter Organismen in die Umwelt i.d.F. der Richtlinie 97 / 35 / EG.

21) Herdegen / Dederer, in: Eberbach / Lange / Ronellenfitsch, aaO, §14 GenTG Rdnr. 46.

22) Vgl. Mersson, Fortpflanzungstechnologien und Strafrecht, 1984. "Verboten" war die Keimbahntheorie freilich bereits durch Nr. 19(3) der Richtlinien zum Schutz vor Gefahren durch in – vitro neukombinierte Nukleinsäuren i.d.F. vom 28.5.1986, BAnz Nr. 109 vom 20.6.1986.

23) Keller / Günther / Kaiser,　Embryonenschutzgesetz,　Komm.　1992;　Wurzel / Born, Embryonenschutzgesetz, BayVBl. 1991, 705ff.

각한 것이다.24) 다만 전체적인 시스템은 완전한 형법을 내포하고 있을 따름이다. 그러나 胚芽保護法은 前 胚芽와 胚芽 段階에서 인간 세포의 연구를 전체적으로 금지하는 것은 아니다. 人間遺傳學의 분야에서 胚芽保護法은 遺傳工學法의 짝으로서 보충적으로 결코 이해될 수는 없다. 오히려 무엇보다도 胚芽保護法에서 규정되지 않고 그래서 금지되지 않은 모든 것은 법적으로 흥미롭다. 왜냐하면 人間遺傳學 분야에서 허용된 활동을 위해서는 規定의 必要性이 바로 존재하기 때문이다. 따라서 人間遺傳學의 허용된 분야를 위해서는 規範化에 대한 문제가 제기된다.

(2) 바이오醫學 - 컨벤션

胚芽保護法에 비교할 수 있는 규정이 유럽 차원에서는 부족하다. 그러나 유럽참사원위원회(Kommission des Europarat)에 의하여 여러 해 동안 바이오윤리 - 컨벤션(Bioethik - Konvention)의 초안이 충고를 받아 작성되었다.25) 그 당시 유럽참사원의 의회회의(Parlamentarische Versammlung des europarats)는 1994년 10월 5일의 인상 깊은 거부 결정 이후 바로 1995년 2월에 초안에 동의하였다. 그 초안은 胚芽保護法보다 더 리버럴하지만 그러나 더 엄격한 국가적 규정을 배제하지는 않는다. 그럼에도 불구하고 그 초안은 분노를 야기하였고 다른 유럽 국가들을 독일 특성에서 치유케 하고 그들에게 자기들의 더 강한 규정들을 강요하는 요구를 동반하였다.26)

---

24) Laufs, Fortpflanzungsmedizin und Menschenwürde, NJW 2000, 2716ff. (2716).

25) Vgl. Köhler, Europäische Bioethikkonvention - Beitritt unter Vorbehalt? ZRP 2000, 8ff.

26) Vgl. Vultejus, Bioethik, ZRP 1995, 49.

3. 規定 缺陷

앞서 말한 실행된 이유에서는 人間遺傳學을 위한 특별한 법적 기초와 그와 더불어 遺傳子治療를 위한 특별한 법적 기초가 부족하다. 조종 도구로서 형법적으로 정돈된 胚芽保護法은 크게 유용하지는 않다. 적어도 罪刑法定主義(nulla poena sine lege)라는 원리는 적용된다. 따라서 人間 胚芽에 대한 研究와 遺傳子治療는 만약 연구와 치료 방법이 胚芽保護法의 형법 구성 요건에 해당하지 않는다면 그 것은 고려된다. 그러면 遺傳工學法에 대한 고려는 포괄적으로 제외된다. 법적인 전체 형상은 다만 人間遺傳學과 관련되는 수많은 모자이크 방식의 法律的 그리고 下位 法律的 規範化의 槪觀에서만 생성된다. 입법자는 고심 끝에 遺傳工學의 통일 규정을 결정할 수는 없었기 때문에 人間遺傳學의 법 소재(Rechtsstoff)는 일목요연하지 않은 것이다.

4. 바이오醫學의 適用分野

人間遺傳學의 적용 분야는 遺傳子分析(Genomanalyse), 遺傳子診斷(genetische Diagnostik) 그리고 遺傳子治療 등이다.[27]

遺傳子프로젝트(Genomprojekt),[28] 遺傳子分析[29] 그리고 遺傳子診斷,[30] 즉 着床前診斷(Präimplantationsdiagnostik)[31] 등은 수많은 법

---

27) Vgl. Kern, Rechtliche Aspekte der Humangenetik, MedR 2001, 9ff.

28) Herdegen, Die Erforschung des Humangenoms als Herausforderung für das Recht, JZ 2000, 633ff.

29) Wasserloos, The Human Analyzed – Der analysierte Mensch, JZ 1999, 297ff.

30) Bericht des Ausschusses für Bildung, Forschung und Technologiefolgenabschätzung:

적 문제를 제기하지만 그러나 인간을 아직 遺傳子變形生物體로 되게 하지 않고 오히려 다만 인간을 遺傳的으로 變形시키기 위한 전제만을 생성할 뿐이다. 遺傳子變形은 서로 다른 목적을 위해 달성될 수 있다. 遺傳子變形은 遺傳的缺陷을 고치는 데 사용되고 여기에서는 바로 遺傳子治療가 중요하다.

Ⅳ. 遺傳子變形生物體(GVO)로서의 人間과 遺傳子治療

1. 出發點

遺傳子治療라 함은 유전적으로 정해진 질병을 치유하기 위해 인간 유전물질, 즉 유전자를 의도적으로 실행하는 변형을 말한다.[32] 오로지 전적인 동기는 치료의 성공뿐이어야 한다. 독일 입법자의 견해에 의하면 遺傳子治療는 遺傳工學과 아무 관련이 없다고 한다. 遺傳工學作業은 遺傳工學施設에서 규칙적으로 수행되고, 가끔 環境放出 試圖로 확장되고 경우에 따라서는 遺傳子變形生物體가 流通되는 것으로 끝을 맺는다. 그런 작업은 독일의 법질서에 의하면 겨우 시작하는 遺傳子治療와 예리하게 구별된다.

Monitoring "Stand und Perspektiven der genetischen Diagnostik" vom 16.11.2000, BT – Drucks. 14 / 4656.

31) Beckmann, Rechtsfragen der Präimplantationsdiagnostik, ZschrLebensrecht 1999, 65ff.
32) Eckard / Bonk, Gentherapie, Bern 1999.

연방의회 앙케트－위원회의 보고서(Bericht der Enquete－Komm-ission des Bundestages), 즉 '遺傳子治療의 機會와 리스크'에 의하면 또한 人間 遺傳子治療를 위한 연방의사협회의 지침(Richtlinien der Bundesärtztekammer)에 의하면 질병을 유발하는 인간의 遺傳素質(Erbmasse)의 變形은 다음과 같은 것을 통하여 달성될 수 있다고 한다. 즉, 첫째로 缺陷 있는 遺傳子(defektes Gen)는 損傷을 입지 않은 遺傳子(intaktes Gen)를 통해서 대체되고(이른바 遺傳子代替: Gensubstitution), 둘째로 需用者 生物體의 遺傳子에 추가로 缺陷 있는 遺傳子를 위해 損傷을 입지 않은 遺傳子가 운반되거나(이른바 追加的 遺傳子移動: additiver Gentransfer), 셋째로 遺傳子의 운반을 통해서 缺陷 있는 遺傳子의 효과가 완화된다는 것이다(이른바 遺傳子補償: Genkompensation).

遺傳子治療의 적용 분야는 遺傳物質의 결함에서 병인이 발견되는 수천 가지 질병들이다. 일시적으로는 遺傳子治療를 위해서 주로 어떤 遺傳子의 잘못된 기능을 통해서 정해지는 질병들이 적합하다. 즉, 예컨대 낫세포빈혈증(Sichelzellenanämie), 동성연예(Homophilie) A와 B 등과 같은 單一 遺傳子에 의해 결정된 질병들(monogene Erkrankungen)이 바로 그것이다.

중요한 의미에 대한 법적 평가를 위해서 體細胞 遺傳子治療(soma-tische Gentherapie)와 生殖細胞－遺傳子治療(Keimbahn－Gentherapie)를 구분한다. 體細胞 遺傳子治療에 있어서는 체세포의 유전적 결함을 고치는 것이 중요하다. 그 침해는 다만 치료받은 개별성에만 관련될 따름이다. 生殖細胞－遺傳子治療의 경우에는 고치는 유전적 침해가 생식세포와 관련을 맺고 있다. 그 고침의 결과는 후속 세대에 계속 유전된다.

2. 體細胞 遺傳子治療

분리 독립된 세포들의 경우에 體細胞 遺傳子治療에서 그 결과로
서 일어나는 遺傳子移轉(Gentransfer)은 환자들의 법적 지위와 관련
하여 관용적인 臟器移植(Organtransplantation)과 비교할 수 있다. 이
점에 있어서는 특별한 법적 문제가 이것과 관련되지 않는다. 합의된
치료적 침해의 규정이 문제 된다. 基本權抛棄의 고도로 정착된 형상
을 요구해서는 아니 된다.[33] 통상적으로는 1989년 遺傳子治療를 위
한 聯邦醫師協會의 指針(Richtlinien der Bundesärtztekammer)을 통
해서 보충된 의사의 치료적 침해의 규정들이 적용된다. 그 指針은
당연한 것들을 표현하고 있다. 즉, 벡터 시스템은 안전해야 하고 생
물체들을 손상해서는 아니 된다는 것이다. 또한 새로운 遺傳子는 안
정적으로 원하는 세포에 통합되고 올바르게 실험되어야 한다는 것
이다. 마지막으로 그것은 미처리의, 무엇보다도 生殖細胞에 도달해서
는 아니 된다는 것이다. 이와 더불어 물론 이웃과 환경보호도 언급
되고 있다. 여기에서 臟器移植과 유사한 점을 간단하게 끌어낼 수는
없기 때문에 충분한 보호가 보장되는지의 여부가 문제 되고 있다.

---

33) Eppelt, Grundrechtsverzicht und Humangenetik: der Verzicht auf Grundrechte,
   insbesondere im Rahmen der Einwilligung in die Anwendung neuerer
   humangenetischer Diagnose - und Therapieformen, 1999.

3. 生殖細胞 - 遺傳子治療

(1) 問題 提起

生殖細胞 - 遺傳子治療(Keimbahn - Gentherapie),[34] 간단히 生殖細胞治療에 대해서는 로넬렌피치(Ronellenfitsch) 교수가 1989년 다음과 같이 언급하였다.[35] 즉, "生殖細胞 遺傳子移動에 있어서는 모든 후손들을 위한 遺傳情報가 조작된다. 그래서 남용 가능성이 특별히 중대하게 문제 된다. 그동안 抑壓的 禁止는 중대한 단일 유전자에 의해 결정된 遺傳的 苦痛을 방지할 기회를 제거할지도 모른다. 일차적으로 헌법적 관점에서 아직 논의의 필요성이 있다."라는 것이다.

그 논의는 몇몇 예외[36]를 제외하고 실제로 거부되었다. 그 테마는 터부시되었다.[37] 抑壓的이고 刑法的인 禁止를 결정하였다.[38] 이제 이미 생물학적 관점에서 生殖細胞 - 遺傳子治療는 불확실한 계획이다. 왜냐하면 특히 이동된 遺傳子의 행동이 겨우 생애 동안 그리고 아마 나중에도 역시 전부 파악될 수 있기 때문이다. 또한 부수 효과도 아마 후세대에 비로소 발생할 것이다. 그러나 이러한 불확실성을 가지고 生殖細胞 理論이 전문 분야에서 포괄적으로 완전히 침묵

---

34) W. Bender(Hrsg.), Eingriffe in die menschliche Keimbahn: naturwissenschaftliche und medizinische Eingriffe: rechtliche und ethische Implikationen, 2000.

35) Ronellenfitsch, Die Bewältigung der wissenschaftlichen und technischen Entwicklung durch das Verwaltungsrecht, DVBl 1989, 851ff.

36) Daniela Voss, Rechtsfragen der Keimbahntherapie aus dem Jahr 2000, Bd. 3 der Schriften zum Planungs -, Verkehrs - und Technikrecht, 2001.

37) Vgl. Bonnicksen, The politics of germline therapy, Nat. Gent. 1998, 10ff.

38) 스위스에서의 상황도 유사하다(Vgl. Art. 36 FmedG). 즉, 헌법개정(Verfassungsänderung vom 17.5.1992 in Art. 24 novies BV)을 통해서 인간 생식세포와 배아의 유전소질에 대한 침해는 허용될 수 없다고 설명되었다.

하지는 않았다. 오히려 공개적으로 감정에 치우친 遺傳工學論爭에서는 잠자는 개를 깨우지 못했다. 인간 生殖細胞－遺傳子治療는 아직까지는 실행될 수 없는 것으로 간주되었다는 점에서 진정되었다. 그러나 胚芽保護法은 그 당시 자기의 형태에서 生殖細胞－遺傳子治療가 언젠가 실행될 수도 있다는 것을 방해하였다. 遺傳子治療의 효과적인 개발을 위한 길에서의 모든 발걸음은 실험 목적으로 胚芽를 사용하기 위하여 금지의 해제로 이끌어야 한다는 걱정이 그 배경이 되었다. 胚芽保護法에 의하면 실험실에서의 인공 배양은 다만 임신의 초래에 대하여 정당화하기 위한 것이다. 더 나아가 두려운 것은 치료적 교정으로부터 인간 배양으로의 이행이 원활하게 되지나 않을까 하는 점이다.[39)]

生殖細胞－遺傳子治療에 반대하는 모든 사고에도 불구하고 胚芽保護法에서 엄격한 금지는 다만 국제적 개발로부터 독일의 연결 제거라는 관점에서만 받아들일 수 없는 것은 아니다. 오히려 그 엄격한 금지는 헌법에 위반된다. 胚芽保護法 제5조는 치료적 조치들을 위한 전제인 연구를 제한한다. 그러나 연구의 자유[40)]에 대한 제한은 다만 특별히 상위의 헌법적 이익에 대한 보호를 위해서만 허용될 수 있다. 사실 상위의 헌법적 이익은 의학적 연구[41)]에서 손실을 당할 위험에 처해 있다. 즉, 의학적 연구는 바로 상위의 헌법적 이익을 건 모험인 것이다. 윤리적 표준은 2000년 10월 헬싱키 세계 의사 협회의 개정된 선언으로부터 결과로서 나온다.[42)] 어쨌든 연구

---

39) Strachan / Read, Molekulare Humangenetik, 1996, S.704.

40) Dettinger－Klemm, Grenzen der Wissenschaftsfreiheit, 1990.

41) Vgl. Keller, Das Recht und die medizinische Forschung, MedR 1991, 11ff.

42) Abgedruckt in: NJW 2001, 1774ff.

의 자유라는 이름으로 인간 생명을 파괴해서는 아니 된다고 한 점은 너무나 당연한 일이다. 그러나 그럼에도 불구하고 과연 언제 인간의 생명이 시작하는가라는 의문이 제기될 것이다.[43] 그래서 다만 인간 개체의 생명만이 보호받는다고 주장할 수 있는 것은 생명 보호는 배양된 난세포(Eizelle)의 개체화 시점으로 옮겨지게 되고, 그리고 그것은 빨라야 수정란의 자궁 내 착상(Nidation)의 시점이다.[44] 나아가 상위 헌법적 이익으로서 아직 태어나지 않은 자에 대한 존엄성이 인용된다. 生殖細胞에서의 유전자 이동은 기본법 제1조 제1항에 반하여 부딪힌다. 왜냐하면 그 遺傳子·移動은 '위조 또는 복제를 통해서 인간의 최고 인격적, 고유 특성의 인격과정'을 빼앗아 가기 때문이다.[45] 그러나 개체보호의 중심 이동은 물론 이 점에 있어서 분명해진 것은 아니다. 필경 아이들은 자기들의 출생에 대해 항상 낯선 행동의 대상들이다. 결국 물론 특히 인간이 생명을 탄생시킨다는 것은 다만 생산의 한 형태일 뿐이다. 자기 부모가 生殖細胞－遺傳子治療를 떠맡은 아이들의 인간 존엄성은 부모의 파트너 선택을 통해서 이미 언급된 것이다. 즉, 아무도 자기들의 遺傳子 자체를 골라낼 수는 없다. 따라서 대상 형식을 사소한 일로 축소 왜곡해서는 아니 된다.[46] 기본법 제1조 제1항에 의한 포섭의 경우에 대상 형식의 발견적 이용은 논쟁의 여지가 없다. 그러나 그 형식의 뒤에는 추상적으로 세계에 적용될 수 있는, 인간 존엄성의 인적 관련을 부정하고 개별적으로 바로 그것을 통하여 '가치 실현자'의 대

---

43) Kluge, Wann beginnt das menschliche Leben? Zur aktuellen Diskussion, 1992.

44) Isensee, Die alten Grundrechte und die biotechnische Revolution, in: Festschr. F.Hollerbach, 2001, S.251ff.

45) Laufs, a.a.O, NJW 2000, 2716ff.

46) Vgl. Graf Vitzthum, Gentechnologie und Menschenwürdeargument, ZRP 1987, S.854ff.

상으로 만드는 절대적 가치에 대한 고백이 다양하게 숨겨져 있다. 인간 존엄성의 인적 관련적 개념에 대해서는 이러한 다만 실제 존재하는 인간만이 어울린다. 그것에 의하면 인간은 生殖細胞-遺傳子治療를 가지고 변형될 수 있는 인간 밖에 놓여 있는 목적이 수행될 때만 다만 대상이 될 수도 있다는 것이다. 그러나 그것은 사정이 그렇지 않다.47) 만약 인간의 고유 가치를 고려하면 생식세포 이론은 인간 존엄성에 반해서 부딪히지 아니한다.48) 다른 한편 연구의 자유 자체 이외에 연구를 위한 상위의 헌법적 이익도 마찬가지로 生殖細胞治療의 전제로서 언급된다.49) 그래서 환경뿐만 아니라 후세대도 마찬가지로 보호하는 기본법 제20a조는 국가 목적과 이와 함께 헌법적 임무를 추론할 수 있고 遺傳疾病을 퇴치하려고 효과적으로 노력할 수 있다는 것이다. 만약 胚芽保護法 제5조의 금지가 예방적으로 生殖 細胞治療의 방해를 겨냥하여 목표로 삼는다면 그러면 그것은 정말 헌법 위반이다. 즉, 기본법 제2조 제2항에 의한 생명권은 질적인 특징을 갖고 있지 아니 한지의 여부는 의문이다. 출생50)에 대해서 문제가 제기된다. 만약 아무도, 물론 산모가 아닌, 태아를 손상해서는 아니 된다면, 만약 의문의 여지없이 예를 들어 지나친 정제-51) 또는 마약 소비에 반대하는 국가 조치가 태아의 보호를 위해 산모에게 허용될 수 있다면 그러면 마찬가지로 부모의 동의를 동원하여 遺傳疾病에 맞서도 좋은 것이다. 물론 生殖細胞-

---

47) Heyd, Dignity in Gen-ethics, in Jb f. Recht und Ethik, 1999, 67ff.

48) Hilgendorf, Die missbrauchte Menschenwürde, in: Jb f. Recht und ethik, 1999, 137ff.

49) Pfalz, Medizinische Forschung im Spannungsfeld von Staat und Gesellschaft, Basel, 1989.

50) Schlund, Grenzen ärtztlicher Behandlungspflicht bei schwerstgeschädigten Neugeborenen, ArztR 1991, 109ff.

51) Vgl. Falk, Arzneimittel in der Schwangerschaft. Erfahrungen bei der Aufklärung über Fehlbildungsrisiken, DtApothekerZ 1994, 29ff.

遺傳子治療는 유전적으로 아픈 후손의 예방으로서 임신 중절보다 선호될 수 있다. 만약 기본법 제6조 제1항이 법 제도로서 가족을 보장한다면 가족을 설립하기를 원하는 것도 헌법적으로 보호되어야 한다. 그 때문에 生殖에 대한 희망에 있어서 간단히 침해될 수는 없는 것이다.[52] 만약 遺傳疾病의 호모 접합의-열성의-특성 주체인 책임 의식 있는 부모는 生殖細胞-遺傳子治療의 금지를 통해서 사실상 아이들을 생산할 기회를 빼앗기게 된다. 遺傳疾病은 피할 수 없는 운명일지도 모른다. 그것은 금지로 간주되지 아니한다. 게다가 生殖細胞-遺傳子治療의 금지를 통해서 비례의 원칙이라는 헌법 원리는 손상을 입게 된다. 그 금지는 적합하지 않고, 필요하지도 않으며 또한 상당하지도 않다는 것이다. 형벌 구성 요건은 아무 소용도 없다. 왜냐하면 다른, 주로 법치 국가적인 헌법 주들에서 受精卵 胚芽 硏究까지는 허용될 수 있고 국제적인 밀접한 관련에서 대기업들이 자기들의 연구를 외국으로 옮길 수 있기 때문이다. 연구 분야에서 지나친 胚芽 硏究와 落胎 自由化 사이의 가치모순은 어차피 명백하다. 그것의 핵심이 낙태를 위법하다고 설명하지만 불법[53]으로 다루지 않는 점에 있는, 1993년 5월 28일 연방헌법재판소의 두 번째 낙태판결[54](Abtreibungsurteil)에서 생명권에 대한 고백은 충돌하는 법익에 대한 형량 결정이 중요하다[55]는 것을 다만 감추고 있다. 그러나 그것은 바로 胚芽 保護에 적용된다. 나아가 형법 구성 요건은 필요하지 않다. 왜냐하면 남용을 막기 위한 소수의 결정적인 규정들을 생각할 수 있기 때문이다. 人間培養論爭을 예를 들자면 生殖

---

52) 다원주의 국가에서 생식은 '사랑의 합일'과 억지로 연관되지는 아니 한다.

53) Vgl. Hoerster, Forum: Das "Recht auf Leben" der menschlichen Leibesfrucht - Rechtswirklichkeit oder Verfassungslyrik? JuS 1995, 192ff.

54) BVerfGE 88, 203.

55) Schockenhoff, Einspruch im Namen der Menschenwürde, FAZ 94 / 23.4.2001, S.10.

細胞-遺傳子治療를 위해 고려될 수 있는 질병들의 카탈로그를 통해서 또는 절차법적인 안전 대책들, 예컨대 다원주의적으로 채워진 윤리-위원회[56](Ethik-Kommission)들의 결정 권한을 통해서 반박할 수 있다. 결국 좁은 의미에서의 금지도 상당하지 않다. 왜냐하면 유용성-리스크-분석(Nutzen-Risiken-Analyse)은 결함이 있기 때문이다.

(2) 規定의 必要性

胚芽保護法의 협의(Beratungen)에서는 '임시적인 모라토리엄'(vorläufiges Moratorium)을 언급했었다. 生殖細胞-遺傳子治療를 가지고 입법자는 시간을 얻기를 원했던 것이다. 그 시간은 독일이라는 연구 입지의 단점으로 허비되었다. 生殖細胞 研究가 개최되는 것을 거의 거부할 수 없다.[57] 미국에서는 공개적으로 이미 1998년 연구들이 '인간배아공학'(Human Germline Engineering)이라는 목표를 겨냥하여 둑을 쌓아서 비판적인 대중들이 격렬하게 학문적인 토론에 임했다. 3월에 UCLA 메디컬 스쿨에서 실행된 심포지엄 '인간배아공학'(Engineering the Human Germline)[58]에서 生殖細胞治療의 핵심문제는 '어떻게'가 아니라 '언제'라는 의견이 확고한 지반을 얻었다.[59] 대개 '여부'의 문제는 제기되지 않았다. 世界化論爭(Globalisierungsargument)에 대해 스톡(Stock)은 다음과 같이 실용적인 입

---

56) Kress, Die Ethik-Kommissionen im System der Haftung bei der Planung und Durchführung von medizinischen Forschungsvorhaben am Menschen, 1990.

57) Vgl. Billings / Hubbard, Human germline gene modifications, Lancet 1999, 353ff., 1873ff.

58) Stock / Campbell, Engineering the Human Germline, 1999.

59) Stock, The Prospect for Human Germline Engineering, in: Jahrb. f. Recht und Ethik, 1999, 27ff.(28).

장을 갖고 있다.

즉, "'행해질 수 있는 것이 행해질 것이다.' 이렇게 논하는 것은 불확실하다. 왜냐하면 행해질 수 있는 많은 것은 행해지지 않기 때문이다. 그러나 세계 도처의 사람들에 의해서 쉽고도 값싸게 행해질 수 있는 것과 또한 중요한 자원을 가지고 많은 사람들에 의해서 갈망하는 것이 행해지지 않을 것이라고 믿는 것은 어렵다. 너무 멀지 않은 미래에 胚芽工學(germline engineering)은 바로 이 입장일 것 같다. 즉, 기술은 세계 전역의 수백 개 실험실에서 실행 가능할 것이고 많은 사람들이 매혹적으로 찾는 遺傳的 干涉일 것이다."라는 것이다.60)

行動의 必要性(Handlungsbedarf)에 대하여 스톡(Stock)은 다음과 같이 언급한다.61)

즉, "조금 전까지만 해도 生殖細胞治療에 대하여 많이 논의되지 않았다. 왜냐하면 1990년 초반에는 生殖細胞治療가 너무 멀리 떨어져 보였기 때문이다. 그러나 다만 이론적인 것이고 확실한 대화 상대인 것은 그것이 단지 우리의 아이이거나 손자이기 때문에 우리와 관계가 없다."라는 것이다. 그러나 그때 이래로 分子生物學은 진보를 해서 비록 우리가 인간에 대한 醫學的 侵害를 위해서 요구하는 안전성과 신뢰성은 없지만 인간의 生殖細胞에 대한 조작은 이미 미미하나마 가능하게 되었다. 이러한 기술의 가능성과 함축성을 고찰하는 것은 그 시대의 전체적 사회를 위한 것이다. 이러한 개념과

---

60) Stock, Ebd. S.29.

61) http://www.heise.de/tp/deutsch/inhalt/co/2500/1.html.

연관된 유령은-우리의 종을 '개량하기' 위한, 히틀러의 야만적 시도 그리고 남성 인종을 창조하기 위한, 열정적으로 수행된 우생학이라는 유사학문-엄습해서 다만 어렵게 그것을 무시할 수 있다. 그러나 이러한 막강한 기술은 우리에게 가까이 있어서 우리는 그 技術의 可能性과 危險性을 탐색하기 시작해야 한다.

독일에서도 生殖細胞治療의 터부가 느슨해지기 시작한다. 하노버에서 거행된 엑스포-과학 포럼 글로벌 대화로서 '워크샵 21: 遺傳子硏究'(Workshop 21: Genomforschung)에서 독일연구협회(Deutsche Forschungsgemeinschaft) 회장인 에른스트 루드비히 비낙커(Ernst Ludwig Winnacker)는 만약 어려운 질병을 피하는 것이 중요하다면 生殖細胞治療에 반대한다고 말하는 것은 없다고 독일 통신사의 보도(dpa-Meldung)에서 크게 피력했다. 중요한 것은 그러한 문제에서 목표뿐만 아니라 수단도 역시 주의를 기울이게 된다는 점이다. 生殖細胞理論의 수행에 대해서는 아직도 기술이 최적화되어야 한다는 것이다. 그러나 만약 生殖細胞治療의 목표를 가지고 있는 연구의 금지가 헌법에 위반되고 生殖細胞治療를 위한 현실적인 기회가 두드러지게 드러난다면, 그러면 만약 규정의 필요성이 존재한다면 금지의 철회에 의하여 어떤 규정이 존재해야 한다는 사고를 갖게 되는 것이다.

V. 맺는 말

본 연구는 앞에서 언급한 바와 같이 遺傳子·變形生物體로서의 人間과 관련하여 독일에서의 논의를 중심으로, 먼저 바이오醫學論爭 그리고 法的 規定 프로그램을 고찰하였고 다음으로 遺傳子·治療의 법적 미흡성 여부에 관하여 문제를 제기하였다. 아래에서는 결론적으로 체세포 유전자치료와 생식세포─유전자치료로 구분하여 각각 獨逸 遺傳工學法(GenTG)에 적용할 수 있는지에 관하여 살펴본 후, 마지막으로 우리에게 시사하는 바를 검토하려고 한다.

1. 體細胞 遺傳子治療와 遺傳工學法(GenTG)의 適用可能性

人間 體細胞의 유전적 결함을 치료 목적으로 고치는 것은 애초부터 독일 遺傳工學法(GenTG)의 적용 분야로부터 제외하였다.[62] 이와 더불어 體細胞 遺傳子·治療도 역시 제외되는지의 여부는 명확하지 않았고 또한 遺傳工學法 제2조 제3항을 통해서도 명확하게 설명되지 아니한다. 指針에 일치하는지의 여부(Richtlinienkonform)는 규정들을 좁게 해석해야 한다. 만약 遺傳物質을 운반하는 것이 활기차게 바로 직접 환자에게서 결과로서 일어난다면, 遺傳子·變形生物體를 인간에게 적용하는 것이 중요하다. 만약 遺傳 物質이 활기 없이 인간의 고립되고 다듬어진 體細胞로 운반되면, 이와 함께 비로소 그것에 의해서 遺傳子·變形이 된 細胞들이 인간에게 옮겨질 수 있다면, 실험실에서(im Labor) 人間 體細胞의 遺傳的變形은 遺傳工學法의

---

62) BT‒Drucks. 11／3908, S.23.

적용 분야에 해당한다.[63)]

2. 生殖細胞 – 遺傳子治療와 遺傳工學法(GenTG)의 適用可能性

'遺傳的 變形의 목표를 가지고 있는 生殖細胞 侵害'는 입법자의 의도에 의하여 마찬가지로 독일 遺傳工學法(GenTG)의 適用分野로부터 제외되었다.[64)] 첫 번째 개정법의 이유에서 단지 體細胞 遺傳子治療만 언급된 반면에, 이러한 법에서 '遺傳子變形微生物體의 인간에 대한 직접적 적용에 선행하거나 따를 수 있는 절차의 실험실 내–부분 발자취'(In–vitro–Teilschritte)는 제외되지 않았다.[65)] 生殖細胞治療는 실험실에서 행해지기 때문에 여기서 胚芽保護法 제5조의 헌법 합치적 해석은 유전공학법에 넓은 적용 분야를 열었다. 입법자는 당시 遺傳工學法 제2조 제2항에서 그것을 예측할 수 없었다. 왜냐하면 입법자는 胚芽保護法의 유효성을 출발점으로 삼았기 때문이다. 그러나 허용될 수 있는 生殖細胞治療는 일반적으로 遺傳子變形生物體를 인간에 대해 적용하는 것을 의미하지는 않는다. 그러나 만약 遺傳工學法 제2조 제3항이 그 법의 生殖細胞治療에의 적용 가능성을 부정적으로 제외하지 않는다면, 그럼에도 불구하고 遺傳工學法 제2조 제1항을 통한 법의 적용 분야가 적극적으로 열리는지의 여부는 의심스럽다. 遺傳工學法 제2조 제1항 제3호에 의하면 그 법은 遺傳子變形生物體의 環境放出을 위해서 적용된다. 이러한

---

63) Länderausschuss Gentechnik(LA), abgedruckt bei Eberbach / Lange / Ronellenfitsch, Teil H Nr. 1 zu § 2 Abs. 2 GenTG.

64) BT–Drucks. 11 / 3908, S.23.

65) Vgl. Eberbach / Lange / Ronellenfitsch, aaO, § 2 GenTG, Rdnr. 6 d und d.

개념은 遺傳工學法 제3조에서의 개념규정을 통하여 분명하게 표현되고 있다. 그에 의하여 生物體란 증식될 수 있거나 遺傳物質을 옮길 수 있는 모든 세포로 된 것이나, 다세포로 된 것이나 세포로 된 것이 아닌, 생물적 단일체에 대한 상위개념이다.[66] 이러한 개념규정에 인간도 역시 해당한다. 生殖細胞治療는 당사자인 인간을 역시 遺傳子·變形生物體로 만든다.[67] 왜냐하면—體細胞 遺傳子治療와는 달리—변형된 세포를 후세대에게 계승시킬 가능성이 존재하기 때문이다. 이러한 해석에 반해서 헤르데겐(Herdegen)과 데더러(Dederer)는 체계적 논증을 사용한다.[68] 그것이 입법자의 의도였다는 것은 논쟁의 여지가 없다는 것이다. 다른 한편 헤르데겐과 데더러도 역시 遺傳子 變形된 患者를 퇴원시키는 것이 공동체 합치적(gemein-schaftskonforme) 해석에서 유전공학법의 사전 통제의 규준에 해당한다는 것을 인정한다. 그러면 遺傳子 變形된 人間의 퇴원을 環境放出로 간주한다는 점에는 피할 도리가 없다. 특히 이 시점에 더 이상 遺傳子變形生物體를 인간에게 적용하는 것이 행해지지 못하기 때문이다. 遺傳工學法 제14조 이하[69]의 環境放出 要件은 이러한 경우의 상황에 맞추어 만들어지지 않았다는 것은 명약관화하다. 遺傳子變形된 遺傳施設을 가진 人間은 모든 다른 인간처럼 마찬가지로 보통 인간이다. 인간은 자기의 변형된 遺傳子를 '流通시키기' 위하여 허가를 필요로 하지 아니한다. 인간은 環境放出 許可가 제출되어 있을 때까지 격리되어 있을 수는 없다. 그럼에도 불구하고 遺傳子變形生物體로서의 人間(Der Mensch als gentechnisch veränderter

---

66) Ronellenfitsch, in: Eberbach / Lange / Ronellenfitsch, aaO, § 3 GenTG, Rdnr. 3.

67) 개념징표에 대해서는 Ronellenfitsch, aaO, § 3 GenTG, Rdnr. 49 ff.

68) Herdegen / Dederer, in: Eberbach / Lange / Ronellenfitsch, aaO, § 14 Rdnr. 46.

69) Kapteina, Die Freisetzung gentechnisch veränderter Organismen: Ge-nehmigungsvoraussetzungen nach dem Gentechnikgesetz, 2000.

Organismus)은 그로부터 추측할 수 없는 리스크가 나오는지의 여부가 해명되기 전에는 간단히 環境에 放出될 수는 없다. 이것은 生殖細胞治療의 허용성에 반대하는 것을 말하는 것이 아니라 오히려 秩序法的인 規定 必要性에 대한 찬성을 말하는 것이다. 다만 生殖細胞治療의 분야에서 연구를 통해서만 깨달음(Erkenntnisgewinne)을 기대할 수 있다. 연구 금지는 사전 배려의 원칙에 충분히 사항 적합한(sachadäquat) 질서법적 규정들이 발전되는 것을 방해할 뿐이다.

3. 示唆点

우리의 경우에는 생명윤리 및 안전에 관한 법률[70] 제36조, 제37조에서 遺傳子治療에 관해 규정하고 있다. 먼저 體細胞 遺傳子治療는 첫째 유전질환·암·후천성면역결핍증 그 밖에 생명을 위협하거나 심각한 장애를 초래하는 질병의 치료, 둘째 현재 이용 가능한 치료법이 없거나 유전자치료의 효과가 이용 가능한 다른 치료법과 비교하여 현저히 우수할 것으로 예측되는 치료, 셋째 그 밖에 심의위원회의 심의를 거쳐 보건복지부장관이 정하는 질병의 예방이나 치료를 위하여 필요하다고 인정하는 경우 등 외에는 하여서는 아니된다(동법 제36조 제1항). 또한 遺傳子治療를 하고자 하는 의료기관은 보건복지부장관에게 申告하여야 한다. 대통령령이 정하는 중요한 사항을 변경하는 경우에도 또한 같다(동법 제37조 제1항). 보건복지부장관에게 신고한 의료기관은 遺傳子治療를 하고자 하는 환자에 대하여 첫째 치료의 목적, 둘째 예측되는 치료결과 및 그 부작용, 셋째 그 밖에 보건복지부령이 정하는 사항 등에 관하여 미리 설명

---

70) 제정 2004.1.29. 법률 제O7150호.

한 후 書面 同意를 받아야 한다(동법 제37조 제2항). 다른 한편 生殖細胞－遺傳子治療에 관해서는 동법 제36조 제2항에서 "정자·난자·배아 또는 태아에 대하여 遺傳子治療를 하여서는 아니 된다"고 규정하고 있다. 여기에서 정자·난자·배아는 生殖細胞－遺傳子治療의 대상이지만, 태아는 體細胞 遺傳子治療의 대상이다. 그런데 독일에서의 이론적 논의를 통해 우리에게 시사하는 바가 큰 분야는 특히 生殖細胞－遺傳子治療이다. 우리의 生殖細胞－遺傳子治療 규정은 너무 획일적으로 단순하게 금지하고 있기 때문에 그에 관한 보완 필요성이 있기 때문이다. 독일은 배아보호법 제5조 제1항을 통해 '인간의 生殖細胞의 유전정보를 인공적으로 변경하는 것'을 형사 처분하고 있지만, 동법 제5조 제4항에 의하여 적용 예외 사항을 열거하고 있다. 그러한 적용 예외 사항은 첫째 당해 생식세포를 수정에 이용할 가능성이 배제된 경우에 체외에 있는 생식세포의 유전정보를 인공적으로 변경하는 것, 둘째 사망한 태아, 살아 있는 자 또는 사망한 자로부터 채취한 기타의 체질 특유의 생식계열세포의 유전정보를 인공적으로 변경하는 것, 셋째 생식세포의 유전정보의 변경을 의도하지 아니한 접종, 방사선요법, 화학요법 또는 기타 요법 등이다. 또한 이러한 적용 예외 사항은 유전공학시설에서의 유전공학작업, 유전자변형생물체의 환경방출 및 유통에 관하여 규정하고 있는 독일 유전공학법에의 적용가능성을 검토해 볼 수 있다.

| 參考文獻(Literatur) |

I. 국내문헌

김정순, 생명공학기술적용의 법적 문제—인체유전자치료·분석을 중심
으로—, 법제연구 제16호, 1999년 6월.

이종영, 유전자치료의 법적 문제, 법제연구 제20집, 2001년 6월.

조인성, 생명공학 분야에 있어서 시설물허가의 기원과 법적 성질, 토지
공법연구 제25집 2005년 2월.

II. 외국문헌

Bach(Hrsg.), Auf dem Weg in die totale Medizin? Eine Hand-
reichung zu "Bioethik", 1999.

Beckmann, Rechtsfragen der Präimplantationsdiagnostik, ZschrLeben-
srecht 1999.

W. Bender(Hrsg.), Eingriffe in die menschliche Keimbahn: naturw-
issenschaftliche und medizinische Eingriffe: rechtliche und
ethische Implikationen, 2000.

Bericht des Ausschusses für Bildung, Forschung und Technologiefolg-
enabschätzung: Monitoring "Stand und Perspektiven der geneti-
schen Diagnostik" vom 16.11.2000, BT−Drucks. 14 / 4656.

Billings / Hubbard, Human germline gene modifications, Lancet 1999.

Bonnicksen, The politics of germline therapy, Nat. Gent. 1998.

Dettinger −Klemm, Grenzen der Wissenschaftsfreiheit, 1990.

Dietrich, Die Würde des Menschen ist antastbar, FAZ 71 / 24.3.2001.

Eckard / Bonk, Gentherapie, Bern 1999.

Eppelt, Grundrechtsverzicht und Humangenetik: der Verzicht auf Grundrechte, insbesondere im Rahmen der Einwilligung in die Anwendung neuerer humangenetischer Diagnose — und Therapieformen, 1999.

Isensee, Die alten Grundrechte und die biotechnische Revolution, in: Festschr. F.Hollerbach, 2001.

Falk, Arzneimittel in der Schwangerschaft. Erfahrungen bei der Aufklärung über Fehlbildungsrisiken, DtApothekerZ 1994.

Fuchs, Patentrecht und Humangenetik, JZ 1999.

Herdegen, Die Erforschung des Humangenoms als Herausforderung für das Recht, JZ 2000.

Herdegen / Dederer, in: Eberbach / Lange / Ronellenfitsch, §14 GenTG, 2001.

Heyd, Dignity in Gen — ethics, in Jb f. Recht und Ethik, 1999.

Hilgendorf, Die missbrauchte Menschenwürde, in: Jb f. Recht und ethik, 1999.

Hoerster, Forum: Das "Recht auf Leben" der menschlichen Leibesfrucht — Rechtswirklichkeit oder Verfassungslyrik? JuS 1995.

Keller, Das Recht und die medizinische Forschung, MedR 1991.

Keller / Günther / Kaiser, Embryonenschutzgesetz, Komm. 1992.

Kern, Rechtliche Aspekte der Humangenetik, MedR 2001.

Kloepfer / Delbrück, Gentechnikrecht zum Schutze der Umwelt, UPR 1989.

Kluge, Wann beginnt das menschliche Leben? Zur aktuellen Diskussion, 1992.

Köhler, Europäische Bioethikkonvention — Beitritt unter Vorbehalt? ZRP 2000.

Länderausschuss Gentechnik(LA), abgedruckt bei Eberbach / Lange / Ronellenfitsch, Teil H Nr. 1 zu § 2 Abs. 2 GenTG.

Laufs, Fortpflanzungsmedizin und Menschenwürde, NJW 2000.

Kapteina, Die Freisetzung gentechnisch veränderter Organismen: Genehmigungsvoraussetzungen nach dem Gentechnikgesetz, 2000.

Kress, Die Ethik – Kommissionen im System der Haftung bei der Planung und Durchführung von medizinischen Forschungsvorhaben am Menschen, 1990.

Maintz, Der Bundestag und die Gentechnik: Debatte über das Bild des Menschen, Blickpunkt Bundestag 6 / 2000.

Mersson, Fortpflanzungstechnologien und Strafrecht, 1984.

Mettke, Verlassen von Gott und allen Geistern! ZLR 2000.

Pfalz, Medizinische Forschung im Spannungsfeld von Staat und Gesellschaft, Basel, 1989.

Reuber, Lebens – und Gesundheitsschutz und Gesetzesvorbehalt unter besonderer Berücksichtigung der Gentechnologie, Diss. Köln 1993.

Ronellenfitsch, in: Eberbach / Lange / Ronellenfitsch, Gentechnikrecht – Biomedizinrecht, Losebl.

_____, Zur Freiheit der biomedizinischen Forschung, in: Jahrb. des Umwelt – und Technikrechts 2000.

_____, Forschungsfreiheit und biomedizinische Forschung, 2001.

_____, Die Bewältigung der wissenschaftlichen und technischen Entwicklung durch das Verwaltungsrecht, DVBl 1989.

Ruderisch, Rechtliche und rechtspolitische Fragen der Humangenetik, ZRP 1992.

Schlund, Grenzen ärztlicher Behandlungspflicht bei schwerstgeschädigten Neugeborenen, ArztR 1999.

Schockenhoff, Einspruch im Namen der Menschenwürde, FAZ 94 / 23.4.2001.

Stock / Campbell, Engineering the Human Germline, 1999.

Stock, The Prospect for Human Germline Engineering, in: Jahrb. f.

Recht und Ethik, 1999.

Strachan / Read, Molekulare Humangenetik, 1996.

Tünnesen —Harmes, Risikobewertung im Gentechnikrecht, 2000.

Graf Vitzthum, Gentechnologie und Menschenwürdeargument, ZRP 1987, S.854ff.

Daniela Voss, Rechtsfragen der Keimbahntherapie aus dem Jahr 2000, Bd. 3 der Schriften zum Planungs —, Verkehrs — und Technikrecht, 2001.

Vultejus, Bioethik, ZRP 1995.

Willmitzer, Die Gentechnologie und ihre Kritiker, in: Konrad—Adenauer— Stiftung(Hrsg.), Aktuelle Fragen der Politik Bd. 6, 1994.

Wurzel / Born, Embryonenschutzgesetz, BayVBl. 1991.

Wasserloos, The Human Analyzed—Der analysierte Mensch, JZ 1999.

제8장

DNA 分析에 있어서의 데이터 保護(Datenschutz)

Ⅰ. 序論

유전공학의 발달, 특히 인간 DNA 분석과 해독은 지금까지 극복하지 못했던 다양한 질병들에 대한 획기적인 치료법을 제공할 수 있을 것으로 기대되고 있으며, 의학의 분야뿐만 아니라 환경공학, 제약학 등은 물론이고, 법학을 비롯한 사회과학의 영역에까지 커다란 영향을 미칠 것으로 예상되고 있다. 본 연구는 이처럼 새롭게 등장하고 또한 새로운 기대를 제공하는 DNA 분석이 법학의 영역, 특히 데이터 보호법(Datenschutzrecht)의 영역에서는 어떠한 영향을 미칠 수 있는지를 살펴보고자 한다.

일반적으로 유전공학의 유용성과 리스크는 적어도 인간에 대한 유전공학의 적용과 관련하여 논쟁적으로 토론되고 있다. 한편으로, 새로운 기술은 특히, 의학 분야에서 진보를 했고, 따라서 종래 불치병 치료에 대한 희망을 일깨워 주고 있다. 또한 그 기술은 예컨대 형사절차 분야에서도 활용되고 있다. 다른 한편으로, DNA 분석과 관련하여 획득한 인식(Erkenntnissen)의 측면에서 고도로 민감한 개인정보가 남용될 수 있다는 점을 유의해야 한다. 그 때문에 정보의 수집, 가공, 사용에 있어서 당사자의 일반적 인격권(allgemeine Persönlichkeitsrecht) 및 정보 자기결정권(Recht auf informationelle

Selbstbestimmung)[1]이 비례성의 원칙(Verhältnismäßigkeitprinzip)에 위배되어 침해되지 않도록 보장되어야 한다.[2]

DNA 분석을 고찰하는 자는 불가피하게 일반적인 유전공학논쟁에 휩쓸려 들게 된다. 이것은 일종의 신앙전쟁(Glaubenskrieg)으로 기술되고 있다. 신앙전쟁에 있어서는 친구와 적만이 존재한다.[3] 또한 현재 독일 연방의 주 가운데 하나인 혜센 주[4] 데이터 보호감독관(Hessischer Datenschutzbeauftragter)인 로넬렌피취(Michael Ronellenfitsch) 교수[5]는 감독관으로서의 기능에서도 중립적인 입장을 기대할 수 없다고 한다. 비록 유전공학논쟁에서 중립적인 입장이 가능할지라도, 혜센 주 데이터 보호감독관에게는 그 중립적인 입장이 받아들여지지 않고 있다. 이에 관해서는 혜센 주 데이터 보호감독관이 유전공학 문제에 대한 고찰에 있어서 이미 여러 번 의견개진을 한 적이 있다.[6] 본 연구에서도 저자는 현대 유전공학의 유용성이 가능하게 이용될 것이라는 입장을 명확히 견지한다. 물론 이러한 입장은 다만, 데이터 보호법상의 제한이 있을 따름이다.[7]

---

1) 우리 헌법재판소는 "개인정보자기결정권은 자신에 관한 정보가 언제 누구에게 어느 범위까지 알려지고 또 이용되도록 할 것인지를 그 정보주체가 스스로 결정할 권리이다."고 정의하였다. 헌재 2005.5.26, 99헌마513, 2004헌마190.

2) 법체계의 파악을 위한 헌법주의(Konstitutionalismus)와 법률주의(Legalismus) 사이의 논쟁에 관해서는 Vgl. *Robert Alexy*, Rechtssystem und Praktische Vernunft, Rechtstheorie 18, 1987, S.405 – 419; 박정훈, 행정법의 체계와 방법론, 박영사, 2005, p.489 – 510 참조.

3) *Carl Schmitt*, Der Begriff des Politischen, 1932, Neudruck 1963, S.26 ff.

4) 혜센 주는 독일, 더 나아가 세계에서 처음으로 데이터 보호법을 제정한 주이기도 하다.

5) 로넬렌피취(Michael Ronellenfitsch) 교수는 현재 독일 튀빙겐 대학의 공법 교수이며 혜센 주의 데이터 보호감독관이다.

6) *Ronellenfitsch*, in: Jb. des Umwelt – und Technikrechts 2000, S.91; *ders.*, in: Wagner(Hrsg.), Rechtliche Regulierung – Hemmnis oder Antrieb für Wissenschaft, Forschung und Innovation, 2001, S.83; *ders.*, in: Dolde(Hrsg.), Umweltrecht im Wandel, 2001.

7) *Ronellenfitsch*, Genanalysen und Datenschutz, NJW 6/2006, S.321 ff.

본 연구는 현대 유전공학의 유용성이 데이터 보호법의 제한의 범위 내에서 어떻게 이용될 수 있는지에 관해서 독일에서의 논의를 중심으로 고찰하고자 한다. 이와 관련하여 우리보다 먼저 이 분야의 법제를 정비하고 있는 독일의 데이터 보호제도를 조사·연구·검토하는 것은 내용적으로 아직 크게 미흡할 뿐만 아니라 적지 않은 문제점들을 갖고 있는 우리나라의 현행 데이터 보호 관련 법제의 정비에 그 시사하는 바가 크다고 할 것이다.

II. 遺傳工學論爭

유전공학은 기술논쟁의 주요전쟁무대의 하나이다. 기술논쟁[8]은 지속되고 있고, 다만 그 논쟁의 실제 주요전쟁무대는 바뀌고 있는 것이다. 독일에서 핵에너지의 평화적 이용에 대한 투쟁이 원자력전기의 국내적 생산의 위헌적[9] '하차' 프로젝트와 관련하여 발생한 이후, 다른 활동 분야에서 '실행가능성망상'(Machbarkeitswahn)과 '리

---

8) *Ronellenfitsch*, Die Durchsetzung staatlicher Entscheidungen als Verfassungsproblem, VEnergR 50(1982), 13 ff.; *ders.*, Die Bewältigung der wissenschaftlichen und technischen Entwicklung durch das Verwaltungsrecht, DVBl. 1989, 851(853 ff.); *ders.*, Verfahrensrechtliche Reformfragen im Atom –, Immissionsschutz – und Gentechnikrecht, in: Blumel / Pitschas, Reform des Verwaltungsverfahrensrechts, 1994, S.303 ff.(305 ff.); *ders.*, Biomedizinrecht, in: Eberbach / Lange / Ronellenfitsch(Hrsg.), Recht der Gentechnik und Biomedizin, GenTG / BioMedR, Stand: 34. Lfg. 2003, Teil II. A Rdnr. 1 ff.

9) *Ronellenfitsch*, Zur Zulässigkeit von Einschränkungen der Wiederaufbereitung – Atomausstieg durch die Hintertür, in: Bayer / Huber (Hrsg.), Rechtsfragen zum Atomausstieg, 2002, S.141(142 ff.).

스크사회'(Risikogesellschaft) 사이의 첨예한 논쟁이 집중되었다. 여기에 유전공학이 물론 자리를 함께하고 있다.10)

생명공학11)의 한 부분이라고 묘사되는 유전공학의 개념에 관해서는 다음과 같이 정의할 수 있다. 즉 유전공학이란 유전물질의 특성화 및 고립화, 유전물질의 새로운 조합 또는 다른 생물환경에서 새로 조합된 유전물질의 재도입 및 증식이라고 정의함이 바로 그것이다.12) 이러한 유전공학의 도움으로 미생물, 식물, 동물 그리고 인간 등 유전자를 의도적으로 변형하는 것이 가능하게 되었다.

본 연구의 주제인 DNA 분석에 있어서 데이터 보호와 관련해서 제기되는 법적 문제를 고찰하고 이해하기 위해서는 먼저 자연과학적 기초와 DNA 분석방법 및 유전공학의 유용성과 위험 · 리스크를 차례로 논의하는 것이 필요할 것이다.

1. 自然科學的 基礎와 DNA 分析方法

왜 자식은 부모를 닮을까? 이 문제는 유전자를 떼어 놓고는 설명할 수가 없으며 이런 유전 현상을 결정지어 주는 물질이 바로 'DNA'이다. 모든 생물유기체의 유전물질은 짧게 DNA13)이라고 불

---

10) *조인성*, 독일법상 유전자변형생물체에 관한 검토: 인간을 중심으로, 토지공법연구 제26집, 2005, 521면 이하.

11) 생명공학이란 미생물, 식물세포 또는 동물세포 그리고 기술절차상 또는 산업적 생산과정에서 이들의 구성부분들을 조작할 목적을 가진 생물, 화학 그리고 절차공학상 지식의 총체적 적용을 말한다.

12) *Enquete-Kommission*, Chancen und Risiken der Gentechnologie, S.7.

13) Deoxyribonukleic acid의 머릿자를 따서 줄인 말.

리는 동일한 화학물질로 구성되어 있다.[14] 기능상 단일체를 형성하는 DNA의 정해진 단편은 유전자(Gene)라고 일컬어진다. 또한 모든 유전자의 총합, 즉 하나의 세포에 들어 있는 전체 DNA를 게놈(Genom)이라 명명한다. 즉 게놈이란 유전자와 염색체(Chromosome) 두 단어를 합성하여 만든 용어로서, 생물에 담긴 유전정보 전체를 의미한다. 오스트리아의 브뤼너(Brünner) 수도원의 수도사인 멘델(Johann Gregor Mendel 1822 – 1884)[15]에 의해 완두콩을 통한 유전의 법칙이 발견된 것은 1865년이고 이 법칙이 다른 사람들에 의해 재발견된 것이 1901년이지만, DNA는 발견된 지 아직 100년도 되지 않는다. 유전정보는 염색체 내에 있는 핵산(DNA)이 전달한다고 함으로써 DNA가 유전물질임을 발견한 것이 그리피스에 의해 1944년이고 DNA의 이중나선형구조(Doppel – Helix – Struktur)가 알려진 것도 왓슨(James Watson)과 클릭(Francis Crick)[16]에 의해 1953년에 불과하다. 그러나 당시에는 DNA가 가진 유전정보를 제대로 해석하기에는 많은 장애가 있었다. 유전정보의 해석을 위해서는 DNA의 염기서열을 규명할 수 있는 기술의 개발이 무엇보다도 필요했다. 유전공학은 DNA로부터 원하는 유전자를 잘라 내서 그 유전자를 다른 유기체에 옮겨 넣는 데에 성공했다.[17]

특히 DNA 분석방법[18]이란 세포핵에서 얻어진 이중나선 DNA의

---

14) 더 상세한 것은 *Enquete –Kommission*, a.a.O., S.11 ff.의 보고서 참조.

15) *Ronellenfitsch*, Die Entwicklung des Gentechnikrechts, VerwArch 93(2002), 295(296).

16) Vgl. *Watson*, Die Doppel – Helix. Ein persönlicher Bericht über die Entdeckung der DNS – Struktur, 1969; *Crick*, Ein irres Unternehmen. Die Doppelhelix und das Abenteurer Molekularbiologie, 1990.

17) *Gassen / Martin / Bertram*, Gentechnik, 3. Aufl., 1991, S.6 ff; *Foldenauer*, Genanalyse im Strafverfahren, 1995, S.21 f; *Matt Ridley / 하영미, 전성수, 이동희 역*, 게놈, 김영사, 2000, 51면 이하 등 참조.

18) DNA 유형 분석에 기한 감정법은 1985년 영국의 제프리즈(Jeffreys) 등이 네이처(Nature)지에 발표한 논문을 효시로 한다. *Jeffreys. A. J. et al.*, Nature, vol.

특정 염기를 제한효소를 이용하여 절단한 후, 절단으로 생긴 단편의 염기서열을 알아내고 이를 통해 다시 그에 대응하는 아미노산을 알아내어 DNA 구조에서 단백질 구조를 밝혀 내는 것이다.[19]

이러한 DNA 분석방법은 다시 직접적 DNA 분석방법과 간접적 DNA 분석방법으로 나뉘는데, 전자는 유전공학기술로 만들어 낸 특정한 유전자 구조에 상응하는 단선의 DNA 절편인 DNA탐색침(DNA - Soden)을 이용하여 분석하고자 하는 DNA의 구조를 알아내는 것이고, 후자는 인간의 유전자가 모두 동일하지 않다는 점을 이용하여 일정한 시료를 가지고 그와 동일한 유전자를 가지고 있는 사람을 밝혀 내는 것이다.[20] 즉 모든 사람은 각각 고유한 DNA 구조를 가지고 있으며, 또한 자신의 생명체를 구성하는 모든 세포는 동일한 DNA를 가지고 있다. 그러나 사람의 DNA 단편인 미니세털라이트(minisatellite) DNA 부위는 수십 수백의 염기쌍이 수만 회 내지 그 이상 동일한 방향으로 반복된 구조로 이루어진 특징을 가지고 있으며, 이 부위는 개인차가 극도로 심해서 일란성 쌍생아를 제외하고는 모든 개체에서 검출된 태양이 완전히 다르다.[21] 이처럼 사람이 가지고 있는 DNA 가운데 다형성이 매우 심한 초변이성 DNA 일부만을 제한효소를 이용하여 절단한 후, DNA 증폭기술(PCR)을 이용하여 이를 선택적으로 증폭하면 개인 식별이 가능하게 되는 것이다.[22]

314(1985), S.6007.

19) *심재무*, 유전자분석과 낙태의 정당화 사유, 비교형사법연구 제3권 제2호, 2001, 294면 이하, *과학동아 편집부*, 생명코드 AGCT, 아카데미서적, 1999, 22면 이하.

20) *Foldenauer*, a.a.O., S.28 ff.

21) *원혜욱*, 유전자감정결과의 증거사용에 관하여, 형사정책연구(한국형사정책연구원), 2001년 봄호, 7면.

22) *안대희*, 유전자감식의 기본원리, 법조 92 / 6, 37면.

이러한 가운데 유전공학은 커다란 유용성도 창출하지만 아울러 잠재적 리스크도 역시 도사리고 있다. 그래서 이하에서 유전공학의 유용성과 리스크에 관하여 간략하게나마 언급하려고 한다.

2. 遺傳工學의 有用性과 危險·리스크

(1) 遺傳工學의 有用性

유전공학을 통해 펼쳐지는 적용가능성은 여러 상이한 영역에서 존재한다. 무엇보다도 먼저 의약품 분야를 들 수 있다. 여기서 유전 공학공정은 지금까지 인간에게 존재하지 않았거나 충분하지 않았던 물질의 생산을 가능하게 했다. 예컨대 인간호르몬, 효소 또는 드문 면역요소 등이 바로 그것이다. 마찬가지로 유전공학적 도구로 새로운 치료가능성 및 진단절차가 가능해졌다. 그 외에 유전공학에 의해 동물사육 및 식물재배를 포함한 농업 분야에서 도움과 발전이 기대 된다. 특히 식량 증산, 생산물의 품질 향상 또는 면역력 향상을 통한 식물·동물 생산에 있어서 수확 증대 등이 바로 그것이다. 마지 막으로 유전공학은 환경보호에 대해 특별한 의미를 가지고 있다. 즉 이미 오늘날 폐수를 정화하거나 또는 산업쓰레기의 일정부분을 재활용하게 할 수 있는 미생물이 존재한다.23)

---

23) *조인성*, 독일 유전공학법의 최근 동향: 소비자, 농업종사자 그리고 환경보호를 위하여, 환경법연구 제27권 1호, 2005, 254면 이하.

(2) 遺傳工學의 危險·리스크

앞에서 언급한 유전공학의 유용성뿐만 아니라 일반적인 주민 및 유전공학에 종사하는 사람들의 건강 또는 무엇보다도 동물·식물세계의 환경에 대한 잠재적 리스크 및 위험 역시 존재한다. 이러한 리스크는 특히 유전공학 작업 또는 그 생산시설에서 병원성이 있는 또는 그 질병의 유발력에 있어서 종국적으로 평가할 수 없는 유기체에서 유발될 수 있다. 또한 유전자변형생물체를 환경으로 의도적이건 아니면 비의도적이건 방출하는 경우에도 마찬가지로 리스크가 발생한다. 장애의 가능성 또는 예견하지 못한 사후손해 이외에 새로운 생물체의 생산을 통해서 자연적 종의 다양성에 위협이 될 수도 있다. 병원성 미생물에서 유발된 리스크는 계속된 안전한 기초 위에서 수년간의 경험에 근거하여 판단될 수 있는 반면에 유전자변형생물체의 환경으로의 의도적 또는 비의도적 방출의 경우에 발생할 수 있는 리스크는 훨씬 덜 연구되어 있고 잘 알려져 있지 아니하다. 비록 지금까지 명백하고 현저한 유전공학 피해사례가 알려지지 않았지만 이러한 리스크 및 위험은 평가 절하될 수 없다고 하겠다.

유전공학이 이렇게 이중적인 성격을 가지고 있기 때문에 최근에 독일에서는 유전공학의 이용에 관한 토론이 매우 감정적으로 또한 논쟁적으로 진행되고 있다. 입법자는 결국 유전공학법(Gentechnik-gesetz, GenTG[24])의 제정을 통해서 유전공학의 이용을 위한 적극적인 근본결단을 했다고 볼 수 있다. 유전공학법의 제정으로 유전공학 이용의 구속력 있는 테두리를 만들고 그리고 인간의 생명과 건

---

[24] Gesetz zur Regelung der Gentechnik i.d.F. der Bekanntmachung v. 16. 12. 1993(BGBl I, 2066); zuletzt geändert durch Gesetz Zur Neuordnung des Gentechnikrechts v. 21. 12. 2004(BGBl I 2005, 186).

강을 보호하고 환경을 보호하기 위한 광범위하고 실행 가능한 통제가 보장되어야 한다.[25] 그러나 동법 제2조 제3항에 의하여 인간유전공학, 즉 유전자변형생물체를 인간에게 사용하는 것에 대해서는 유전공학법이 원칙적으로 적용되지 않는다.[26] 그렇다고 하더라도 인간유전학은 법적으로 자유로운 영역에 맡기지는 않는다. 인간유전학은 진단적 진술(diagnostische Aussage)과 치료적 조치(therapeutische Maßname)를 포함한다. DNA 분석을 위해서는 다만 진단적 진술이 중요하다. 그러나 유전공학논쟁의 평가를 위해서는 유전공학상 치료적 조치가 고려되어야 한다. 진단적 진술은 예컨대 법의학의 분야에서처럼 직설적(indikativ)일 수 있다. 유전적으로 예정된 인과 과정, 즉 좁은 의미의 출생 전 진단(Pränataldiagnostik)[27]의 경우와 착상 전 진단(Präimplantationsdiagnostik)[28]의 경우에 대한 예측적(prädikative) 진술은 더 광범위하다. DNA 분석에 있어서 데이터 보호 역시 이러한 맥락에서 분석적으로 검토되어야 할 것이다.

유전공학은 물론 위험방지(Gefahrenabwehr)와 리스크 사전배려(Ri-

---

25) BT – Drs. 11 / 6778, S.1.

26) *Hofmann*, Die Anwendung des Gentechnikgesetzes auf den Menschen, 2003 참조.

27) Vgl. 전체적으로 Berg / *Boland*, Pränatale Diagnostik – eine Auseinandersetzung, 1989; *Becker / Fuhrmann / Holzgreve*, Pränatale Diagnostik und Therapie, 1995; *Brol*, Pränatale Diagnostik als ethische Herausforderung, 1998; *Schmidtke*, Pränataldiagnostik(vorgeburtliche Diagnostik), 2001; *Haker*, Ethik der genetischen Frühdiagnostik – Sozialethische Reflexionen und Verantwortung am Beginn des menschlichen Lebens, 2002.

28) 착상 전 진단(Präimplantationsdiagnostik)은 시험관에서 배양된 수정란을 이식하도록 지도하며, 이러한 인공 수정 기술의 획기적 발전은 불임을 예방 또는 치료할 수 있게 한다. Vgl. *Kollek*, Präimplantationsdiagnostik, Embryonenselektion, weibliche Autonomie und Recht, 2000; *Giwer*, Rechtsfragen der Präimplantationsdiagnostik: eine Studie zum rechtlichen Schutz des Embryos im Zusammenhang mit der Präimplantationsdiagnostik unter Berücksichtigung grundrechtlicher Schutzpflichten, 2001; *Böckenförde – Wunderlich*, Präimplantationsdiagnostik als Rechtsproblem, 2002.

sikovorsorge)의 카테고리에 속한다. 우선 논쟁의 여지 없이 시민들 사이의 갈등의 조정은 전통적으로 위험방지의 개념하에 범주화되는 중심적인 국가과제이다.[29) 위험방지의 실질적 법은 프로이센 고등 행정재판소의 판례에까지 거슬러 올라간다. 이 재판소는 위험방지와 위험개념의 관련을 밝혀 내고, 이 위험을 "사물의 그 자체 상태로 서 침해된 결과를 초래할 것이라는 우려를 갖게 하는 것이라고" 정 의했다.[30) 이러한 '우려'는 처음에는 예측적 위험방지의 측면에서 위해구성요소로서 관련되었으나, 그 후 세월이 지나고, 지난 세기의 70년대에 비로소 다시 반동하여, 리스크 사전배려로서 위험방지의 곁 에 서서 논의되었다.[31) 유전공학의 이른바 보호목적(Schutzzweck) 에 관하여 독일 유전공학법 제1조 (GenTG)에 의하면 그 의미가 완 전히 해명되지는 않지만 위험방지가 이른바 리스크 사전배려, 즉 가 능한 위험도 역시 포함한다고 일반적으로 알려져 있다. 본 연구의 주제인 DNA 분석에 있어서 데이터 보호의 문제는 위험방지와 리 스크 사전배려의 문제가 유전공학 분야에서 조명될 때만 충분히 이 해될 수 있는 것이다.[32)

---

29) BverfGE 49, 24(56 f.).

30) PrVBl. 32, 119(120).

31) BverfGE 49, 89(143).

32) *조인성*, 생명공학 시설물개념에 관한 법적 고찰: 독일 연방임미시온보호법과 유전공학법 을 중심으로, 공법연구 제34집 제3호, 2006, 449면.

Ⅲ. DNA 分析의 適用分野

DNA 분석의 여러 외국에서의 이용현황을 먼저 살펴보면, DNA 검사는 영국과 미국,[33] 캐나다에서 처음 시작되어 90년대 초에 이미 독일, 네덜란드, 스웨덴 등 유럽 12개 나라와 일본, 우리나라 등으로 확대되었고, 그 후에도 많은 나라들이 뒤를 따랐다. 특히 미국에서는 50개 주 가운데 거의 대부분의 주에서 이용되고 있고, 또한 수개의 주에서는 성범죄자의 DNA 분석결과의 데이터뱅크화도 추진되고 있다. 캘리포니아에서는 성범죄자 외에 일반적 중범죄에 대해서도 DNA 분석 결과의 자료은행을 만들었다고 한다. 또한 영국의 경우는 DNA 분석이 최초로 실시된 나라이지만, 거기에서 DNA 분석은 주로 이주희망자가 실제로 영국 안에 친척을 갖고 있는지 여부를 확인하기 위하여 이용되었다는 점에서, 이미 이를 단순한 형사절차를 위한 DNA 분석이라고만 볼 수 없다.[34] 한편 일본에서는 90년대 들어서면서 살인과 강간 사건에 증거로 채용되고 이를 통해 범인 체포가 이루어지면서 일반인에게까지 널리 알려졌고, 경찰청은 1992년부터 본격적으로 DNA 분석을 도입하였다.[35]

DNA 분석이 사용되는 범위는 상당히 광범위하다. 이와 같은 DNA 분석은 의학의 영역에서뿐만 아니라 생태유전학과 약제유전학(Öko - und Pharmakogenetik), 태아검진 및 인공 수정 그리고 더 나아가 보험이나 직업 분야 그리고 형사절차 등 다양한 영역에서 활용될 수 있는 가능성을 가지고 있다.[36]

---

33) *유영찬*, 법과학과 수사, 2002, 77면.

34) *Human Genetics Commission*, Whose hands on your gene? 2002, S.42 - 46.

35) *이준형*, 형사소송과 DNA 분석: 개인정보 보호의 입장에서 독일의 예를 중심으로, 중앙법학 제4집 제3호, 2003, 132면 이하 참조.

(1) 醫學

먼저 좁은 의미에 있어서 DNA 분석은 미래 의학에 있어서 특정한 질병이나 장애를 진단하는 가장 중요한 수단으로서 활용될 수 있을 것이며, 따라서 그 원인이 아직 밝혀지지 않은 질병의 원인을 밝혀 낼 수 있을 뿐만 아니라 그 증상을 조기에 진단하여 질병의 예방에도 기여하게 될 것이다.

(2) 生態遺傳學과 藥劑遺傳學

DNA 분석은 생물이 가지고 있는 생체분자의 생합성 능력은 석유산업의 화학합성보다 훨씬 정교하고 다양하기 때문에 생물의 게놈 유전자 정보는 생합성 기구에 해당하는 각종 효소를 유전공학적으로 손쉽게 제조함으로써 산업기술에 바로 활용하게 해 줄 것이며, 이는 생물산업사회를 열어 줄 것이다. 이러한 생물산업은 생태유전학의 영역에 있어서 환경정화의 근본대책을 제공해 줄 수 있다. 생물산업공정은 석유산업공정과 달리 공해 부산물을 거의 생성하지 않고 단순공정단계에 에너지소모가 적어서 환경오염원을 근원적으로 제거해 줄 수 있기 때문이다. 또한 DNA 분석을 통해 생물의 자연환경 적응능력에 대한 이해를 증대시킬 것이며, 이는 멸종 생물의 보존과 생물세계의 먹이사슬 고리를 이어 줄 수 있는 방안을 제공하게 될 것이다.[37] 그리고 약제유전학의 영역에 있어서, 인체의 모든 설계도가 알려짐으로써 질병의 근본원인을 이해하게 되고 질병에 대한 DNA 수준의 분자치유법이 등장할 뿐만 아니라, 개인별로

---

36) *심재무*, 전게논문, 295면 이하.

37) *Foldenauer*, a.a.O., S.32f.

다른 유전자 변이를 파악하여 개인별 증상에 맞는 맞춤 치료제도 개발할 수 있으며 게놈에 대한 완벽한 이해가 이루어지면 반사회적인 개인적 행동까지도 치료할 수 있게 될 전망이다.

(3) 胎兒檢診 및 人工受精 등

DNA 분석은 직접 진단(Diagnose)에 기여한다. 우선 산전진단(Pränataldiagnostik)은 태아에 대한 정기적인 DNA 분석을 통하여 지금까지 치료가 불가능하였던 수많은 유전질환이나 유전적 결함 등을 조기에 발견할 뿐만 아니라 이러한 유전질환 등에 대한 치료의 길도 열리게 될 것이다. 또한 착상 전 진단(Präimplantationsdiagnostik)은 시험관에서 배양된 수정란을 이식하도록 지도한다. 이러한 인공 수정 기술의 획기적 발전으로 이어져 불임을 예방 및 치료할 수 있게 될 것이다. 이 이외에도 현재 개인식별(접근 통제, 이중지급의 방지 등), 혈족확인, 질병치료 등, 실로 다양한 목적으로 사용되고 있으며, 앞으로도 그 용도는 더욱 늘어나리라 예상할 수 있다. 특히 최근에는 배아[38]줄기세포(embryonale Stammzellen[39])를 이용한 질병치료법이 활발하게 논의되고 있다.[40] 즉 만능세포로 불

---

[38] 독일에서 배아(Embryo)는 형법(Strafgesetzbuch)의 토대에서 낙태될 수 있기까지는 배아 보호법(Embryonenschutzgesetz v. 13. 12. 1990, BGBl I, 2746)을 통하여 오랫동안 보호되고 있다.

[39] Vgl. § 3 Nr. 2 des Gesetzes zur Sicherstellung des Embryonenschutzes im Zusammenhang mit Einfuhr und Verwendung menschlicher embryonaler Stammzellen(Stammzellengesetz – StZG) v. 28. 6. 2002(BGBl I, 2277).

[40] 배아 줄기세포(embryonale Stammzellen)는 불임시술 뒤 남은 냉동배아, 유산된 태아, 복제 인간을 만드는 전 단계인 복제배아 등에서 얻을 수 있다. 사람에게 있는 60조 내지 100조 개의 세포는 모두 똑같은 유전자 구조를 갖고 있다. 그러나 세포마다 실제로 기능하는 유전자는 달라 뼈세포, 혈액세포, 심장세포 등 모양과 기능 등이 다른 210여 가지 세포로 분화된다. 그런데 난자와 정자가 합쳐져 수정란이 생긴 지 5-6일 뒤에 나타나는 세포들은 아직 유전자의 어떤 부분이 기능할지 정해지지 않아 온갖 세포로

리는 배아 줄기세포를 병든 조직에 이식함으로써 질병을 치료하는 방법이다. DNA(내지 유전자)의 가장 큰 특징은 개인 신체의 불가분을 이루고, 그 결합관계는 영속적이며, 그 안에는 인격의 본질과 맞닿아 있는, 대단히 민감한 개인정보가 들어 있다는 사실이다. 가령, 자신에게는 어떠한 유전적 질환인자가 있는지, 지능과 체력, 건강과 수명 등을 말한다. 유전과학의 발전과 더불어 우리가 알 수 있는 정보의 양도 급속히 늘어만 가고 있다.

(4) 保險이나 雇傭 그리고 刑事節次

또한 법적 측면에서 앞에서 밝힌 인간의 유전자상담, 출생 전 진단, 신생아에 대한 스크리닝(Neugeborenen－Screening) 이외에 보험계약, 노동관계 등과 관련하여 DNA 분석의 실시 문제가 논의된 적도 있다. 특히 개인의 유전정보에 따른 보험이나 고용에 있어서 차별의 도구로 사용될 가능성에 대해 많은 사람들이 우려하고 있으며, 가장 어려운 문제는 사생활 보호와 공정한 유전정보 이용의 균형을 맞추는 것이며, 유전정보를 잘못 사용하면 새로운 하층민이 생겨날 수 있는 위험성이 경고되고 있다.[41] DNA 분석의 응용이 개인정보의 수집 및 이용과 불가분하게 결부되어 있고, 또한 문제 되는 것들도 모두 대단히 민감한 개인정보라고 하는 인식이 당시 팽배했었다.[42] 오히려 개인은 규명된 특정 유전병을 유발하는 인자가 있다는 사실을 알게 될 경우 실제 질병이 걸리지 않도록 예방하기

바뀔 수 있다. 이것이 바로 배아 줄기세포이다.

41) *김훈기*, 유전자가 세상을 바꾼다, 궁리, 2000, 41면 이하.

42) 1984년 8월 연방의회(Bundestag)에 설치되었던 '유전자공학의 가능성과 위험성'에 관한 조사위원회가 작성한 보고서이다. 연방의회 인쇄물 번호(이하 BT－Drucksache로 표시) 10/6755.

때문에 그 질병에 걸릴 확률이 그리 높지 않는 경우가 많을 것이다. 그러므로 DNA 검사 결과만으로 보험가입을 거부하거나 높은 보험 요율을 요구하는 것은 합리적이지 못할 것이다.[43] 노동관계에서의 DNA 분석은 유전자 감시(genetic monotoring)와 유전적 선별(genetic screening)로 특징될 수 있다.[44] 특히 DNA 분석 기술이 더욱 발달하고 유전정보를 획득하는 데에 필요한 비용이 저렴해질수록 사용자가 유전정보를 수집하고 이를 토대로 피고용자를 감시하여 선별할 가능성은 더욱 커질 것이다.

한편, 전혀 다른 차원에서 DNA 분석이 이용되기도 하는데, 그것이 바로 형사절차 목적으로 이를 이용하는 경우이다. 그런데 범죄인 색출에 효과적으로 사용하기 위해서는, 과거 동일 내지 유사한 범죄로 유죄확정판결을 받았던 사람들의 DNA 분석 결과를 축적해 놓은 데이터베이스 내지 등록부, 즉 범죄자 유전자 데이터베이스가 갖추어져 있어야 한다.[45]

유전공학 절차를 인간에게 적용하는 경우에 그 통일적인 규정을 관철하느냐의 여부는 별론으로 하더라도, DNA 분석에 관하여 데이터 보호법적 규정의 필요성은 존재한다.

---

43) *Jennifer S.Geetter*, Coding for Change: The Power of the Human Genome to Transfer the American Health Insurance System, 28 American Journal of Law & Medicine 1, 2002, S.50.

44) *Marisa Anne Patnattro*, Genetic Discrimination and the workplace: Employee's Right to Privacy v. Employer's Need to Know, 39 American Business Law Journal 139, Fall 2002, S.146.

45) *Foldenauer*, a.a.O., 1995.

Ⅳ. DNA 分析에 있어서 데이터 保護(Datenschutz)

1. 遺傳工學의 데이터 保護法(Datenschutzrecht)的 關聯性

(1) 私生活侵害의 問題

과학이 발달하고 유전공학의 발달로 생명의료 관련 연구가 보다 용이해 졌고, 인간의 염색체를 파악하는 일도 곧 실현될 듯하다. 그러나 동전의 양면과도 같이 과학의 발달과 함께 인간의 존엄성 파괴·생명 경시·자유 침해가 발생할 가능성이 높으며 이러한 단점을 보호하기 위한 노력이 필요하다.[46] 여기에서 국가가 개인 데이터를 수집·저장·이용하는 것을 제한하고 통제하는 것을 목적으로 하는, DNA 분석에 있어서 개인 데이터 보호제도의 문제가 필연적으로 제기되고 있다. 이와 관련된 문제들 중 유전정보를 통한 사생활 침해가 특히 문제가 된다.[47]

사생활 침해 개인의 유전정보가 오용되거나 유출될 경우에는 개인의 사생활의 비밀과 자유가 침해될 가능성이 있을 것이다. 이러한 유전정보의 프라이버시 원칙은 임상실험을 수반하는 유전공학의 연구 분야에서 부가적으로 요구된다.[48] 인체를 대상으로 하는 연구의 경우, 먼저 기관 내 윤리위원회의 심사를 거쳐서 비로소 연구계획서가 승인되고 실시될 수 있다.[49] 미국의 의료정보에 대한 연방지침

---

46) Vgl. 포괄적으로 *Tjaden*, Genanalyse als Verfassungsproblem, 2000.

47) *전영주*, 의료정보와 개인정보보호, 법학연구 제23집, 2006, 531면 이하 참조.

48) *Jennifer Kulynych / David Kom*, Use and Discloser of Health Information in Genetic Research: Weighting the Impact of the New Federal Medical Privacy Rule, 28 American Journal of Law & Medicine 309, 2002, S.315.

에 의하면 연구를 위해 환자의 정보를 사용하기 위해서는 반드시 환자의 서면으로 승인된 동의서를 요구하고 있다. 그런데 당사자가 동의를 얻어서 수집된 유전정보가 제3자에게 공개되는 것이 정당화될 수 있는가의 문제가 제기된다. 유전정보의 경우에는 그 정보가 과연 일신전속적인 것인가에 대해 의문이 있기 때문이다. 한 개인이 가진 유전정보는 그 개인의 가족 구성원이 함께 조상으로부터 물려받은 것이고 장래 후손과 혈족들과 공유하게 될 것이다. 그러므로 DNA 검사에 동의하지 않는 의사를 표시한 가계의 구성원은 검사로 알려진 유전정보에 대하여 알지 않을 권리도 보호받을 것을 주장한다.50)

(2) 人間尊嚴性 侵害의 問題

이러한 사생활 침해와 관련하여, 본 연구의 주제인 DNA 분석에 있어서 데이터 보호의 문제는 인간의 존엄이나 인격권의 관점 등에서 논의할 수 있다.51)

먼저 인간의 존엄성 침해의 문제이다. 유전형질이 암호화되어 기억되는 부분, 즉 DNA의 코드화 부분을 분석하는 것은 독일연방공화국기본법(이하 '기본법'이라 한다) 제1조 제1항에서 불가침이라고 정하고 있는 인간의 존엄을 침해하는 것에 해당한다는 우려가 있다는 점에는 이미 합의가 이루어졌다. 이에 대해서는 "DNA 분석이

---

49) *Jennifer Kulynych / David Kom*, a.a.O., S.316.

50) *전영주*, 전게논문, 532면 이하 참조; *이인영*, "유전자 검사와 유전자치료에 관한 쟁점사항과 사회적 수용도", 한림법학FORUM 제16권, 한림대학교 법학연구소, 2005, 28면 참조.

51) *이준형*, 전게논문, 135면 이하.

개인의 DNA 코드화된 부분의 분석을 하지는 않는다(또는 현재의 기술수준으로는 할 수 없다)."는 설명이 일반적이었고, 그래서 과거에는 DNA 분석이 인간의 존엄에 대한 침해라고는 할 수 없다는 주장이 힘을 가졌다. 그러나 장래에 분석기술이 진보한 경우에 DNA의 코드부분을 분석하는 것이 가능하게 되는 것은 아닌가라는 염려는 초창기부터 표명되었고, 또한 DNA 분석은 기법으로서 성숙하지 않아서 이를 전면적으로 받아들이기는 어렵다는 지적도 있었다.

(3) 一般的 人格權 및 情報 自己決定權 侵害의 問題

다음으로 DNA 분석에 있어서 데이터 보호의 경우 독일 기본법 제1조 제1항과 결부되어 있는 제2조 제1항에 명기된 일반적 인격권 및 그와 관련된 정보 자기결정권(Recht auf informationelle Selbstbestimmung)의 문제이다.[52] 개인 데이터 보호제도는 헌법상의 정보 자기결정권에 근거를 두고 있다. 개인은 정보 자기결정권을 통해 국가가 자기 자신에 관한 어떤 정보를 조사·처리해도 되는지를 결정 내지 통제할 수 있는 권리를 갖는다. 이러한 기본권은 다만 기본법 제1조 제1항과 연관된 동법 제2조 제1항에 근거하고 있기 때문에 한계가 없는 것은 아니다. 우세한 일반이익에 있어서 개인은 자기의

---

52) 독일 연방헌법재판소는 정보 자기결정권을 기본법 제2조 제2항에서 보장하고 있는 일반적 인격권에서 도출하고 있다(BVerfGE 65, 1 = NJW 1984, 419). 우리 헌법재판소는 "개인정보자기결정권의 헌법적 근거로는 헌법 제17조의 사생활의 비밀과 자유, 헌법 제10조 제1문의 인간의 존엄과 가치 및 행복추구권에 근거를 둔 일반적 인격권 또는 위 조문들과 동시에 우리 헌법의 자유민주적 기본질서 규정 또는 국민주권원리와 민주주의원리 등을 고려할 수 있으나, 개인정보자기결정권으로 보호하려는 내용을 위 각 기본권들 및 헌법원리들 중 일부에 완전히 포섭시키는 것은 불가능하다고 할 것이므로, 그 헌법적 근거를 굳이 어느 한두 개에 국한시키는 것은 바람직하지 않는 것으로 보이고, 오히려 개인정보자기결정권은 이들을 이념적 기초로 하는 독자적 기본권으로서 헌법에 명시되지 아니한 기본권이라고 할 것이다."라고 판시하고 있다(헌재 2005.5.26, 99헌마513, 2004헌마190).

정보 자기결정권의 한계를 감수해야 한다.[53] 이러한 한계는 그 요건과 범위를 명확히 하고 예측 가능하게 하는 합헌적인 법률의 근거를 필요로 한다. 여기에서는 특히 비례성의 원칙이 중요하다.[54]

DNA 분석을 위하여 체세포 등을 채취하는 것은 그것이 DNA의 비코드화 부분에 한정하여 검사를 할 목적으로 이루어진다 하더라도 일반적 인격권을 침해하는 것이라는 점에는 이미 합의가 존재하였다. 그러나 그것이 종래의 법 규정 아래서 가능한가, 또 불가능하다면 새로운 입법조치로는 가능한가, 아니면 어떠한 입법조치로도 인정될 수 없는 것인가에 대해서는 다양한 의견들이 존재하였다. 나아가 채취된 물질의 DNA 분석을 하는 것의 시비도 문제 되었다. 이것은 DNA 분석은 개인의 정보 자기결정권에 대한 개입 정도가 강하기 때문에 그 실시에는 채취에 대한 규정과는 별도로 어떠한 근거규정이 필요하다는 견해가 존재하였음을 뜻한다.[55]

한편, 기형아 출산을 회피하기 위해 기형아 DNA 검사를 요구하는 산모에게 의사가 기형아 판별 확률이 높은 검사법에 대하여 정보를 주지 않은 경우, 이는 환자의 정보 자기결정권을 침해한 행위로서 위법한 것인지가 문제 될 수 있다. 기형아 검사는 선천성 염색체 이상아의 출생을 회피하기 위해 사용될 우려가 있는 등 윤리적·인도적 문제와 직결되고, 또한 우리나라 현행법상 태아의 이상

---

53) BVerfGE 65, 1(43 f.)=NJW 1984, 419(422).

54) *Schmidt-Jortzig, Edzard*, Die DNA-Analyse: Ethische Perspektiven aus Sicht des Verfassungsrechts, DÖV 2005, S.734 ff.

55) 정보 자기결정권은 독일 연방헌법재판소가 1983년에 내렸던 이른바 인구조사(또는 국세조사) 판결에서 헌법 차원의 기본권으로 확립되었다(BVerfGE 65, 1＝NJW 1984, 419). 이 판결에 대해서는 정태호, "현행 인구주택 총조사의 위헌성", 법률행정논총 제20집, 전남대학교 법률행정연구소, 2000, 202면 이하 참조.

을 이유로 하는 인공임신중절은 허용되고 있지 않다. 따라서 임산부가 출산 준비를 위한 사전정보로서 태아에게 염색체 이상이 있는지 여부를 아는 것이 법적으로 보호할 가치가 있는 이익이라고는 말할 수 없으므로, 의사가 기형아 판별에 대한 사전 정보를 주지 않은 것을 가지고 환자의 정보 자기결정권을 침해하였다고는 할 수 없는 것이다.[56]

(4) 獨逸 및 유럽聯合의 데이터 保護法

앞에서 지적한 법률의 근거는 데이터 보호에 있어서 횡단면소재(Querschnittsmaterie)가 중요하기 때문에 몇몇 개별 법률에 여기저기 산재해 있다. 참고로 주요한 특별법으로는 일반적으로 경제생활에서처럼 미디어·통신 영역에 있어서 데이터 보호에 관한 통신법(Telekommunikationsgesetz)과 통신서비스데이터 보호법(Teledienstedatenschutzgesetz)을 들 수 있다. 통신법의 적용범위는 통신수단을 이용하여 정보를 전송 및 수령하는 모든 기술적인 절차를 포함하며(동법 제3조), 기본권으로 보장하고 있는 통신비밀(독일기본법 제10조)의 보호를 구체화하고 있다(동법 제85조 이하). 또한 통신서비스 개인정보보호법은 정보·통신서비스를 이용하는 경우에 데이터 보호에 관한 규정들을 담고 있다. 이러한 정보·통신서비스에는 텔레뱅킹, 전자우편 등의 개인통신들이 포함된다.[57] 헌법의 구체화로서 연방데이터보호법(Bundesdatenschutzgesetz, BDSG)[58]과 각 주의 개

---

56) 대법원 1999.6.11. 선고 98다22857 판결.

57) 독일 데이터 보호법 현대화에 관한 보고서에서는 통신법(TKG) 및 통신서비스데이터 보호법(TDDSG)까지 연방데이터보호법(BDSG)으로 통합되어야 한다고 주장하고 있으며, 분야별 특별법상의 특별규정은 오직 일반 규정의 예외만을 규정할 것을 제안하고 있다. *박병섭*, 독일의 개인정보보호제도에 관한 연구, 민주법학 제25호, 2004, 424면 참조.

인 데이터 보호법은 개인 데이터 보호에 관한 특별법에 대하여 보충적으로 적용되는 일반법의 성격을 가지고 있다(동법 제1조 제3항). 개인 데이터 보호에 대한 외국의 입법례로서 독일의 경우에 1977년 제정된 연방데이터보호법은 개인의 정보에 관하여 공적·사적 영역을 구분하지 않고 동일한 법체계에서 보호하고 있다. 동법의 목적은 개인이 자기의 인적 관련 데이터의 이용을 통하여 자기의 인격권이 침해되는 것을 보호하는 것이다(동법 제1조 제1항). 이러한 목적을 실현하기 위하여 동법 제4조 제1항은 금지원칙(Verbots-prinzip)을 규정하고 있다. 동법에 의하면 원칙적으로 모든 인적 관련 데이터의 수집, 처리, 이용은 금지된다. 예외적으로 ① 정보주체가 동의한 경우, ② 정보처리를 허락하는 단체협약 또는 경영협정이 존재하는 경우, ③ 정보처리를 정당화하는 법률규정이 있는 경우에만 그 데이터의 처리가 허용된다(동법 제4조 제1항).

한편 유럽연합(EU)의 유럽의회(European Parliament)와 유럽이사회(European Council)는 1995년 공동으로 '개인정보의 처리와 개인정보의 자유로운 유통에 관한 개인 데이터 보호준칙'(Directive 95 / 46 / EC of the European Parliament and of the Council on the protection of individuals with regard to the processing of personal data and on the free movement of such data)[59]을 채택하였다. 이

---

58) I.d.F. der Bekanntmachung v. 14. 1. 2003(BGBl I, 66).

59) Richtlinie 95 / 46 / EG des Europäischen Parlaments und des Rates v. 24. 10. 1995 zum Schutz natürlicher Personen bei der Verarbeitung personenbezogener Daten und zum freien Datenverkehr(ABlEU Nr. L 81 v. 23. 11. 1995, S.31); *Dammann / Simitis*, EG-Datenschutzrichtlinie, 1997; *Ehmann / Helfrich*, EG-Datenschutzrichtlinie, 1999; *Gola / Klug*, Grundzüg d. DatenschutzR, 2003, S.16 ff; 법무부, 『주요국의 개인신용정보보호법제』, 1999, 182쪽 이하 참조.
http://europa.eu.int/comm/internal_market/privacy/law-en.htm.

러한 유럽연합(EU)의 개인 데이터 보호준칙은 공공·민간 부문에 공동으로 적용되는 강력한 개인 데이터 보호조치를 포함하고 있다. 또한 이 준칙은 법적 구속력을 갖기 때문에 유럽연합(EU) 회원국은 이를 준수하여야 한다.

유럽연합의 데이터 보호준칙은 정보내용에 관한 원칙으로 다음과 같이 규정하고 있다(제6조 제1항). 즉 ① 개인정보는 공정하고 적법하게 처리되어야 하며,[60] ② 특정되고, 명백하고, 정당한 목적을 위해 수집되어야 하고, 당해 목적과 모순되는 방법으로 처리되지 않아야 한다. ③ 개인정보의 수집 및 처리가 목적에 비추어 적절하고, 관련 있고, 지나치지 않아야 하며, ④ 정확해야 하고, 필요한 경우에는 정보를 최신의 것으로 유지하여야 한다. ⑤ 정보가 수집되거나 처리될 목적에 비추어 필요로 하는 기간 내에 한하여 정보주체의 식별이 가능한 형태로 보존되어야 한다. 따라서 이 준칙은 특히 필요성의 원칙(Grundsatz der Erforderlichkeit)을 규정하고 있다고 볼 수 있다.

DNA 분석의 경우 고유한 특별법은 존재하지 않고, 오히려 상이한 특별 분야에서 적용될 수 있는 데이터 수집의 방법을 들 수 있다. 데이터 보호법에 대한 개별 특별 분야에 있어서 DNA 분석에 관한 규정은 무의미할 수 있다. 데이터 보호법의 경우 이미 앞에서 지적한 바와 같이 일반적인 데이터 보호법에 속하는 횡단면소재(Querschnittsmaterie)가 중요할 것이다. DNA 분석은 단지 데이터

---

60) 쿠키와 같이 개인이 의식하지 않은 상태에서 개인정보처리자가 개인정보를 수집·처리·가공함은 동의권의 명백한 침해라고 할 수 있다. *임규철*「독일의 프라이버시보호를 위한 법 제도 현황」, 참여연대 간담회 발표논문, 2003.8.18. 21면.

보호법의 문제만을 다루지 않기 때문에, 그 규정은 연방데이터보호법에서 물론 짧게 차지할 것이다. 인간유전학을 포괄하는 전체 법전 편찬의 테두리에서 어떤 규정은 더 의미가 있다. 이것은 규율하려고 하고 또한 규율할 필요가 있는 것이 명확하다는 것을 전제로 한다.

2. DNA 分析에 있어서 데이터 保護

DNA 분석을 이용하는 문제에 관해서는 여러 가지 관점에서 평가를 할 수 있겠으나, 본 연구의 관점에 대해서 이미 앞에서 지적하였듯이, 여기에서는 데이터 보호(Datenschutz)의 측면에서 몇 가지로 나누어 평가해 보고자 한다.[61]

DNA 분석의 데이터 보호법적 출발점은 분명할 것이다. 즉 DNA 분석은, 예외적으로 데이터 수집・저장・처리의 당사자가 명백하고 자유로운 의사로 동의하거나 그 분석이 정보자기결정의 요건과 필요성의 카테고리 안에서 법률적으로 허용되지 않는 한, 그것은 원칙적으로 허용되지 않는다는 점이다. 예외적 가능성을 통하여 DNA 분석의 활동공간은 충분히 허용되어 데이터 보호 측면의 위험은 존재하지 않는다. 동시에 데이터 보호법적 문제점 또한 해결될 것이다. 물론 DNA 분석의 최선의 사용목적은 모든 수단을 정당화하지는 않는다. 본래의 사용목적을 확장시키는 것은 가능하면 회피해야 한다. DNA 분석의 남용은 결코 정당화될 수 없다.

---

61) *Ronellenfitsch*, Genanalysen und Datenschutz, a.a.O., S.324 ff; *이준형*, 전계논문, 142면 이하 참조.

신생아스크리닝(Neugeborenen‑Screening)은 신진대사질병 (Stof-fwechselkrankheit)의 치료를 통해 정당화된다. 나의 생각으로는 추상적인 치료가능성만으로 충분하다. 새로운 진찰방법의 발전과 아직까지 존재하지 않는 치료에 대한 지적 이익은, 비록 특정 아이가 진찰의 수익자가 아닐 수 있을지라도, 양육권자가 그 진찰을 동의하는 모든 아이들의 친찰을 정당화한다. 불치병에 대한 진찰은 윤리적이고 법적인 측면에서 의문의 여지가 있다. 불치병에 대한 유전적 조치의 우연한 발견을 알릴 필요가 있는지의 여부에 대하여 결정적으로 답변할 수 없을 것이다.

형사절차에 있어서 DNA 분석의 사용과 이것과 연관된 데이터처리·저장은 본질상 정당화된다. '중요한 의미의 범죄'(Straftaten von erheblicher Bedeutung)[62]의 발견은 일반복리(Allgemeinwohl)에 기여한다. 국가적 보호사명에 대한 직관적 발명은 이러한 다수의사에 부합하는 것이다. 국가의 권력독점이 요구하는 것은 국가 또한 사실상 권력을 약자의 보호를 위하여 수행하는 점에 있다. 따라서 DNA 분석을 정당화하는 중대한 범죄는 신체·생명 또는 성적 자기 결정 등에 대한 침해의 경우에 발생한다. 범죄해명을 위한 전적인 치유수단으로서 DNA 분석은 제공되지 않는다. DNA 분석은 데이터 보호법상 반드시 필요한 것이 아니고 모든 경우에 당사자의 동의를 통해서 행해지는 것도 아니다.

데이터 보호법상 아직도 더 문제 되는 것은 유전정보의 남용위험

---

62) '중요한 의미의 범죄'에 대한 개념에 관해서는 BT‑Drs. 13 / 10791, S.5; *Kleinknecht / Meyer ‑Großner*, StPO, § 98a Rn. 5; *H.‑R. Rudolphi*, 1994, in: Systematischer Kommentar zur StPO, § 98a Rn. 10; *L. Senge*, Gesetz zur Änderung der StPO(DNA ‑Identitätsfeststellungsgesetz), NJW 1999, S.253(254). 연방헌법재판소에 의하면 '중요한 의미의 범죄'란 "법적 평온을 감정적으로 방해하고 개인의 법적 안전의 감정을 심히 침해하는 것"을 말한다고 했다. *Schmidt ‑Jortzig, Edzard*, a.a.O., Anm. 18.

에 있다. 정보를 합법적으로 처리했다고 해서, 권한 없는 자의 개입을 막을 수 있다는 것이 필연적으로 보장되지는 않는다는 점이다. 테러방지를 위해 데이터처리가 행해지면, 효율적 이익 측면에서 안전서비스의 국제적 네트워크 형성이 요구된다.

DNA 분석에 있어서 데이터 보호에 관해서도 법리상 흑백표시에 하자가 있다. 데이터 보호의 이익에 상응하는 DNA 분석을 위한 정당한 적용 분야들이 존재한다. 위험들은 유전데이터의 본래의 사용목적에서 벗어났을 때 비로소 발생한다.

DNA 분석에서 획득할 수 있는 데이터는 인격의 핵심에 관한 것이다. 예컨대 여기에서는 피검자의 구체적이고 현실적인 건강상태에 관한 데이터뿐만 아니라 추후 증세가 발생할 가능성이 있는 질병에 대한 데이터, 당사자의 장기 건강 상태의 변화에 어떠한 의미를 가질지 분명히 특정할 수 없을 병적 소인에 관한 데이터도 역시 문제된다. 즉 이러한 정보는 질병과 건강의 한계영역과 겹겹이 관련되어 있다고 할 수 있다. 그리고 이러한 정보를 통하여 당사자는 영원히 낙인찍히게 된다. 제3자가 이러한 정보를 알고 수집하고 이용하는 것, 또한 당사자 자신이 이러한 사실을 아는 것은 당사자에게 특별히 중대한 결과를 초래하게 될 것이다.

그렇다고 하면 DNA 분석을 그것의 기술적인 측면과 데이터 보호법상의 문제로 구분하여 볼 수 있고, 데이터 보호법상의 문제가 애초부터 DNA 분석의 논의 가운데에 자리 잡지 않으면 안 된다. 그리고 그러한 경우에 중요한 것은 여기서 문제는 DNA 분석으로 획득한 정보를 구체적인 사건에서 남용하는 것을 방지하거나 정보를 권한 없는 자의 수중으로 들어가지 않도록 하는 것만은 결코 아니라는 것이다. 일관성 있는 데이터 보호를 위해서는 유전자 데이터의 처리를 허용하는 요건을 명백히 하고, 구속적으로 규정한 경우에만 이룩할 수 있다고 하는 관점이 중요하다. 구체적으로(ⅰ) 어떠한 요건하에서 어떠한 목적을 위해서 유전자 데이터를 처리할 수 있는가, (ⅱ) 누가 정보를 포착하는가, (ⅲ) 이러한 정보에 관한 목적구속을 실제로 영속적으로 확보하는 것이 가능한가, (ⅳ) 가능하다면 이를 어떻게 확보하는가라는 점들이 검토되어야 한다.

DNA 분석의 이용에 관한 많은 문제들에 관하여 아무런 사회적 합의도 존재하지 않고, 일부에서는 커다란 견해의 차이도 볼 수 있다. 그러므로 데이터 보호의 관점에서는 민감한 유전자 데이터를 수집하는 것을 용인할 수 없다. 지금까지의 경험이 데이터 집적이 일단 존재하게 되면 데이터 이용을 제한하는 것은 매우 난이하다는 사실을 보여 주기 때문이다.

Ⅴ. 結論 및 示唆點

본 연구는 현대 유전공학의 유용성이 데이터 보호법의 제한의 범위 내에서 어떻게 이용될 수 있는지에 관해서 독일에서의 논의를 중심으로 고찰해 보았다. 이하에서 필자는 DNA 분석을 단지 하나의 적용(Verwendung)의 문제와 일반적으로 데이터 보호와 같은 인식(Erkenntnis)의 문제로 나누어 고찰함으로써 글을 맺고자 한다.[63]

우선 DNA 분석은 단지 하나의 적용의 문제(Verwendungsproblem)일 뿐이다. 예컨대 태아감별조사는 산모의 생명에 위협적인 출생을 예방하거나 그 때문에 의사에게 낙태를 하게 하는 계기가 될 수 있다.[64] 이러한 태아에 대한 정기적인 DNA 분석을 통하여 지금까지 치료가 불가능하였던 수많은 유전질환이나 유전적 결함 등을 조기에 발견할 뿐만 아니라 이러한 유전질환 등에 대한 치료의 길도 열리게 될 것이다. 또한 착상 전 진단(Präimplantationsdiagnostik)은 시험관에서 배양된 수정란을 이식하도록 지도한다. 인공 수정 기술의 획기적 발전으로 이어져 불임을 예방 및 치료할 수 있게 될 것이다. 아울러 DNA 지문감식은 성범죄자와 같은 강력범죄를 규명해 내는 데 사용된다. 그리고 인간 DNA 분석에 따른 유전자 정보가 보험이나 고용 등에 이용될 가능성도 있다. 특히 개인의 유전정보에 따른 보험이나 고용에 있어서 차별의 도구로 사용될 가능성에 대해 많은 사람들이 우려하고 있으며, 가장 어려운 문제는 사생활 보호와 공정한 유전정보 이용의 균형을 맞추는 것이며, 유전정보를 잘못 사용하면 새로운 하층민이 생겨날 수 있는 위험성이 경고되고 있다.

이 모든 것은 선한 의지를 가지고, 즉 이데올로기를 떠나서 법적으로 규율될 수 있다. 여기에서는 인간상(Menschenbild)의 문제가 특히 중요하다. 인간본성이 단지 네거티브하게 보이는 자는 사회적 공동생활이 다만 그 제한의 합으로만 구성된다. 그로 인하여 모든 포지티브하고 건설적인 인간행동은 미연에 방지될 수 있다.[65]

---

63) *Ronellenfitsch*, Genanalysen und Datenschutz, a.a.O., S.325.

64) FAZ Nr. 175 v. 30. 7. 2004, S.33.

65) *Margret Mead*, Mann und Weib, 1958, S.18 f.

무엇보다 DNA 분석은 일반적으로 데이터 보호(Datenschutz)와 같은 인식의 문제(Erkenntnisproblem)이다. DNA(내지 유전자)의 가장 큰 특징은 개인 신체의 불가분을 이루고, 그 결합관계는 영속적이며, 그 안에는 인격의 본질과 맞닿아 있는, 대단히 민감한 개인정보가 들어 있다는 사실이다. 가령, 자신에게는 어떠한 유전적 질환인자가 있는지, 지능과 체력, 건강과 수명 등등……. 유전과학의 발전과 더불어 우리가 알 수 있는 정보의 양도 급속히 늘어만 가고 있다. 개인정보 데이터가 허용된 방식으로 더 많이 수집될수록, 그 데이터를 큰 데이터창고에 연결하려는 시도는 더욱 커진다. 유전정보는 특히 민감하기 때문에 다음과 같은 위험은 더 커진다. 즉 데이터의 연결을 통해서, 특히 사회적 데이터(Sozialdaten)[66]와 관련하여 당사자의 신상이 노출될 수 있다는 것이다. 이러한 위험은 유전정보의 수집, 가공, 그리고 이용이 비례의 원칙, 특히 최소 침해의 원칙에 제한되면서 직면하게 된다.

일반적으로 유전공학의 유용성과 리스크는 적어도 인간에 대한 유전공학의 적용과 관련하여 논쟁적으로 토론되고 있다. 이와 관련하여 우리나라의 경우 생명윤리 및 안전에 관한 법률[67]은 DNA 분석(유전자 검사)[68]을 포함한 생명과학기술[69]에 있어서의 생명윤리 및 안전을 확보하여 인간의 존엄과 가치를 침해하거나 인체에 위해를 주는 것을 방지하고, 생명과학기술이 인간의 질병 예방 및 치료

---

66) Vgl. § 35 SGB I, § 67 SGB X.

67) 2004.1.29. 제정, 법률 제7150호, 최근 일부 개정 2007.4.11. 법률 제8366호.

68) '유전자 검사'라 함은 개인의 식별, 특정한 질병 또는 소인(素因)의 검사 등의 목적으로 혈액·모발·타액(唾液) 등의 검사 대상물로부터 염색체·유전자 등을 분석하는 행위를 말한다(생명윤리 및 안전에 관한 법률 제2조 6호).

69) '생명과학기술'이라 함은 인간의 배아(胚芽)·세포·유전자 등을 대상으로 생명현상을 규명·활용하는 과학과 기술을 말한다(생명윤리 및 안전에 관한 법률 제2조 1호).

등을 위하여 개발·이용될 수 있는 여건을 조성함으로써 국민의 건강과 삶의 질 향상에 이바지함을 목적으로 하고 있다(제1조). 이러한 목적규정에 부응하여 동법 제24조에 의하면 유전자 검사를 하고자 하는 자 또는 직접 검사 대상물을 채취하여 유전자에 관한 연구를 하고자 하는 자는 유전자 검사시설 또는 연구시설의 소재지, 기관장, 유전자 검사 또는 연구항목 등의 사항에 대하여 보건복지부장관에게 신고하여야 한다. 또한 동법 제25조에 따르면 유전자 검사기관은 과학적 입증이 불확실하여 검사 대상자를 오도할 우려가 있는 신체외관이나 성격에 관한 유전자 검사를 하여서는 아니 되고(제1항), 특히 근이영양증 등 유전질환을 진단하기 위한 목적 외에는 배아 또는 태아를 대상으로 유전자 검사를 하여서는 아니 되며(제2항), 의료기관이 아닌 유전자 검사기관에서는 질병의 진단과 관련한 유전자 검사를 할 수 없다. 다만, 의료기관의 의뢰를 받아 유전자 검사를 하는 경우에는 그러하지 아니하다(제3항). 이러한 새로운 기술은 특히, 의학 분야에서 진보를 거듭했고, 따라서 종래 불치병 치료에 대한 희망을 일깨워 주고 있다. 또한 그 새로운 기술은 예컨대 형사절차 분야에서도 적극 활용되고 있다. 다른 한편으로, 생명윤리 및 안전에 관한 법률 제5조는 "누구든지 자신이 생명과학기술의 적용 대상이 되는 경우 생명윤리 및 안전에 관하여 충분한 설명을 들은 후 이에 관한 동의 여부를 결정할 권리를 가진다."고 함으로써 정보 자기결정권을 명시하고 있다. 이에 따라 동법 제26조에 의하면 유전자 검사기관 또는 유전자에 관한 연구를 하는 자가 유전자 검사 또는 유전자 연구에 쓰일 검사 대상물을 직접 채취하거나 채취를 의뢰하는 때에는 검사 대상물을 채취하기 전에 검사 대상자로부터 ① 유전자 검사 또는 유전자 연구의 목적, ② 제1호의 규정에 의한 목적 외로 검사 대상물을 이용하거나 타인에게 제공하는 것에 대한 동의 여부 및 그 범위에 관한 사항, ③ 제2호의 규정에 따라 검사 대상물을 타인에게 제공하는 경우에 개인정보를 포함시킬 것인지 여부, ④ 검사 대상물의 보존기간 및 관리에 관한 사항, ⑤ 동의의 철회, 검사 대상자의 권리 및 정보보호 등이 포함된 서면동의를 얻어야 한다(제1조). 또한 동법 제27조에 의하면 유전자 검사기관은 제26조의 규정에 따라 검사 대상자로부터 연구목적으로 검사 대상물을 이용하는 것에 대하여 서면동의를 얻은 경우에는 유전자에 관한 연구를 하는 자 또는 제32조의 규정에 따라 유전자은행[70]의 개설허가를 받은 자에게 검사 대상물을 제공할 수 있고(제1항), 이 경우 제1항의 규정에 따라 제공하는 검사 대상물에 개인정보를 포함시켜서는 아니 된다. 다만, 개인정보를 포함시키는 것에 대하여 검사 대상자 또는 법정대리인이 서면으로 동의하는 경우에는 그러하지 아니하다(제2항). 한편 동법 제31조에 의하면 누구든지 유전정보를 이유로 하여 교육·고용·승진·보험 등 사회활동에 있어서 다른 사람을 차별하여서는 아니 되고(제1항), 다른 법률에 특별한 규정이 있는 경우를 제외하고는 누구든지 타인에게 유전자 검사를 받도록 강요하거나 유전자 검사의 결과를 제출하도록 강요하여서는 아니 된다(제2항). DNA 분석과 관련하여 획득한 인식의 측면에서 고도로 민감한 데이터가 남용될 수 있다는 점을 유의해야 한다. 그 때문에 정보의 수집, 가공, 사용에 있어서 당사자의 일반적 인격권 및 정보 자기결정권이 비례성의 원칙에 위배되어 침해되지 않도록 보장되어야 한다. 이를 위해서 이미 언급한 바와 같

---

[70] '유전자은행'이라 함은 유전정보의 획득을 목적으로 검사 대상물·유전자 또는 개인정보가 포함된 유전정보(이하 '유전정보 등'이라 한다)를 수집·보존하여 이를 직접 이용하거나 타인에게 제공하는 기관을 말한다(생명윤리 및 안전에 관한 법률 제2조 8호). 여기에서 '유전정보'라 함은 유전자 검사의 결과로 얻어진 정보를 의미한다(생명윤리 및 안전에 관한 법률 제2조 7호).

이 우리보다 먼저 이 분야의 법제를 정비하고 있는 독일의 데이터 보호제도를 조사·연구·검토하는 것은 내용적으로 아직 크게 미흡할 뿐만 아니라 적지 않은 문제점들을 갖고 있는 우리나라의 현행 데이터 보호 관련 법제의 정비에 시사하는 바가 크다고 할 것이다. 이 점은 DNA 분석에 있어서 데이터 보호와 관련해서도 커다란 참고가 될 것이다.71) 우선 독일의 연방데이터보호법(BDSG)처럼 데이터 보호 전반을 통괄하는 데이터보호기본법을 제정하는 것이 필요하다. 이러한 입법방식은 이미 국제적인 대세라고 볼 수 있고, 또한 학계에서도 폭넓은 지지를 받고 있다.72) 통합법의 제정은 데이터 보호의 일반적인 원칙을 확립시켜 주며, 무엇보다도 DNA 분석에 있어서 데이터 보호의 분야와 관련하여 포괄적인 보호를 제공한다. 아울러 해당 분야의 특수성이 인정되는 경우에는 각각의 특별법에 의하여 적절한 내용을 규정하여 적용할 수 있게 하여야 한다. 이때 특별법상의 규정은 오직 일반 규정의 예외만을 규정하는 것이 바람직하다고 생각한다. 이를 통해서 적용범위의 중첩이나 가치적 모순들을 제거할 수 있으며 높은 수준에서 통일화를 이룰 수 있을 것이다. 여기에서 유의해야 할 점은 민간부문에서의 개인 데이터의 보호에 관한 입법에 있어서는 DNA 분석에 있어서 개인 데이터의 보호 필요성과 함께 기업 활동의 자유의 보장과 데이터의 자유로운 유통의 보호를 고려하여야 한다는 것이다.73)

---

71) 전체적으로는 *박병섭*, 전게논문, 423면 이하 참조.
72) *정찬모*, 「개인정보보호 관련 주요국동향 및 국제적 입법의 필요성」, 『통상법률』 제20호, 법무부, 1998.4. 126면.
73) *박균성*, 행정법강의, 박영사, 2007, 557면 이하 참조.

| 參考文獻(Literatur) |

Ⅰ. 국내문헌

김훈기, 유전자가 세상을 바꾼다, 궁리, 2000.

과학동아 편집부, 생명코드 AGCT, 아카데미서적, 1999.

박균성, 행정법강의, 박영사, 2007.

박병섭, 독일의 개인정보보호제도에 관한 연구, 민주법학 제25호, 2004.

박정훈, 행정법의 체계와 방법론, 박영사, 2005.

법무부, 『주요국의 개인신용정보보호법제』, 1999,

신종철, 「프라이버시 보호를 위한 규제에 대한 연구」, 성균관대학교 행정대학원 석사학위논문, 2002.

심재무, 유전자분석과 낙태의 정당화 사유, 비교형사법연구 제3권 제2호, 2001.

안대희, 유전자감식의 기본원리, 법조 92 / 6.

원혜욱, 유전자감정결과의 증거사용에 관하여, 형사정책연구(한국형사정책연구원), 2001년 봄호.

유영찬, 법과학과 수사, 2002.

이준형, 형사소송과 DNA 분석: 개인정보 보호의 입장에서 독일의 예를 중심으로, 중앙법학 제4집 제3호, 2003.

이인영, "유전자 검사와 유전자치료에 관한 쟁점사항과 사회적 수용도", 한림법학FORUM 제16권, 한림대학교 법학연구소, 2005.

전영주, 의료정보와 개인정보보호, 법학연구 제23집, 2006.

정찬모, 「개인정보보호 관련 주요국동향 및 국제적 입법의 필요성」, 『통상법률』 제20호, 법무부, 1998.4.

정태호, "현행 인구주택총조사의 위헌성", 법률행정논총 제20집, 전남대학교법률행정연구소, 2000.

조인성, 생명공학 시설물개념에 관한 법적 고찰: 독일 연방임미시온보호법과 유전공학법을 중심으로, 공법연구 제34집 제3호, 2006.

조인성, 독일법상 유전자변형생물체에 관한 검토: 인간을 중심으로, 토지공법연구 제26집, 2005.

조인성, 독일 유전공학법의 최근 동향: 소비자, 농업종사자 그리고 환경보호를 위하여, 환경 법연구 제27권 1호, 2005

Ⅱ. 외국문헌

Matt Ridley / *하영미, 전성수, 이동희 역*, 게놈, 김영사, 2000.

Alexy, Robert, Rechtssystem und Praktische Vernunft, Rechtstheorie 18, 1987.

Becker / Fuhrmann / Holzgreve, Pränatale Diagnostik und Therapie, 1995.

Berg / Boland, Pränatale Diagnostik — eine Auseinandersetzung, 1989.

Böckenförde — Wunderlich, Präimplantationsdiagnostik als Rechtsproblem, 2002.

Brol, Pränatale Diagnostik als ethische Herausforderung, 1998.

Crick, Francis, Ein irres Unternehmen. Die Doppelhelix und das Abenteurer Molekularbiologie, 1990.

Dammann / Simitis, EG — Datenschutzrichtlinie, 1997.

Ehmann / Helfrich, EG — Datenschutzrichtlinie, 1999.

Enquete — Kommission, Chancen und Risiken der Gentechnologie.

Foldenauer, Genanalyse im Strafverfahren, 1995.

Gassen / Martin / Bertram, Gentechnik, 3. Aufl., 1991.

Giwer, Rechtsfragen der Präimplantationsdiagnostik: eine Studie zum rechtlichen Schutz des Embryos im Zusammenhang mit der Präimplantationsdiagnostik unter Berücksichtigung grundrechtlicher Schutzpflichten, 2001.

Gola / Klug, Grundzüg d. DatenschutzR, 2003.

Haker, Ethik der genetischen Frühdiagnostik — Sozialethische Reflexionen und Verantwortung am Beginn des menschlichen Lebens, 2002.

Hofmann, Die Anwendung des Gentechnikgesetzes auf den Menschen, 2003

Human Genetics Commission, Whose hands on your gene? 2002.

Jeffreys. A. J. et al., Nature, vol. 314(1985).

Jennifer Kulynych / David Kom, Use and Discloser of Health Information in Genetic Research: Weighting the Impact of the New Federal Medical Privacy Rule, 28 American Journal of Law & Medicine 309, 2002.

Jennifer S.Geetter, Coding for Change: The Power of the Human Genome to Transfer the American Health Insurance System, 28 American Journal of Law & Medicine 1, 2002.

Kleinknecht / Meyer — Großner, StPO, § 98a.

Kollek, Präimplantationsdiagnostik, Embryonenselektion, weibliche Autonomie und Recht, 2000.

Margret Mead, Mann und Weib, 1958.

Marisa Anne Patnattro, Genetic Discrimination and the workplace: Employee's Right to Privacy v. Employer's Need to Know, 39 American Business Law Journal 139, Fall 2002.

Ronellenfitsch, Michael, in: Jb. des Umwelt — und Technikrechts.

Ronellenfitsch, Michael, in: Wagner(Hrsg.), Rechtliche Regulierung — Hemmnis oder Antrieb für Wissenschaft, Forschung und Innovation, 2001.

Ronellenfitsch, Michael, in: Dolde(Hrsg.), Umweltrecht im Wandel, 2001.

Ronellenfitsch, Michael, Die Durchsetzung staatlicher Entscheidungen als Verfassungsproblem, VEnergR 50(1982).

Ronellenfitsch, Michael, Die Bewältigung der wissenschaftlichen und technischen Entwicklung durch das Verwaltungsrecht, DVBl. 1989.

Ronellenfitsch, Michael, Verfahrensrechtliche Reformfragen im Atom−, I mmissionsschutz−und Gentechnikrecht, in: Blumel / Pitschas, Reform des Verwaltungsverfahrensrechts, 1994.

Ronellenfitsch, Michael, Biomedizinrecht, in: Eberbach / Lange / Ronellenfitsch (Hrsg.), Recht der Gentechnik und Biomedizin, GenTG / BioMedR, Stand: 34. Lfg. 2003.

Ronellenfitsch, Michael, Zur Zulässigkeit von Einschränkungen der Wiederaufbereitung−Atomausstieg durch die Hintertür, in: Bayer / Huber(Hrsg.), Rechtsfragen zum Atomausstieg, 2002.

Ronellenfitsch, Michael, Die Entwicklung des Gentechnikrechts, VerwArch 93(2002).

Ronellenfitsch, Michael, Genanalysen und Datenschutz, NJW 6 / 2006.

Rudolphi, H.−R., in: Systematischer Kommentar zur StPO, § 98a.

Schmidtke, Pränataldiagnostik(vorgeburtliche Diagnostik), 2001.

Schmidt−Jortzig, Edzard, Die DNA−Analyse: Ethische Perspektiven aus Sicht des Verfassungsrechts, DÖV 2005.

Schmitt, Carl, Der Begriff des Politischen, 1932, Neudruck 1963.

Senge, L., Gesetz zur Änderung der StPO(DNA−Identitätsfeststellungsgesetz), NJW 1999.

Tjaden, Genanalyse als Verfassungsproblem, 2000.

Watson, James, Die Doppel−Helix. Ein persönlicher Bericht über die Entdeckung der DNS−Struktur, 1969

제9장

Die Entwicklung des deutschen
Gentechnikrechts im nicht-menschlichen Bereich

I. Einleitung

Gentechnik ist "die Gesamtheit der Methoden zur Charakterisierung und Isolierung von gentechnischem Material, zur Bildung neuer Kombinationen genetischen Materials sowie zur Wiedereinführung und Vermehrung des neukomprimierten Erbmaterials in anderer biologischer Umgebung."[1] Sie ermöglicht Veränderungen am Erbgut, an Embryonen und an bereits voll entwickelten und höheren Lebewesen bis hin zum Menschen. Die Gentechnik gilt als Teil der Biotechnologie, die die gezielte Verwendung lebender Organismen für Zwecke des Menschen zum Gegenstand hat und die mit mikrobiologischen, biochemischen und gentechnologischen Methoden Mikroorganismen, Zellkulturen und Enzyme zur Stoffumwandlung, zur stofflicher Neusynthese oder zur Stoffproduktion nutzt. In systematischer Sicht ist Gentechnikrecht Gefahrstoffrecht, ist es doch durch seinen stoffspezifischen Gehalt gekennzeichnet, spricht: die Ausrichtung des Regelungszwecks auf Gefahren, die von gentechnisch behandeltem Material auf die Umwelt ausgehen

---

1) Bericht der Enquete–Kommission "Chancen und Risiken der Gentechnologie", BT–Dr 10/6775, S. 7.

können. Gleichwohl setzen das europäische und das deutsche Gentechnikrecht nicht an der Gefährlichkeit gentechnisch veränderter Organismen(GVO), sondern an der Unsicherheit der Gentechnik als solcher an. Deshalb verfolgt auch das deutschen Gentechnikgesetz (GenTG) einen primär anlagen−und tätigkeitsbezogenen Ansatz. Geht es damit um die spezifischen Gefahren, die der Umwelt durch die Gentechnik drohen, so sind die diese Bedrohung regulierenden Bestimmungen zum Umweltrecht zu zählen. Als Umwelt−Gentechnikrecht kann somit das Regelungswerk gelten, das sich mit der Anwendung gentechnischer Verfahren an nichtmenschlichen Organismen(Tiere, Pflanzen, Mikroorganismen) und deren Auswirkungen auf die Umwelt befaßt. Außerhalb steht die Humangentechnik, die gentechnische Verfahren unmittelbar auf den Menschen anwendet(Fortpflanzungsmedizin. Gentherapie).[2]

Risiken und Chancen der Gentechnik beschäftigen nicht nur das Schrifttum,[3] sondern auch die Rechtsprechung.[4] Die folgende Analyse der gerichtlichen Auseinandersetzung konzentriert sich auf Grundfragen des Gentechnikrechts(II) und Einzelfragen des deutschen GenTG(III ff). Bei letzterem werden insbesondere die Anwendungsbereiche und Begriffsbestimmungen(III), die Anlagengenehmigung

---

2) Kniesel / Mühlensiefen, Die Entwicklung des Gentechnikrechts seit der Novellierung 1993, NJW 1999, 2564.

3) Vgl. Dederer, Gentechnik im Wettbewerb der System(1998); vgl. hierzu die Besprechung von Beaucamp, ZUR 2001, 286 ff.

4) Schlacke, Die Entwicklung des Gentechnikrechts von 1989 bis 2001−ein Rechtsprechungsüberblick, ZUR 6 / 2001, S. 393.

"im geschlossenen System"(IV) und die Freisetzungen und Inverke-hrbringen(V) angesprochen. Es werden Schwerpunkte der seit 1989 ergangenen Judikatur unter besonderer Berücksichtigung neuerer Entwicklungen referiert.[5]

II. Grundfragen des Gentechnikrechts

Da die Gentechnik Ende der neunziger Jahre allmählich selbst in Deutschland in Schwung kam, sind mit der steigenden Zahl von Genehmigungsanträgen auch die Gerichte häufiger mit Fragen des Gentechnikrechts befasst worden. Gravierende spezifische Rechtsprobleme waren zunächst nicht zu lösen.[6]

In prozessualer Hinsicht stellen sich die gleichen Fragen, wie sie auch sonst beim Rechtsschutz im Zusammenhang mit kontro0 versen Vorhaben auftreten. Materiellrechtlich musste sich die Rechtsprechung zunächst mit den Standardeinwendungen gegen neue Bundesgesetze auseinander setzen, d. h. mit allen nahe liegenden bis hin zu den bei den Haaren herbeigezogenen

---

5) Vgl. die Rechtsprechungsanalysen von Jörgensen/Winter, ZUR 1996, 293 ff., die sich aber auf die Freisetzung gentechnisch veränderter Organismen beschränkt; Kniesel / Mühlensiefen, NJW 1999, 2565(2567 ff.); Schlacke, ZUR 6/2001, S. 393 ff.; Ronellenfitsch, Die Entwicklung des Gentechnikrechts, VerwArch. 93(2002), 439 ff.
6) Kniesel / Müllensiefen, NJW 1999, 2564(2567).

angeblichen Verfassungsverstößen des Gesetzes.[7]

1. Genehmigungserfordernis und - verfahren gentechnischer Anlagen vor Inkrafttreten des GenTG

Wie bereits erwähnt,[8] hat der VGH Kassel vor Inkrafttreten des GenTG im Juli 1990 in seinem heftig kritisierten[9] Beschluss vom 6. 11. 1989[10] entschieden, dass gentechnische Anlagen − im zu entscheidenden Fall eine Produktionsanlage zur Herstellung von Humaninsulin unter Verwendung gentechnisch veränderter Bakterien − einer ausdrücklichen gesetzlichen Regelung über die Nutzung der Gentechnologie bedürfen, um errichtet und betrieben zu werden. Das BImSchG oder andere Fachgesetze stellten hierfür keine hinreichenden Rechtsgrundlagen dar.[11]

Dies ergebe sich aus dem mit dem Kernenergiebereich vergleichbaren Gefahrenpotential: Die Risiken der Anwendung und Freisetzung gentechnisch veränderter Organismen seien z. T. unbekannt und könnten möglicherweise zu unermesslichen Schäden führen.[12] Selbst wenn die Gleichsetzung der Risiken, die die

---

7) Ronellenfitsch, VerwArch. 93(2002), 439 ff.

8) Vgl. oben § 6 II 3 ff.

9) Deutsch, NJW 1990, 339.

10) 8 TH 685 / 89, NJW 1990, 336 ff.; vorgehend a. A. VG Frankfurt, Beschl. v. 3. 2. 1989 − II / 2 H 3022 / 88, NVwZ 1989, 1097 ff.

11) Schlacke, ZUR 6/2001, S. 393.

Gentechnologie im Vergleich zur Kernenergie erzeugt, sich als nicht haltbar herausgestellt hat, ist dies ggf. auch auf die Vorkehrungen, die das GenTG vorsieht, zurückzuführen.[13)]

Der richtige Ansatz des Gerichts, ein Handeln des Gesetzgebers aufgrund seiner Schutzpflicht und des Parlamentsvorbehalts einzufordern, lässt es dennoch über das Ziel hinausschießen. Die Handlungspflicht des Staates kann nicht die Freiheitsgewährungen in unmittelbar geltende Verhaltensverbote umwandeln.[14)] Weder der VGH selbst[15)] noch andere Gerichte folgten dieser Rechtsprechung, sondern erachteten – bis zum Inkrafttreten des GenTG im Juli 1990 – das BImSchG als ausreichende Genehmigungsgrundlage.[16)]

2. Sachurteilsvoraussetzungen

(1) Zuständigkeit des VG Berlin bei Feisetzungsgenehmigungen

Die Bestimmung des zuständigen Gerichts bei Freilandversuchen beschäftigte das BVerwG am Rande. Mit Beschluss vom 10. 12. 1996 – 7 AV 11 – 18. 96 – [17)] entschied es, dass für Klagen im Zusammenhang mit Freisetzungsgenehmigungen des Robert – Koch

---

12) VGH Kassel, Beschl. v. 6. 11. 1989 – 8 TH 685 / 89, NJW 1990, 337(338 f.).

13) Schlacke, ZUR 6 / 2001, S. 393.

14) so auch Dederer, Gentechnik im Wettbewerb der Systeme, S. 112.

15) VGH Kassel, Beschl. v. 23. 5. 1990 – 8 TH 1006/89, NVwZ – RR 1990, 458 ff.

16) Schlacke, ZUR 6 / 2001, S. 393.

17) NJW 1997, 1022 = Eberbach/Lange/Ronellenfitsch, Rspr., Nr. 6 zu § 16 GenTG.

−Instituts(RKI) das VG Berlin nach § 52 Nr. 2 Satz 1 VwGO örtlich zuständig ist.[18] Und das BVerwG hat geklärt, dass § 52 Nr. 1 VwGO bei Anfechtungsklagen gegen Freisetzungsgenehmigungen nicht anwendbar ist, weil sich diese gem. § 14 Abs. 3 GenTG auf verschiedene Standorte erstrecken kann. Es fehlt mithin an einer besonderen Beziehungen zwischen einer Freisetzungsgenehmigung und einem Standort. Insofern beschränkt sich die Rechtsprechung zur Freisetzung gentechnisch veränderter Organismen im wesentlichen auf Entscheidungen des VG und OVG Berlin.[19]

(2) Nachbarschutz zu § § 1, 6 GenTG

Mehrere Judikate der Instanzgerichte berücksichtigen den Schutzzweck des § 1 Nr. 1 GenTG, dem allein[20]593 oder in Verbindung mit anderen Vorschriften des GenTG[21] nachbarschützende Wirkung zuerkannt wird. Gemäß § 1 Nr. 1 GenTG ist der Zweck des Gesetzes, Leben und Gesundheit von Menschen, Tiere, Pflanzen sowie die sonstige Umwelt in ihrem Wirkungsgefüge und Sachgüter vor möglichen Gefahren gentechnischer Verfahren und Produkte zu schützen und dem Entstehen solcher Gefahren

---

18) Ronellenfitsch, VerwArch. 93(2002), S. 440.

19) Schlacke, ZUR 6 / 2001, S. 393.

20) VG Berlin, Beschluss vom 7. 5. 1993, NVwZ−RR 1994, 150(bestätigt durch OVG Berlin, Beschluss vom 29. 3. 1994, NVwZ 1995, 1023).

21) VG Gießen, Beschluss vom 2. 9. 1992, NVwZ−RR 1993, 534(535); VG Hamburg, Beschluss vom 30. 7. 1994(bestätigt durch OVG Hamburg, Beschluss vom 27. 1. 1997, ZUR 1995, 93 = InfUR 1992, 170 m. Anm. Schomerus) sowie VG Hamburg, Urteil vom 24. 9. 1996, und OVG Hamburg, Urteil vom 25. 5. 1998(bestätigt durch BverwG, Beschluss vom 15. 4. 1999), abgedruckt in: Eberbach/Lange/Ronellenfitsch, Rspr. Nr. 2, 3 und 5 zu § 6 GenTG.

vorzubeugen.[22] Mit dem Schutz der genannten Rechtsgüter soll sichergestellt werden, dass eine "größtmögliche Vorsorge gegen vorhandene oder vermutete Gefahren" getroffen wird.[23] Das VG Berlin betrachtet die Aufzählung in § 1 Nr. 1 GenTG als abschließend[24]: "sonstige Rechte" wie die Freiheit, das allgemeine Persönlichkeit, das Recht am eingerichteten und ausgeübten Gewerbebetrieb oder das Vermögen als solches werden nicht geschütz t.[25] Der Schutz der Sachgüter umfasst auch alle als absolut zu qualifizierenden Beziehungen der Sache zu einem Rechtsträger und damit insbesondere das Eigentumsrecht des einzelnen an einer Sache.[26]

Das VG Neustadt a. d. Weinstrasse,[27] das VG Gießen sowie das VG und OVG Hamburg billigen dem Vorsorgeprinzip im Gentechnikbereich drittschützende Wirkung zu. § 6 Abs. 2 GenTG hat zumindest i. V. mit § 1 Nr. 1 GenTG drittschützenden Charakter. § 6 Abs. 2 GenTG normiert die Grundpflicht des Betreibers, die nachdem Stand von Wissenschaft und Technik

---

22) Kniesel / Müllensiefen, NJW 1999, S. 2567.

23) VG Berlin, NVwZ − RR 1994, 150(152), unter Hinw. auf die Amtl. Begr. zu § 1 des RegE zum GenTG(abgedr. Bei Eberbach / Lange/Ronellenfitsch, GentechnikR Komm. I, GenTG, Vorb. § 1 Rdnr. 1 ff.

24) Beschluss vom 12. 9. 1995, ZUR 1996, 147.

25) VG Berlin, ZUR 1996, 147(148 f.); ZUR 1996, 41(42); Beschluss vom 19. 4. 1994 − 14 A 156 / 94; ebenso OVG Berlin, Beschluss vom 9. 3. 1995 − 1 S 62 / 94.

26) VG Berlin, ZUR 1996, 147(149).

27) Beschluss vom 16. 12. 1991, NVwZ 1992, 1008(1011) = Eberbach / Lange / Ronellenfitsch, Rspr. Nr. 4 zu § 5 BlmSchG, S. 6, 11 ff. ; Ronellenfitsch, ebd., §13 Rdnr. 14.

notwendigen Vorkehrungen zu treffen, um die in § 1 Nr. 1 GenTG genannten Rechtsgüter vor Gefahren zu schützen und dem Entstehen solcher Gefahren vorzubeugen. Durch diese Bezugnahme auf die Schutzgüter des § 1 Nr. 1 GenTG ist für den Bereich der Gefahrenabwehr und der Risikovorsorge nicht nur eine den Belangen der Allgemeinheit dienende Regelung getroffen, sondern ein individueller Schutz der Nachbarn begründet.[28]

Die Zulassung von Freisetzungen gentechnisch veränderter Pflanzen kann nach Ansicht des OVG Berlin die Selbstverwaltungskörperschaft, auf deren Gebiet die Versuchsfläche gelegen ist, grundsätzlich weder in ihrer Selbstverwaltungsgarantie, insbesondere nicht in ihrer Planungshoheit, noch in einem Grundrecht verletzen.[29]

3. Verfassungsmäßigkeit

(1) Gesetzgebungskompetenz: "Mosaiktheorie"

Die Gesetzgebungskompetenz des Bundes wurde mit der Begründung angezweifelt, das Grundgesetz sehe anders als bei der Kernenergie eine solche Kompetenz für den Bereich der Gentechnik nicht ausdrücklich vor.[30] Die Bundesregierung hatte demgegenüber

---

28) OVG Hamburg, ZUR 1995, 93 m. w. Nachw.; vorinstanzlich bereits VG Hamburg, ZUR 1994, 322; ebenso VG Berlin, NVwZ – RR 1994, 150 / 151, das allerdings unmittelbar auf § 1 Nr. 1 GenTG abstellt.
29) Beschluss vom 10. 8. 1998, DÖV 1998, 1018.

im Gesetzgebungsverfahren die Zuständigkeit des Bundes additiv auf die Sachgebiete der konkurrierenden Gesetzgebung des Art. 74 Abs. 1 Nrn. 1, 11, 12, 13, 19, 20 und 24 GG sowie auf die − eine partielle Vollregelung ermöglichende − Rahmengesetzesgebungskompetenz aus Art. 75 Abs. 1 Nr. 3 GG gestützt. Die "Mosaiktheorie" stieß im Schrifttum auf Zustimmung[31] und wurde vom VG Berlin mit Beschluss vom 12. 9. 1995 − VG 14 A 255.95 − [32] übernommen: Zwar bedinge die bundesstaatliche Verfassungsordnung eine strikte Auslegung der Art. 72 ff. GG. Strikt bedeute aber nicht restriktiv.[33] Da die bundesstaatliche Ordnung Bundes − und Landeskompetenzen als prinzipiell gleichwertige Möglichkeiten der Rechtssetzung betrachte, sei nicht eine möglichst enge, sondern eine dem Sinn gerecht werdende Auslegung von Bundeskompetenzen geboten. Dementsprechend bedürfte es keineswegs für jede neue Forschungsentdeckung und Technologie, für die ein gesetzlicher Regelungsbedarf entstehe, eines neu zu schaffenden verfassungsrechtlichen Kompetenztitels. Ebenso wie für das einfache Recht gelte für die Interpretation von Verfassungsnormen, dass nicht bei den Vorstellungen des Verfassungsgebers über deren Tragweite stehen geblieben werden dürfe. Die Auslegung habe vielmehr auch unter "objektiven", dem Normzweck hier und

---

30) Rahner, ZRP 1990, S. 63; Bock, Schutz gegen Risiken und Gefahren der Gentechnik − Zum Regierungsentwurf eines Gentechnikgesetzes, 1990, S. 81; Riedel / Führ / Tappeser, KritJ 1989, 349 ff.

31) Hirsch / Schmidt − Didczuhn, BayVBl. 1990, 289 ff.; dies., GenTG, Einl. Rdnr. 10; Herdegen, in: Eberbach / Lange / Ronellenfitsch, Einl. GenTG Rdnr. 23 f.

32) ZUR 1996, 147 = Eberbach / Lange / Ronellenfitsch(Hrsg.), Rspr. Nr. 1 zu § 1 GenTG.

33) BverfGE 48, 367(373); 61, 149(175).

heute entsprechenden Gesichtspunkten zu erfolgen.[34]

Gegen die "Mosaiktheorie" wird eingewandt, die jeweiligen Kompetenztitel dienten der Begründung von Bundeskompetenzen für einzelne Materien, seien aber nicht Ausdruck einer einheitlichen Konzeption.[35] Jedoch bilden auch die einfachen Gesetze nur eine gesetzestechnische Einheit, enthalten zumeist aber unterschiedliche Regelungsbereiche, die sich dementsprechend auf verschiedene Kompetenztitel stützen können.[36] Davon abgesehen ist die Kritik an der Mosaiktheorie berechtigt. Anders als der Grundrechteteil der Verfassung, bei der die benannten Grundrechte durch Addition verstärkt und zu unbenannten Grundrechten gebündelt werden können, sind die Kompetenzvorschriften Ausdruck eines föderalen Kompromisses, der grundsätzlich nur durch Verfassungsänderung modifiziert werden kann.[37] Der politische Charakter der Kompetenzvorschriften rechtfertigt es ferner, in diesen auch materielle Aussagen zu sehen.[38] Art. 74 Abs. 1 Nr. 11a GG war ein klares Votum des verfassungsändernden Gesetzgebers für die friedliche Nutzung der Kernenergie. Eine vergleichbare Entscheidung mit

---

34) Ronellenfitsch, VerwArch. 93(2002), S. 441.

35) Brandt, DÖV 1996, 675(676).

36) Insofern ist das Abstellen auf verschiedene Kompetenztitel grundsätzlich zulässig; vgl. Maunz, in: Maunz / Dürig, Grundgesetz, 2001, Art. 70 Rdnr. 42; Stern, Staatsrecht Ⅱ, 1980, § 37 Ⅱ 4c(S. 607); Jarass, NVwZ 2000, 1089(1090).

37) Zu den beiden Bestandteilen der bürgerlichen Verfassungen bereits Carl Schmitt, Verfassungslehre 1928, S. 41.

38) BverfGE 12, 45(50) – Wehrpflicht – ; 14, 104(111) – Finanzmonopole – ; 41, 205(218 f.) – Gebäudeversicherungsmonopole – ; 53, 30(56) – Kernenergie – ; 75, 108(146); Becker, DÖV 2002, 397 ff.; Selk, JUS 1990, 895 ff.

Verfassungsrang zu Gunsten der Gentechnik existiert nicht. Auch den durch Gesetz vom 30. 8. 1994(BGBl. I S. 2245) neu eingefügten Art. 74 Abs. 1 Nr. 26 GG wird man allenfalls als bedingtes Votum für die "rote Gentechnik" mit kompetenzrechtlicher Ausstrahlung auf die "grüne" Gentechnik interpretieren können.[39] Aus der Grundrechteordnung folgt indessen, dass die Gentechnik zulässig ist, solange sie nicht vom Gesetzgeber verboten wurde. Zuständig für ein Verbot wäre mit Rücksicht auf die aufgeführten Kompetenztitel nur der Bundesgesetzgeber. Dieser hat aber die Zulässigkeit der Gentechnik bestätigt und sich darüber hinausgehend für ihre Förderung entschieden.[40]

(2) Vollzugskompetenz: "Mischverwaltung"

Weiter wurden Bedenken gegen die Vollzugskompetenz des Bundes für die Erteilung von Freisetzungs−(bzw. Inverkehrbringens −)Genehmigungen nach § 14 Abs. 1 GenTG erhoben: Das RKI habe nicht als selbständige Bundesoberbehörde errichtet werden können, da es auf die Inanspruchnahme von Landesbehörden angewiesen sei. Das in § 16 Abs. 4 Satz 2 GenTG statuierte Zusammenwirken mit den zuständigen Landesbehörden stelle eine unzulässige Mischverwaltung dar.[41]

---

39) BT−Drs. 12 / 6000, S. 35; Pieroth, in: Jarass / Pieroth, Grundgesetz, 6. Aufl., 2002, Art. 74 Rn. 60.

40) Ronellenfitsch, VerwArch. 93(2002), S. 442.

41) Ronellenfitsch, VerwArch. 93(2002), S. 442.

Diese Bedenken wies das VG Berlin im erwähnten Beschluss vom 12. 9. 1995[42] ebenfalls zurück. Nach dem Grundsatz des Art. 83 GG führten die Länder die Bundesgesetze als eigene Angelegenheit aus, soweit das Grundgesetz nicht anderes bestimme und zulasse. Etwas anderes lasse das Grundgesetz in Art. 87 Abs. 3 Satz 3 GG zu. Danach könnten für Angelegenheiten, in denen dem Bund Gesetzgebungskompetenz zusteht, selbständige Bundesoberbehörden errichtet werden. Diese Bestimmung sei eine Kompetenznorm.[43] Dem Bund stehe die Gesetzgebungskompetenz in Angelegenheiten der Gentechnik zu; auch im Bereich der Rahmengesetzgebung könne eine selbständige Bundesoberbehörde errichtetet werden. Der Selbständigkeit des RKI stehe nicht entgegen, dass vor der Erteilung einer Genehmigung für eine Freisetzung eine Stellungnahme der zuständigen Landebehörde einzuholen sei. Durch § 16 Abs. 4 Satz 2 GenTG solle der regionale Sachverstand in die Entscheidung einbezogen werden. Zwar könnten verfassungsrechtliche Bedenken an der "Selbständigkeit" des RKI begründet werden, wenn man davon ausgehe, dass die Beteiligung der Landesbehörden über eine reine Amtshilfe hinausgehe, die allein früher vom BVerfG für zulässig erachtet worden sei.[44] Diese Rechtsprechung sei jedoch nur mit Blick auf das vom BVerfG längere Zeit vertretene strikte Mischverwaltungsverbot verständlich,[45] das vom BVerfG mittlerweile relativiert worden sei.[46] Durch

---

42) Eberbach / Lange / Ronellenfitsch, Rspr. Nr. 1 zu § 14 GenTG.
43) BVerfGE 14, 197(210).
44) BVerfGE 14, 197(210 f.).

die Verpflichtung des RKI, vor der Entscheidung der Freisetzungsgenehmigung eine Stellungnahme der zuständigen Landesbehörde einzuholen, sei den Ländern lediglich eine schwache Form der Beteiligung eingeräumt worden. Auch wenn die landesbehördliche Stellungnahme dazu beitrage, die Beurteilungsgrundlage der Genehmigungsbehörde zu verbreitern, werde der "Grundsatz eigenverantwortlicher Aufgabenwahrnehmung" bzw. die "Selbständigkeit" des RKI nicht ernsthaft berührt.[47]

Dem ist wenig hinzuzufügen. Die 1891 als wissenschaftliche Abteilung des "Königlich Preußischen Instituts für Infektionskrankheiten" eröffnete, 1912 in "Königlich Preußisches Institut für Infektionskrankheiten Robert Koch" umbenannte Einrichtung wurde 1935 dem Reichsgesundheitsamt unterstellt und 1942 als selbständige Rechtsanstalt ausgegliedert. 1945 schloss sich das Institut mit der Reichsanstalt für Wasser−, boden− und Lufthygiene und dem Reichsgesundheitsamt zum "Zentralinstitut für Hygiene und Gesundheitsdienst" zusammen. 1952 wurde das Institut Teil des neu gegründeten Bundesgesundheitsamts. Mit § 2 Abs. 1 des Gesetzes über die Nachfolgeeinrichtungen des Bundesgesundheitsamtes[48] wurde das RKI als selbständige Bundesoberbehörde im Geschäftsbereich des Bundesministeriums für Gesundheit errichtet. An seiner

45) BVerfGE 39, 96(120); 41, 291(311).

46) BVerfGE 63, 1(36 ff.).

47) Ronellenfitsch, VerwArch. 93(2002), S. 443.

48) Art. 1 des Gesetzes über die Neuordnung zentraler Einrichtungen des Gesundheitswesens(BGBl. 1994 S. 1416) − GNG −.

rechtlichen Qualität als selbständige Bundesoberbehörde I. S. von Art. 87 Abs. 3 Satz 1 GG kann kein Zweifel bestehen. Über eigene Mittel−und Unterbehörden verfügt das RKI nicht. Die Errichtung stand daher im Ermessen des Bundes, das dieser mit dem GNG korrekt ausgeübt hat. Die Einbeziehung der zuständigen Landesbehörden in die Entscheidungsfindung stellt eine Mischverwaltung dar, die verfassungsrechtlich unbedenklich ist.[49] Das Mischverwaltungsverbot[50] war ohnehin schon immer ein föderalistischer Popanz, der im Schrifttum hartnäckig gepflegtn wird.[51] Die Trennung der Verwaltungsräume von Bund und Ländern bestand niemals in einer scharfen Zäsur. Auch die vertikale Gewaltenteilung im deutschen Bundesstaat ist traditionell eher eine Gewaltenverschränkung. Bezeichnet "Mischverwaltung" jede funktionelle und organisatorische Verflechtung der Verwaltung von Bund und Ländern,[52] dann ergibt sich aus der Begriffsverwendung für die Prüfung, ob ein Zusammenwirken von Bundes−und Landesbehörden bei der Verwaltung im konkreten Fall rechtlich zulässig ist, nichts. "Eine verwaltungsorganisatorische Erscheinungsform ist nicht deshalb verfassungswidrig, weil sie als Mischverwaltung einzuordnen ist, sondern nur, wenn ihr zwingende Kompetenz− oder Organisationsnormen oder sonstige Vorschriften des Verfassungsrechts entgegenstehen."[53] Solche Normen bestehen hinsichtlich

---

49) Ronellenfitsch, Die Mischverwaltung im Bundesstaat, Erster Teil: Der Einwand der Mischverwaltung, 1975, S. 248.
50) BVerfGE 8, 276(300); 11, 105(124); 32, 145(156).
51) Pieroth, Art. 30 Rn. 10; Lerche, in: Maunz/Dürig, Art. 83 Rn. 85 ff.
52) BVerfGE 63, 1(38).

der Genehmigungszuständigkeiten des RKI nicht. Bei den Freise-
tzungs – und Inverkehrbringensgenehmigungen nach § 14 GenTG
handelt es sich zwar wie bei der Anlagengenehmigung um echte
Unternehmergenehmigungen. Der planungsrechtliche Einschlag ist
hier aber durch das stepp – by – step – Verfahren deutlicher ausge-
prägt (Parallele zur abschnittsweisen Planung). Hat jedoch das
RKI insoweit in gewissem Umfang eine Abwägungsentscheidung
zu treffen, ist für die Zusammenstellung und Bewertung des
Abwägungsmaterials die Stellungnahme der jeweils zuständigen
Landesbehörde vor Ort unentbehrlich.[54]

(3) Grundrechtliche Verfahrensschutz

Im Verfahren vor dem VG Berlin – VG 14A 255.95 – sowie in
weiteren Verfahren vor diesem Gericht[55] wurde ferner der aus
Art. 2, 12 Abs. 1, 14 Abs. 1 GG folgende grundrechtliche
Verfahrensschutz ins Feld geführt, der defizitär sei, da im
Verfahren über die Genehmigung zur Freisetzung gentechnisch
veränderter Organismen(GVO) weder ein Erörterungstermin noch
ein Widerspruchsverfahren vorgesehen sei. Das Gericht ließ sich
zu Recht hiervon nicht beeindrucken, sondern entschied im
Gegenteil namentlich im Beschluss vom 24. 5. 1991 – VG 14 A
191.91,[56] es könne offen bleiben, ob das Genehmigungsverfahren

---

53) BVerfGE 63, 1(38).

54) Ronellenfitsch, VerwArch. 93(2002), S. 444.

55) Beschluss vom 24. 5. 1991, Eberbach / lange / Ronellenfitsch, Rspr. Nr. 1 zu 16
GenTG m. Anm. J. Schwab.

56) Beschluss vom 24. 5. 1991, Eberbach / Lange / Ronellenfitsch, Rspr. Nr. 1 zu 16

verfahrensrechtlich einwandfrei durchgeführt worden sei; denn ein auf Fehler des verwaltungsverfahrenes gestützter Rechtsbehelf könne nur dann Erfolg haben, wenn der Rechtsbehelfsführer dartue, dass und inwieweit sich die Nichtbeachtung der Verfahrensvorschrift auf seine materielle Position ausgewirkt habe.[57]

Damit nahm das Gericht den Paradigmenwechsel vorweg, der sich beimGrundrechtsschutz durch Verfahren abgespielt hat. Der Grundrechtsschutz durch Verfahren, Modethema der siebziger Jahre,[58] das in der vielfach überinterpretieren Mülheim − Kärlich − Entscheidung des BVerfG[59] kulminierte, folgt aus Art. 19 Abs. 4 GG in Verbindung mit den materiellen Grundrechten, in die nur auf der Grundlage fairer und zügiger Verfahren eingegriffen werden darf. Verfahrensfehler, die das Sachergebnis nachweisbar nicht beeinflusst haben, sind dagegen für den Grundrechtsschutz irrelevant. Diese zeitweilig in den Hintergrund verdrängte Erkenntnis wurde bei der Novellierung der Fachplanungsgesetze im Zuge der deutschen Einigung fruchtbar gemacht und floss in die Beschleunigungsnovellen u. a. des VwVfG[60] von 1996 ein. Bei der Freisetzung und dem Inverkehrbringen von GVO könnte ein Erörterungstermin wenig zum Grundrechtsschutz eines nicht indivi-

---

GenTG m. Anm. J. Schwab, S. 6.

57) Ronellenfitsch, VerwArch. 93(2002), S. 444.

58) Blümel, in: ders. (Hrsg.), 1982, S. 23(29 ff.).

59) BVerfGE 53, 30.

60) Gesetz zur Beschleunigung von Genehmigungsverfahren − GenBeschlG − vom 12. 9. 1996(BGBl. I S. 1354).

dualisierbaren Personenkreises beitragen. Dem Anhörungsverfahren nach § 18 GenTG kommt gleichwohl auch Rechtsschutzfunktion zu. Daher kann das Widerspruchverfahren gegen Entscheidungen des RKI nach § 16 Abs. 7

GenTG entfallen, sofern ein Anhörungsverfahren durchgeführt wurde. Die Regelung ist ein Anwendungsfall von § 68 Abs. 1 Satz 1 VwGO, an dessen Verfassungsmäßigkeit keine Zweifel bestehen.[61]

(4) Grundrechtliche Schutzpflicht des Staates

Schließlich wurde auch nach Inkrafttreten des GenTG die viel berufene grundrechtliche Schutzpflicht des Staates[62] aktiviert. Das VG Gießen entschied mit Beschluss vom 2. 9. 1992 − I / 1 H 193 / 91,[63] dass der Gesetzgeber mit Erlass des Staates für den Bereich der Gentechnik erfüllt habe.[64] Das ist richtig, wenn auf die generelle Zwecksetzung des Gesetzes in § 1 GenTG abgestellt wird,[65] besagt aber noch nicht, dass bei jeder Einzelregelung des Gesetzes dem staatlichen Schutzauftrag in der verfassungsrechtlich gebotenen Weise entsprochen wurde. Nach st. Rechtsprechung des BVerfG erschöpft sich das Grundrecht aus Art. 2 Abs. 2 Satz 1

---

61) Ronellenfitsch, VerwArch. 93(2002), S. 445.

62) Kopp, NJW 1994, 1753 ff.; Jaeckel, Schutzpflichten im deutschen und europäischen Recht, 2001.

63) Eberbach / Lange / Ronellenfitsch, Rspr. Nr. 2 zu § 1 GenTG.

64) Eberbach / Lange / Ronellenfitsch, Rspr. Nr. 2 zu § 1 GenTG, S. 10.

65) Graf Vitzthum / Geddert − Steinacher, Standortgefährdung − Zur Gentechnikregelung in Deutschland, 1992, S. 80 f.

GG nicht in einem subjektiven Abwehrrecht gegenüber gezielten staatlichen Eingriffen. Aus ihm ist viel mehr auch eine Schutzpflicht der staatlichen Organe für die geschützten Rechtsgüter abzuleiten, deren Verletzung von den Betroffenen ggf. mit der Verfassungsbeschwerde geltend gemacht werden kann.[66] Zu beachten ist dann, dass dem Gesetzgeber bei Erfüllung der staatlichen Schutzpflicht ein weiter Einschätzungs −, Wertungs − und Gestaltungsspielraum eröffnet ist, der auch Raum lässt, konkurrierende öffentliche und private Interessen zu berücksichtigen.[67] Die Schutzpflicht gebietet nicht alle denkbaren und realisierbaren Maßnahmen der Risikovorsorge, sondern hat auch die Chancen der Gentechnik ins Kalkül zu ziehen.[68] Nicht dogmatisch anachronisch, sondern verfassungsrechtlich korrekt ist § 1 Nr. 1 GenTG nur als Vorschrift der Gefahrenabwehr formuliert. Danach wird die objektive staatliche Schutzpflicht subjektiviert.[69] Grundrechtsträger können nur Maßnahmen der Gefahrenabwehr beanspruchen. Die gesetzgeberische Schutzpflicht ist daher allenfalls dann verletzt, wenn überhaupt keine Schutzvorkehrungen vorgesehen oder Maßnahmen gänzlich ungeeignet oder unzulänglich sind, das Schutzziel des § 1 Nr. 1 GenTG zu erreichen oder erheblich dahinter zurückbleiben.[70]

---

66) Kammerbeschluss vom 17. 2. 1997, NJW 1997, 2509; Determann, BVerfG zur staatlichen Pflicht zum Schutz der Gesundheit vor elektromagnetischen Feldern, NJW 1997, 2507 ff.; BVerfGE 96, 56(64); 97, 125(146); 99, 145(156); 102, 370(393).

67) BVerfGE 46, 160(164); 96, 56(64), Kammerbeschluss vom 28. 2. 2002, 1638(1639).

68) Herdegen, in: Eberbach / Lange / Ronellenfitsch, Einl. GenTG Rn. 27.

69) H. H. klein, DVBl. 1994, 489(491 ff.); Steinberg, NWJ 1996, 1985(1990).

70) BVerfGE 56, 54(81); 96, 26(46).

III. Anwendungsbereich und Begriffsbestimmungen

1. Anwendungsbereich zu § 2 GenTG

Der Anwendungsbereich des GenTG war in der Ursprungsfassung entwicklungsoffen geregelt. Vor allem der – ideologisch bedingte – Ausschluss der Humangenetik blieb textlich hinter den Forderungen der Bundesratsausschüsse zurück.[71] Als aber 1990 in den USA die ersten gentherapeutischen Versuche am Menschen durchgeführt wurden, verspürte man auch in Deutschland Handlungsdrang. Dieser äußerte sich in der Weise, dass durch den neuen § 2 Abs. 2 GenTG die Humangenetik formal vom Anwendungsbereich des Gentechnikgesetzes ausgeschlossen wurde. Die Formulierung "Dieses Gesetz gilt nicht für die Anwendung von GVO am Menschen" bedeutet freilich nur, dass der präventive Gentransfer, die Diagnostik mittels Markergenen und die somatische Gentherapie nicht unter das GenTG fallen. Die In – vitro – Teilschritte der ausgeschlossenen Verfahren, die der unmittelbaren Anwendung von GVO am Menschen vorausgehen oder nachfolgen, werden dagegen ebenso vom Gentechnikgesetz erfasst wie die Anwendung gentechnisch veränderter Mikroorganismen am Tier. Dadurch entstehen Sicherheitslücken, wenn Menschen GVO beigebracht werden. So wird das medizinische Personal, das die Injektion von Vektoren

---

71) BT – Drs. 387 / 1 / 89, S. 25 f.

durchführt oder die Inhalation von viralen Aerosolen nicht durch die arbeitsrechtlichen Bestimmungen des GenTG geschützt. Angehörige von Patienten, die mit GVO behandelt wurden, sowie Dritte bleiben ebenfalls ungeschützt. Nicht einmal an den Schnittstellen zum Gentechnikbereich(Gen − Vektoren im Behandlungsraum; Laborbereich / Behandlungsraum; Behandlungsraum / Haut des Patienten) besteht Rechtssicherheit hinsichtlich der Anwendbarkeit des GenTG. Wie Hofmann zutreffend nachweist, hat der Gesetzgeber durch die Novelle des GenTG von 1994 eine Situation geschaffen, nach welcher das Leben und die Gesundheit von Ärzten, Pflegepersonal, Angehörigen und sonstigen Dritten einschließlich der Umwelt nicht vor den Gefahren der Anwendung gentechnisch veränderter Zellen und Virus − Vektoren ausreichend geschützt werden.[72] Die Rechtsprechung ist hier aufgerufen, durch eine dem grundsrechtlichen Schutzauftrag entsprechende restriktive Auslegung von § 2 Abs. 2 GenTG verfassungskonforme Zustände herzustellen.[73]

2. Begriffsbestimmungen zu § 3 GenTG

Die Begriffsbestimmungen des § 3 GenTG sind für den Anwendungsbereich des Gesetzes bedeutsam und lenken als juristische Fachtermini die Auslegung der einzelnen Vorschriften

---

72) Andrea Hofmann, Die Anwendung des Gentechnik − Gesetz auf den Menschen, Diss. Tübingen 2002; Ronellenfitsch, in: Dolde(Hrsg.), Umweltrecht im Wandel, 2001, S. 701 ff.

73) Ronellenfitsch, VerwArch. 93(2002), S. 447.

des Gesetzes. Mit der den Anwendungsbereich des Gesetzes konstituierenden Begriffsbestimmung des gentechnisch veränderten Organismus(§ 3 Nr. 3 GenTG) hatte sich das OVG Nordrhein − Westfalen im unten noch näher zu würdigenden Beschluss vom 31. 8. 2000 − 8 L 1577 / 00 − auseinander zu setzen. Im summa-rischen Verfahren konnte sich der Senat auf die übereinstimmende Ansicht der Prozessbeteiligten beziehen, dass durch Einkreuzungen genetisch veränderten Erbguts gentechnisch veränderter Raps entstanden sei, und die Frage offen lassen, ob die Annahme einer gentechnischen Veränderung ein finales menschliches Handeln voraussetzt.[74] Das GenTG war damit anwendbar. Problematisch blieb lediglich das Verhältnis von Freisetzungs − und Inverkehrbri-ngensgenehmigung.[75]

IV. Anlagengenehmigung "im geschlossenen System"

Die Zulassung gentechnischer Arbeiten in gentechnischen Anlagen durch die zuständigen Landesbehörden ist in den §§ 8 bis 12 GenTG geregelt. Fixpunkt der Vorschriften ist der Begriff der gentechnischen Anlage in § 3 Nr. 4 GenTG.[76] Nähere

---

74) Ronellenfitsch, in: Eberbach / Lange / Ronellenfitsch, § 3 Rn. 76.
75) Ronellenfitsch, VerwArch. 93(2002), S. 447.

Ausführungen zum Anlagenkonzept des Gesetzes finden sich im Beschluss des BVerwG vom 15. 4. 1999 – 7 B 278.98.[77]

1. Genehmigungsgegenstand

§ 3 Nr. 4 GenTG definiert die gentechnische Anlage als Einrichtung, in der gentechnische Arbeiten im geschlossenen System durchgeführt werden und für die physikalische Schranken verwendet werden, um den Kontakt der verwendeten Organismen mit Menschen und der Umwelt zu begrenzen. Damit liegt dem Gesetz ein sicherheitstechnischer Anlagenbegriff zu Grunde. Erfasst werden nur solche Teile von Betriebsstätten, die für das geschlossene System konstitutiv sind.[78] Welche Teile einer baulichen Anlage das geschlossene System ausmachen, ob eine bauliche Anlage mehrere gentechnische Anlage umfassen kann oder umgekehrt eine gentechnische Anlage aus verschiedenen Labor – und Produktionsbereichen bestehen kann, lässt das Gesetz offen. Die Genehmigungsbehörden neigen zu einem weiten, die Betreiber gentechnischer Anlagen zu einem engen Verhältnis des Anlagenbegriffs. Dieses Spannungsverhältnis wird allerdings weniger in gerichtlichen Auseinandersetzungen, sondern im Vorfeld der Genehmigungsverfahren durch Absprachen der Beteiligten gelös

---

76) Krekeler, DVBl. 1995, 765 ff.; Turck, NVwZ 1992, 650 ff.; Fluck, UPR 1993, 81 ff.; Michael Görke, 2002.

77) DVBl. 1999, 1138.

78) Ronellenfitsch, in: Eberbach / Lange / Ronellenfitsch, Rn. 26.

t.[79] Dem HessVGH bot der Anlagenbegriff immerhin die Möglichkeit, sich von seiner Fehlentscheidung vom 6. 11. 1989 wenigstens teilweise abzusetzen. Als sich Antragsteller im einstweiligen Rechtsschutzverfahren gegen die Genehmigung zur Errichtung und zum Betrieb einer Anlage wendeten, in der das Endprodukt Humaninsulin aus einem Zwischenprodukt hergestellt werden sollte, dessen Gewinnung durch gentechnische Veränderung von Mikroorganismen beabsichtigt war, entschied das Gericht mit Beschluss vom 23. 5. 1990 − 8 TH 1006/89,[80] dass es sich bei der Betriebsstätte für das Endprodukt nicht um eine gentechnische Anlage handle, so dass das BImSchG für die Beurteilung der Rechtmäßigkeit der Genehmigung maßgeblich sei.[81]

2. Genehmigungsverfahren

Die Rechtsgrundlagen des Genehmigungsverfahrens für die Anlagengenehmigung ergeben sich aus § 12 GenTG, ergänzt durch die §§ 17 und 18 GenTG, die GenTVfV, die GenTAnhV sowie aus den Verwaltungsverfahrensgesetzen der Länder. Genehmigungsverfahren sind fehleranfällig. Dennoch wurde in gentechnischen Rechtsstreitigkeiten verhältnismäßig wenig über Verfahrensfehler gestritten, nachdem die grundsätzliche Frage geklärt war,

---

79) Meffert, VerwArch. 1992, 463(465 f.).
80) NVwZ − RR 1990, 458.
81) Ronellenfitsch, VerwArch. 93(2002), S. 448.

dass der Wegfall des Erörterungstermins nach § 18 Abs. 3 Satz 3 GenTG nicht den verfahrensrechtlichen Grundrechtsschutz verletzt. Lediglich vereinzelt finden sich Gerichtsentscheidungen zur GenTVfV[82] und zur GenTAnhV.[83]

3. Genehmigungsvoraussetzungen

Anlagen − und Arbeitsgenehmigung sind auf eine bestimmte Anlage bezogen, aber auch auf bestimmte Personen, weil deren Zuverlässigkeit und / oder Sachkunde Genehmigungsvoraussetzung ist(§ 11 Abs. 1 Nr. 1 und 2 GenTG). Die Genehmigung ist daher eine Mischung aus Real − und Personalkonzession, daher bedarf es z. B. bei einem Betreiberwechsel einer erneuten Betriebsgenehmigung.[84]

Bei den Genehmigungsvoraussetzungen des § 11 GenTG sind dementsprechend personen − und anlagenbezogene Anforderungen zu unterscheiden. Mit den persönlichen Anforderungen beschäftigen sich die Nummern 1 bis 3, mit den sachlichen die Nummern 4 und 5. Die in Nr. 6 erwähnten anderen öffentlichrechtlichen Vorschriften können persönliche und sachliche Anforderungen

---

82) VG Berlin, Beschluss vom 18. 7. 1995; in: Eberbach/Lange/Ronellenfitsch, Rspr. Nr. 1 und 2 zu § 5 GenTAnhV.

83) VG Berlin, Beschluss vom 7. 5. 1993; OVG Berlin, Beschluss vom 12. 2. 1996; in: Eberbach / Lange / Ronellenfitsch, Rspr. Nr. 1 und 2 zu § 5 GenTAnhV.

84) Lege, Schulte(Hrsg.), 2003, S. 714; Tünnesen − Harmes, in: Handbuch des Umweltrechts, B. 5 Rn. 68.

enthalten. Konkretisiert werden die Genehmigungsvoraussetzungen vor allem durch die GenTSV.[85]

(1) Persönliche Genehmigungsvoraussetzungen

Persönliche Genehmigungsvoraussetzungen sind die Zuverlässigkeit des Betreibers und des Leitungspersonals bei Errichtung und Betrieb einer gentechnischen Anlage sowie die Sachkunde des Projektleiters und des / der Beauftragten für die Biologische Sicherheit. Prüfungstechnisch werden diese Genehmigungsvoraussetzungen zweckmäßigerweise negativ erfasst. Unzuverlässig ist danach, wer nach dem aus Tatsachen gewonnenen Gesamteindruck seines Verhaltens und der Würdigung seiner Persönlichkeit nicht die Gewähr dafür bietet, dass er seine gentechnikrechtlichen Verpflichtungen ordnungsgemäß erfüllen will, unabhängig davon, ob er dies nicht will oder nicht kann. Aufschluss über die Sachkunde ergibt der Sachkundenachweis. Nach der Rechtsprechung sind diese Anforderungen inhaltlich zu verstehen.[86] So kann das Fehlen erforderlicher Angaben im Genehmigungsantrag allein die Unzuverlässigkeit des Betreibers nicht begründen. Ferner ist die Form des Sachkundenachweises nicht maßgeblich. Vielmehr kommt es darauf an, ob die in § 11 Abs. 1 Nr. 2 GenTG i. V. mit § 15 Abs. 1 Satz 1 GenTSV genannten materiellen Sachkundeanforderungen erfüllt sind.[87]

---

85) OVG Hamburg, Urteil vom 25. 5. 1998; VG Berlin, Beschluss vom 18. 7. 1995; in: Eberbach / Lange / Ronellenfitsch, Rspr. Nr. 1 zu § 12 GenTSV und Nr. 1 zu § 15 GenTSV.

86) VG Berlin, Beschluss vom 12. 9. 1995; OVG Berlin, Beschluss vom 12. 2. 1996.

(2) Sachliche Genehmigungsvoraussetzungen

Die sachlichen Genehmigungsvoraussetzungen verweisen auf Pflichten zur Gefahrenabwehr und Risikovorsorge, namentlich auf die dem Stand der Wissenschaft und Technik entsprechenden Betreiberpflichten, sowie auf die Gewährleistung der ebenfalls nach dem Stand von Wissenschaft und Technik notwendigen Vorkehrungen zum Schutz der in § 1 Nr. 1 GenTG bezeichneten Rechtsgüter. Diese doppelte Bezugnahme auf den naturwissenschaftlich − technischen Kenntnisstand macht das Gentechnikrecht zu einem Anwendungsfeld[88] für den behördlichen Beurteilungsspielraum,[89] den insoweit selbst das BVerfG akzeptiert.[90] Ob gewährleistet ist, dass die für die erforderliche Sicherheitsstufe nach dem Stand der Wissenschaft und Technik notwendigen Vorkehrungen getroffen sind und deshalb schädliche Einwirkungen auf die in § 1 Nr. 1 GenTG bezeichneten Rechtsgüter nicht zu erwarten sind, ist nach Antwort des VG Freiburg in einem zweistufigen System zu klären, bei dem das hinnehmbare vom nicht hinnehmbaren Risiko zu unterscheiden ist.[91] In der gleichen Entscheidung billigte das Gericht der Behörde hinsichtlich der sicherheitstechnischen Einstufung gentechnischer Arbeiten eine gerichtlich nicht voll nachprüfbare Entscheidungsprärogative zu.[92]

---

87) Ronellenfitsch, VerwArch. 93(2002), S. 449.

88) Wahl, NVwZ 1991, 409(413).

89) Kroh, DVBl. 2000, 102 ff.

90) BVerfGE 84, 34(50).

91) Urteil vom 23. 6. 1999 − 1 K 1599 / 98, S. 14 F.(2. Instanz: VGH Bad. − Wütt., Urteil vom 5. 5. 2001, DVBl. 2001, 1463).

Mit Beschluss vom 15. 4. 1999 − 7 B 278/98[93] − wies das BVerwG eine Revisionsnichtzulassungsbewerde zurück, mit der geltend gemacht worden war, die Vorinstanz habe die Anforderungen an die Beurteilung der Störfallsicherheit verkannt. Das BVerwG erkannte demgegenüber ausdrücklich einen behördlichen Beurteilungsspielraum an.[94]

Die "Lehre" vom Beurteilungsspielraum stößt immer wieder auf Missverständnisse. So hat ihr jüngst Beaucamp[95] die Prämisse unterschoben, es gebe so etwas wie einen numerus clausus anerkannter Fallgruppen, unter die die Gentechnik subsumierbar sein müsse. In Betracht komme nur eine Analogie zum Atomrecht. Gentechnische vorhaben seien wegen ihrer Zahl, ihrer Kosten und ihrer Risiken indessen eher mit Anlagen des Immissio nsschutzrecht vergleichbar, bei deren Genehmigung kein behördlicher Beurteilungsspielraum bestehe.[96] Bei der Frage, ob ein akkumulierter behördlicher Sachverstand weiter reicht als die Beurteilungsmöglichkeiten der sachverständig beratenen Gerichte, geht es dagegen nicht um die entscheidungsrelevante Rechtsmaterie, sondern um den jeweiligen Streitgegenstand. Beaucamp verschiebt lediglich die Beweislast. Wenn von gentechnischen Projekten verursachte Lebens

---

92) VG Freiburg, Beschluss vom 30. 11. 1998 − 1 K 1703/99; VG Karlsruhe, Beschluss vom 19. 9. 1997 − 7 K 873/97.

93) DVBl. 1999, 1138.

94) Ronellenfitsch, VerwArch. 93(2002), S. 450.

95) DÖV 2002, 24 ff.

96) DÖV 2002, 24(28).

— und Gesundheitsgefahren bislang nicht nachgewiesen werden konnten und sich dieser Befund weltweit verdichtet, kann das auf längere Sicht eine Lockerung der von den Genehmigungsbehörden angelegten Maßstäbe erzwingen, jedenfalls eine Verschärfung der Maßstäbe verhindern. Die Beurteilung dieser Maßstäbe erfordert gegenwärtig aber noch eine besondere Fachkunde, die bei gentechnischen Anlagen bei der Exekutive konzentriert ist. Es besteht ein behördlicher Beurteilungsspielraum kraft Fachkunde.[97] Das gilt jedenfalls für die gentechnischen Anlagengenehmigungen. Bei Freisetzungen ist demgegenüber fraglich, ob der Beurteilungsspielraum, der den nationalen Genehmigungsbehörden bei der Entscheidungsfindung zukommen soll, spätestens nach dem Urteil des EuGH vom 21. 3. 2000 — Rs. C — 6 / 99,[98] durch die abschließende Entscheidungsgewalt der Europäischen Gemeinschaft, d. h. des EuGH, ersetzt worden ist.[99]

4. Genehmigungsentscheidung

Bei der Anlagengenehmigung nach § 8 Abs. 1 Satz 2 und Abs. 4 GenTG handelt es sich um einen gestaltenden Verwaltungsakt, der über die Zulassungswirkung hinaus Konzentrationswirkung sowie umfassende Gestaltungs — und Ausschlusswirkung entfaltet.[100]

---

97) Pietzner / Ronellenfitsch, Das Assessorexamen im Öffentlichen Recht, 10. Aufl. 2000, § 10 Rn. 10.
98) DVBl. 2000, 893.
99) Kamann/Tegel, NVwZ 2001, 44(44).

(1) Konzentrationswirkung zu § 22 GenTG

Die Konzentrationswirkung nach § 22 Abs. 1 GenTG betrifft nicht nur eine rein organisatorische Zuständigkeitskonzentration. Vielmehr bezweckt die Regelung ersichtlich auch eine formelle Konzentrationswirkung in dem Sinn, dass auch etwaige einzelgesetzliche spezielle Verfahrensvorschriften verdrängt werden. Eine materielle Konzentrationswirkung kommt bei der gentechnischen Anlagengenehmigung nicht in Betracht. Die Genehmigungsbehörden sind daher in vollem Umfang etwa an die bauplanungsrechtlichen Vorgaben gebunden. Mit der planungsrechtlichen Zulässigkeit eines Genforschungszentrums nach § 34 Abs. 1 Satz 1 BauGB in der näheren Umgebung eines allgemeinen Wohngebiets und Gewerbegebiets beschäftigt sich der Beschluss des VG Hamburg vom 30. 7. 1994 − 10 VG 1152 / 94,[101] der auch dahin geht, dass die Konzentrationswirkung auch Personalkonzessionen erfasst, wenn alle Genehmigungen an dieselbe Person anknüpfen.[102] In der Hauptsache entschied das OVG Hamburg mit Urteil vom 25. 5. 1998 − OVG Bf III 18 / 97,[103] dass eine gentechnische Anlage, die den Anforderungen des GenTG entspricht, als der Umgebung zumutbar anzusehen sei. Eine Verletzung des Rücksichtnahmegebots komme daher nicht wegen der gentechnischen Nutzung des Bauvorhabens in Betracht.[104]

---

100) Ronellenfitsch, VerwArch. 93(2002), S. 451.

101) Eberbach / Lange/Ronellenfitsch, Rspr. Nr. 2 zu § 22 GenTG(bestätigt durch OVG Hamburg, Beschluss vom 27. 1. 1997, ebd. Nr. 3 zu § 22 GenTG).

102) Hawkes, Der Faktor Mensch im Gentechnik 1995.

103) In: Eberbach / lange / Ronellenfitsch, Rspr. Nr. 6 zu § 22 GenTG.

(2) Präklusion zu §§ 23, 38 GenTG

Zur Präklusion von Nachbareinwendungen nach § 23 GenTG[105] liegen ebenso wie zur Bestimmung der Normadressaten der Bußgeldbestimmung des § 38 Abs. 1 GenTG[106] Judikate der ordentlichen Gerichte vor.

Der Anspruch auf Vorkehrungen, die benachteiligende Wirkungen auf ein benachbartes Grundstück ausschließen sollen(§ 23 Halbs. 2 GenTG), setzt voraus, dass privatrechtliche Abwehransprüche präkludiert sind. Dies ist nur dann der Fall, wenn die gentechnikrechtliche Genehmigung unanfechtbar ist. Während eines noch laufenden Anfechtungsverfahrens können daher Vorkehrungen noch nicht verlangt werden.[107]

Da die Bußgeldbestimmungen des § 38 GenTG selbst keine Beschränkung auf bestimmte Personen oder Personenkreise enthalten, muss der Normadressat aus der jeweiligen Pflichtennorm abgeleitet werden. § 38 Abs. 1 Nr. 1(i. V. mit § 6 Abs. 3 S. 1 GenTG – Führung von Aufzeichnungen) zielt zunächst allein auf den Betreiber ab. Darüber hinaus kann jedoch auch der Projektleiter Normadressat sein, wenn und soweit der Betreiber seine Pflicht gem. § 4 Abs. 2 GenTAufZV auf ihn übertragen hat(§ 9 Abs. 2

---

104) Ronellenfitsch, VerwArch. 93(2002), S. 451.
105) LG Stuttgart, Urteil vom 9. 3. 1997, NJW 1997, 1860; OLG Stuttgart, Urteil vom 24. 8. 1999, OLGR Stuttgart 1999, 365 = ZUR 2000, 29 m. Anm. Abel – Lorenz.
106) BayObLG, Beschluss vom 11. 10. 1996, NJW 1997, 1020.
107) Kniesel / Müllensiefen, NJW 1999, S. 2568; LG Stuttgart, NJW 1997, 1860(1861).

Nr. 2 OWiG). § 38 Abs. 1 Nrn. 2 und 3(i. V. mit § 8 Abs. 1 S. 1, 2 GenTG — Durchführung gentechnischer Arbeiten außerhalb von gentechnischen Anlagen bzw. Errichten oder Betreiben einer gentechnischen Anlage ohne Genehmigung) richten sich einschränkungslos an jedermann. Demgegenüber ist Normadressat des § 38 Abs. 1 Nr. 8(Verstoß gegen eine vollziehbare Auflage nach § 19 S. 2 GenTG oder eine vollziehbare Anordnung nach § 26 GenTG) wiederum nur der Betreiber und — wegen § 14 Abs. 1 S. 2 Nr. 3 GenTSV — der Projektleiter. Ebenso trifft der Tatbestand des § 38 Abs. 1 Nr. 10(i. V. mit § 25 Abs. 2 GenTG — Nichterteilung von Auskünften) den Betreiber und den Projektleiter. Für die Erstellung einer Betreibsanweisung(§ 38 Abs. 1 Nr. 12 i. V. mit §§ 20 Nr. 2, 12 Abs. 2 GenTSV) kommt eine bußgeldbewerte Verantwortlichkeit des Projektleiters — neben der des Betreibers — nur im Falle einer Übertragung der Pflichten gem. § 9 Abs. 2 Nr. 2 OWiG in Betracht.[108] Entsprechendes soll gem. § 38 Abs. 1 Nr. 12 I. V. mit §§ 20 Nr. 2, 12 Abs. 3 GenTSV im Hinblick auf die Unterweisung für Beschäftigte gelten.[109]

---

108) BayObLG, NJW 1997, 1020.

109) Kniesel/Müllensiefen, NJW 1999, S. 2568; so — allerdings ohne jede Begründung und trotz der Regelung des § 14 Abs. 1 Nr. 5 GenTSV — BayObLG, NJW 1997, 1020 f.

V. Freisetzungen und Inverkehrbringen (Entlassung von GVO in die Umwelt)

Freisetzung und Inverkehrbringen von GVO werfen spezifische Rechtsprobleme auf, die bislang von der Rechtsprechung nur in Ansätzung geklärt sind.[110]

1. Abgrenzung

Freisetzung und Inverkehrbringen sind verwandte Umgangsformen mit GVO, wobei fraglich ist, ob die Freisetzung den Oberbegriff bildet[111] oder ob das Inverkehrbringen immer eine eigenständige weitere Stufe in der Verwendung von GVO bedeutet. Freigesetzt werden jedenfalls GVO, in Verkehr gebracht Produkte, die GVO enthalten oder aus solchen bestehen. Das GenTG grenzt Freisetzung und Inverkehrbringen nicht sachlich ab, sondern nimmt eine genehmigungstechnische Unterscheidung vor. Freisetzung ist nach § 3 Nr. 7 GenTG das gezielte Ausbringen von GVO in die Umwelt, "soweit noch keine Genehmigung für das Inverkehrbringen zum Zweck des späteren Ausbringens in die Umwelt erteilt wurde." Umgekehrt ist nach § 3 Nr. 8 Satz 1 GenTG das

---

110) Ronellenfitsch, VerwArch. 93(2002), S. 451.

111) So 2. Erwägungsgrund der Freisetzngs-RL 90 / 220 / EWG; 4. Erwägungsgrund der Freisetzungs-RL 2001 / 18 / EG.

Inverkehrbringen die Abgabe von Produkten, die GVO enthalten oder aus solchen bestehen, an Dritte und das Verbringen in den Geltungsbereich des Gesetzes, "soweit die Produkte nicht zu gentechnischen Arbeiten in gentechnischen Anlagen bestimmt oder Gegenstand einer genehmigten Freisetzung sind." Daraus könnte man schließen, dass sich Freisetzungs – und Inverkehrbringensgenehmigung, welche sich auf die gleichen GVO beziehen, wechselseitig ausschließen. Die fließenden Übergänge der beiden gentechnischen Tätigkeiten erhielten dann durch die Regelungsreichweite der jeweiligen Genehmigung normative Kanten.[112]

(1) Das Verfahren vor dem VG Gelsenkirchen

Zu einem anderen Ergebnis gelangt jedoch der viel diskutierte Beschluss des OVG Nordrhein – Westfalen vom 31. 8. 2000 – 21 B 1125 / 00[113]686.

Ihm liegt folgender Sachverhalt zu Grunde: Ein Landwirt hatte eine Teilfläche seiner Wirtschaftsflächen an ein Pharma – Unternehmen verpachtet, das auf dieser Fläche eine vom RKI genehmigte Freisetzung gentechnisch veränderter Rapspflanzen durchführt. Die erteilte Freisetzungsgenehmigung sieht keinen Sicherheitsabstand der Freisetzungsflächen zu angrenzenden landwirtschaftlichen Kultu-

---

112) R684 So 2. Erwägungsgrund der Freisetzngs – RL 90 / 220/EWG; 4. Erwägungsgrund der Freisetzungs – RL 2001 / 18 / EG. onellenfitsch, VerwArch. 93(2002), S. 452.

113) DVBl. 2000, 1874 = Eberbach / Lange/Ronellenfitsch, Rspr. Nr. 2 zu § 3 GenTG; Dederer, NuR 2001, 64 ff.; Friedrich, NVwZ 2001, 1129 ff.; Groß, ZLR 2001, 243 ff.; Müller – Terpitz, NVwZ 2001, 46 ff.; Schmidt – Eriksen, NuR 2001, 492 ff.

rflächen vor. Der Landwirt baute auf seinen unmittelbar an die Freisetzungsfläche grenzenden Wirtschaftsflächen konventionellen Raps an. Kurz vor der von ihm beabsichtigten Ernte erließ die zuständige Ordnungsbehörde unter Anordnung der sofortigen Vollziehung eine auf § 26 Abs. 1 GenTG gestützte Verfügung, mit der sie dem Landwirt untersagte, den in einem Abstand von 50 m zur gentechnischen Freisetzungsfläche geernteten und keimungsfähigen Raps in den Verkehr zu bringen. Dar Landwirt legte Widerspruch ein und begehrte gerichtlichen vorläufigen Rechtsschutz.[114)]

Das VG Gelsenkirchen gab mit Beschluss vom 27. 7. 2000 − 8 L 1577 / 00,[115)] dem Rechtsschutzbegehren des Landwirts statt. Die Annahme, die vom Antragsteller beabsichtigte Weitergabe des Erntegutes stelle kein Inverkehrbringen i. S. von § 3 Nr. 8 Satz 1 GenTG dar, erscheine tragfähig. Die Einschränkung durch den Nebensatz("soweit") knüpfe unmittelbar zwar an das Verbringen in den Geltungsbereich des Gesetzes an, erfasse freilich auch die vorangestellte Wortfolge: "…… Abgabe ……an Dritte." Ein Inverkehrbringen liege demnach nicht vor, wenn die Produkte Gegenstand einer genehmigten Freisetzung seien. Nicht erforderlich sei, dass die Weitergabe an Dritte in der Freisetzungsgenehmigung geregelt sei. Die vorliegende Feisetzungsgenehmigung beziehe die

---

114) Ronellenfitsch, VerwArch. 93(2002), S. 452.

115) in: Eberbach / Lange / Ronellenfitsch, Rspr. Nr. 1 zu § 3 GenTG; Nr. 1 zu § 26 GenTG.

Pflanzen in der benachbarten Umgebung des Freilandversuchs in die Risikobewertung ein und mache sie thematisch zum Gegenstand des Bescheids. Zufallsauskreuzungen würden daher bereits durch die Freisetzungsgenehmigung erfasst. Ihre Abgabe an Dritte stelle kein Inverkehrbringen dar.[116] Dessen ungeachtet sei die Ordnungsverfügung auch unverhältnismäßig.[117]

(2) Der Beschluss des OLG Nordrhein – Westfalen

Das OVG Nordrhein – Westfalen wies demgegenüber das Rechtsschutzbegehren des Landwirts zurück. Rechtsgrundlage der angefochtenen Ordnungsverfügung sei § 26 Abs. 1 Satz 3 GenTG, der die zuständige Behörde ermächtige, ein Inverkehrbringen ohne erforderliche Genehmigung zu untersagen. Bei der vom Antragsteller beabsichtigten Veräußerung des Erntegutes handle es sich um ein Inverkehrbringen i. S. von § 3 Nr. 8 GenTG. Das streitbefangene Erntegut enthalte GVO. Die geplante Veräußerung sei als Abgabe an Dritte anzusehen. Einer Qualifizierung der der geplanten Veräußerung als Inverkehrbringen stehe die der Pächterin des Antragstellers erteilte Freisetzungsgenehmigung nicht entgegen. Der Vorbehalt in § 3 Nr. 8 GenTG nehme eine Weitergabe an Dritte nicht bereits dann vom Begriff des Inverkehrbringens aus, "wenn" das betreffende Produkt Gegenstand einer genehmigten Freisetzung sei, sondern lediglich "soweit" dies der Fall sei. Entscheidend sei nicht die Erteilung irgendeiner den jeweiligen GVO betreffenden

---

116) Ebd. Nr. 1 zu § 3 GenTG, S. 2.
117) Ebd. Nr. 1 zu § 26 GenTG.

Freisetzungsgenehmigung als solche, sondern ein inhaltlicher Bezug zwischen der konkret in Rede stehenden Freisetzungsgenehmigung und der "Abgabe an Dritte." Eine Abgabe an Dritte sei nur dann kein "Inverkehrbringen", wenn die beabsichtigte Weitergabe sich im Rahmen der genehmigten Abläufe des Freisetzungsvorhabens halte. Diese Einschränkung der Ausnahmebestimmung ergebe sich aus Entstehungsgeschichte und Zweck der Vorschrift. Danach sehe es der Gesetzgeber als für die Anwendung des Ausnahmevorbehalts entscheidend an, ob die Überwachung der GVO auch noch nach Weitergabe dem Kontrollregime des GenTG unterliegen – dann Genehmigungsfreiheit – oder ob das Produkt im freien Warenverkehr an einen unbestimmten Abnehmerkreis gelangen solle – dann genehmigungspflichtiges Inverkehrbringen. Nur eine solche Beschränkung des Ausnahmevorbehalts sei mit der Systematik des Gesetzes vereinbar. Freisetzung und Inverkehrbringen stünden dergestalt in einem Stufenverhältnis, dass die Genehmigung für ein Inverkehrbringen in den freien, keiner Kontrolle nach dem GenTG unterliegenden Warenverkehr regelmäßig die Freisetzungsgenehmigung umfasse. Dieses Verhältnis würde umgekehrt, wenn allein die Genehmigung der nur auf eine örtlich begrenzte und verfahrensmäßig kontrollierte Ausbringung in die Umwelt gerichtete Freisetzung dazu führe, dass jegliche nachfolgende Abgabe an beliebige Dritte aus dem Tatbestanddes Inverkehrbringens und der diesbezüglichen Genehmigungspflicht herausfiele. Vorliegend sei bei der Freisetzungsgenehmigung die Möglichkeit eines Einkreuzens gentechnisch veränderten Erbguts in der Nachbarsch der Freisetzungsfläche zwar gesehen worden. Das Prüfprogramm des Bescheides sei aber in erster Linie an den kleinräumigen und zeitlich begrenzten Auswirkungen der Freisetzng orientiert gewesen. Daher spreche nichts für die Annahme, mit der Erteilung der Freisetzungsgenehmigung sei auch die Abgabe gentechnisch veränderten Erntegutes an mit Instrumentarien des GenTG nicht kontrollierbare Dritte zu einer Verwendung an anderen als den Freisetzungsorten genehmigt worden.[118]

(3) Stellungnahmen von Verfahrensbeteiligten

Die(im weitesten Sinn) Verfahrensbeteiligten führten den Rechtsstreit literarisch fort. Müller – Terpitz[119] bestreitet, dass Zufallauskreuzungen unter § 3 Nr. 3 Satz 1 GenTG fallen, und bezweifelt, dass der beabsichtigte Verkauf des Ernteguts den Tatbestand eines Inverkehrbringens erfüllt. Das Freisetzungsvorhaben diene der Gewinnung von Erkenntnissen über die Wirkungsweise des GVO in der Natur. Seien hiernach schädliche Einwirkungen auf die in § 1 Nr. 1 GenTG aufgeführten Rechtsgüter nicht zu besorgen, könne ein Produkt, das GVO enthalte, in den Verkehr gebracht werden. Im Unterschied zur Freisetzung erfasse das Inverkehrbringen nicht einen einmaligen Vorgang, sondern bewirkt allgemein die Einführung des Produkts am Markt. Werde hierfür eine Genehmigung erteilt, so substituiere diese unter den Voraussetzungen des § 3 Nr. 7 GenTG zugleich

---

118) Ronellenfitsch, VerwArch. 93(2002), S. 454.
119) Müller – Terpitz, NVwZ 2001, 46 ff.

die Freisetzungsgenehmigung. Umgekehrt erfasse § 14 Abs. 1 Nr. 2 GenTG nur solche Produkte, die aufgrund eines gezielten Vorgangs GVO enthielten. Auch teleologische Argumente sprächen gegen die Subsumption von Zufallsauskreuzungen unter den Begriff des Inverkehrbringens. Das zeige das Beispiel des betroffenen Landwirtes, der die Genehmigungsvoraussetzungen gar nicht erfüllen könne. So könne eine Produktbeschreibung nur der Urheber der gentechnischen Veränderung abgeben. Die vom OVG Nordrhein – Westfalen gebilligte behördliche Gesetzesauslegung verstoße gegen den Grundsatz "ultra posse nemo obligatur." Den behördlichen Standpunkt bringt demgegenüber Friedrich[120] zum Ausdruck. § 3 Nr. 3 GenTG finde immer dann Anwendung, wenn das Erbgut eines Organismus eine Veränderung aufweise, die durch qualifizierte Manipulation verursacht sei. In welcher Art und Weise diese Veränderung dem Organismus vermittelt worden sei, sei unerheblich. Ein inverkehrbringen liege mit Abgabe von Produkten vor, die GVO enthalten. Wer die Genehmigungsvoraussetzungen nicht erfülle, könne nicht aus diesem Grund genehmigungsfei gestellt werden. Die Bindungswirkung der Freisetzungsgenehmigung könne nicht weiter reichen als deren Regelungsgegenstand. Die Regelungswirkung einer Freisetzungsgenehmigung sei aber auf die beantragte Freisetzung beschränkt. Der betroffene Landwirt sei Zustandsstörer, der sich nicht auf eine "Opfer – Position" berufen könne.[121]

---

120) Friedrich, NVwZ 2001, 1129 f.
121) Ronellenfitsch, VerwArch. 93(2002), S. 454.

(4) Weiteres Schrifttum

Im "neutralen" Schrifttum folgt Groß[122] der Argumentation des OVG Nordrhein – Westfalen unter Berufung auf die Grundlinie des Gentechnikrechts, nach der grundsätzlich jeder Umgang mit GVO einem abgestuften Kontrollregime unterliege. Demgegenüber bemüht sich Dederer[123] ausführlich um den Nachweis, dass bloße "Zufallsnachkommen" eines GVO, die unkontrolliert und unbeabsichtigt entstanden sind, keine GVO i. S. des § 3 Nr. 3 Satz 1 GenTG darstellen, dass die Genehmigungspflicht nach § 14 Abs. 1 Satz 1 Nr. 2 GenTG im Lichte von Art. 2 Nr. 4 Freisetzungs – RL nur Produkte erfasse, bei denen der Schwellenwert von 1 % GV – Anteil überschritten werde, und dass konkret das Ermessen bei der Untersagung des Inverkehrbringens unter Bezugnahme auf ein überholtes "Basisrisiko" defizitär ausgeübt worden sei. Schmidt – Eriksen[124] wiederum versucht insbesondere die Argumente Dederers zu entkräften, verbindet damit aber kritische Anmerkungen zur Genehmigungspraxis des RKI. Dieses habe darauf verzichtet, dem Pharma – Unternehmen die Einhaltung von Sicherheitsabständen und eine Mantelsaat im Genehmigungsbescheid aufzuerlegen. Ein solches Vorgehen ebne die Unterschiede zwischen der Freisetzungs – und Inverkehrbringensgenehmigung nach dem GenTG partiell ein und unterlaufe das europäische Beteiligungsverfahren nach den Art. 12 und 13 FreisetzungsRL. Im Ausblick lässt der Autor die

---

122) Groß, ZLR 2001, 243 ff.

123) Dederer, NuR 2001, 64 ff.

124) Schmidt – Eriksen, NuR 2001, 492 ff.

Katze aus dem Sack: Fehler(!) sollten dort behoben werden, wo sie gemacht werden. Der Schlüssel zur Auflösung des Konflikts liege beim RKI und bei der ihm vorgesetzten Aufsichtsbehörde, dem Bundesgesundheitsministerium. Dieses habe das RKI dementsprechend angewiesen, künftig bei derartigen Freisetzungsgenehmigungen den Betreibern wieder Mantelsaaten und Isolationsabstände aufzuerlegen.[125)]

(5) Kritisches Resümee

Der zuletzt genannte Aspekt führt zum Kern der Kontroverse: Bestimmte Landesbehörden waren mit der Risikophilosophie des RKI nicht einverstanden und versuchten nachzubessern. Sie fanden dabei die Unterstützung des OVG Nordrhein−Westfalen, das bei dieser Gelegenheit gleich die Risikophilosophie des Gesetzgebers korrigierte. Der gemeinschaftsrechtliche und nationale Gesetzgeber hat jedoch die Definitionsmacht, wann Organismen als(künstlich) verändert gelten und wann diese in die Natur entlassen werden. Die Legaldefinition des GVO in § 3 Nr. 3 GenTG ist nicht rein naturwissenschaftlich konzipiert, sondern hat einen normativen Einschlag. In verstärktem Maße gilt dies für die Legaldefinitionen der Freisetzung und des Inverkehrbringens, die genehmigungstechnisch verknüft sind. Dem OVG Nordrhein−Westfalen ist insofern zuzustimmen, als das Vorliegen einer Freisetzungsgenehmigung nicht automatisch das präventive Verbot des Inverkehrbringens

---

125) Ronellenfitsch, VerwArch. 93(2002), S. 455.

beseitigt. "Soweit" der Regelungsgehalt einer Freisetzungsgene- hmigung reicht, ist das In – den – Verkehr – Gelangen von GVO aber gestattet.[126] Die Folgemaßnahmen können dann nicht einfach einem Dritten als finales Inverkehrbringen zugerechnet werden. Der Dritte ist nicht Zustandsverantwortlicher für einen GVO, weil die Legalisierungswirkung de Freisetzungsgenehmigung auch ihm gegenüber die Ordnungspflicht entfallen lässt. Ein ordnungsbe- hördliches Einschreiten setzt dann zunächst die Aufhebung der Genehmigung voraus. Bejaht man dennoch eine Zustandsvera- ntwortlichkeit, muss diese unter Beachtung der Grundsatzentsche- idung des BverfG vom 16. 2. 2000[127] begrenzt bleiben. Die Legalisierungswirkung hängt vom Regelungsgegenstand der jewe- iligen Freisetzungsgenehmigung ab. Dieser muss von Fall zu Fall ermittelt werden. Die Entscheidung des OVG Nordrhein – Westfalen ist demzufolge stark vom Einzelfall geprägt. Über den Einzelfall hinaus kommt ihr jedoch nicht nur rechtliche, sondern vor allem erhebliche praktische Bedeutung zu. Im Ergebnis könnte sie dazu führen, dass jeder Nachweise einer Kontamination in Folge einer genehmigten Freisetzung die ordnungsbehördliche Anordnung zur Vernichtung der betroffenen Ernte rechtfertigen würde, selbst wenn vom In – den – Verkehr – Gelangen in der Sache keinerei Risiko ausgeht. Auch wenn gegenwärtig der "Öko – Skandal"[128]

---

126) Schenke, Polizeirecht – und Ordnungsrecht, 2002 Rn. 273; VGH Bad. – Württ., Beschluss vom 14. 12. 1989, NVwZ 1990, 781.

127) BVerfGE 102, 1 = NJW 2000, 2573 m. Anm. Bickel, S. 2562 ff. = GewArch. 2000, 448 m. Anm. Knoche, GewArch. 2000, 448 ff.

128) FAZ 122 / 28. 5. 2002, S. 1.

Kräfte der Gentechnikgegner bindet, eröffnet die Entscheidung des OVG Nordrhein−Westfalen den Landesbehörden eine Möglichkeit, die aus ihrer Ansicht zu laxe Genehmigungspraxis des RKI zu konterkarieren. Dies dürfte dazu beitragen, dass sich das global gesehen unsinnige europäische Defacto−Freisetzungs−Moratorium in die Länge zieht, obwohl es durch die Novelle der FreisetzungsRL aufgebrochen werden soll. Die Weichen werden gleichwohl auf Gemeinschaftsebene gestellt.[129]

2. Genehmigungsverfahren zu § 14 GenTG

Das RKI fand sich auch verfahrensrechtlich unter Beschuss gesetzt. Die Praxis, Freisetzungsversuche in der Weise zu genehmigen, dass die Genehmigung für einen bestimmten Standort erteilt und zugleich die Nachmeldung weiterer Standorte für zulässig erklärt wird, soll nach dem Beschluss des OVG Berlin vom 9. 7. 1998−2 S 9/97[130] nicht dem GenTG entsprechen. Ob damit der Bedeutung der das vereinfachte Verfahren zulassenden Entscheidungen 94/730/EG[131] für die Grundfreiheiten der Antragsteller hinreichend Rechnung getragen ist, erscheint zumindest zweifelhaft.[132]

---

129) Ronellenfitsch, VerwArch. 93(2002), S. 456.
130) OVGE 23, 61; Voß, NuR 2001, 69 ff.
131) Entscheidung der Kommission vom 4. 11. 1994 zur Festlegung von vereinfachten Verfahren für die absichtliche Freisetzung genetisch veränderter Pflanzen nach Art. 6 Abs. 5 der Richtlinie 90/220/EWG des Rates/ABl. EG Nr. L 292 vom 12. 11. 1994, S. 31.

Da sich eine Genehmigung für die Freisetzung eines bestimmten gentechnisch veränderten Organismus gem. § 14 Abs. 3 GenTG auf verschiedene Standorte erstrecken kann, fehlt es an einer besonderen Beziehung zwischen einer Freisetzungsgenehmigung und einem bestimmten Standort. Die Vorschrift des § 52 Nr. 1 VwGO ist deshalb bei Anfechtungsklagen nicht anwendbar. Die in § 14 Abs. 3 GenTG angelegte Vielfalt der Standorte führt vielmehr zur Anwendung der Vorschrift des § 52 Nr. 2 VwGO, mit der Folge, dass Anfechtungsklagen gegen Freisetzungsgenehmigungen des Robert−Koch−Instituts generell vor dem örtlich zuständigen VG Berlin zu erheben sind.[133]

Für die Durchführung eines von dem Verfahren des Dritten Teils des Gentechnikgesetzes abweichenden vereinfachten Verfahrens fehlt es nach wie vor an dem Erlass der von § 14 Abs. 4 GenTG geforderten Rechtsverordnung mit Zustimmung des Bundesrates. Daran hat sich auch seit dem Inkrafttreten der Ersten Verordnung zur Änderung der Gentechnik−Anhörungsverordnung vom 4. 11. 1996[134] nichts geändert. Der durch Art. 1 Nr. 1 e ÄnderungsVO in § 1 GenTG eingefügte Satz 2 regelt das vereinfachte Verfahren nicht selbst, sondern setzt das Vorhandensein einer solchen Regelung voraus. Soweit dies auf der− rechtlich zweifelhaften−Annahme der Bundesregierung beruht, die

---

132) Ronellenfitsch, VerwArch. 93(2002), S. 456.
133) Kniesel / Müllensiefen, NJW 1999, S. 2567; BVerwG, NJW 1997, 1022.
134) BGBl. I, 1647 − ÄnderungsVO.

das vereinfachte Verfahren auf gemeinschaftsrechtlicher Ebene regelnde Entscheidung 94 / 730 / EG sei bereits unmittelbar in den Mitgliedstaaten geltendes Recht,[135] steht dies im Widerspruch zur Vorschrift des § 14 Abs. 4 GenTG, die ersichtlich selbst von der Notwendigkeit einer Umsetzung in das deutsche Recht in Form einer Rechtsverordnung mit Zustimmung des Bundesrates ausgeht. Im übrigen übersieht der Verordnungsgeber, dass er auf die Umsetzung der Entscheidungen nach Art. 6 Abs. 5 der Richtlinie 90 / 220 EWG rechtswirksam nicht verzichten kann. Ein solcher Verzicht wäre mit höherrangigem Recht(§ 14 Abs. 4 GenTG) nicht vereinbar.[136] Das Robert – Koch – Institut ist daher auch weiterhin daran gehindert, gentechnische Freisetzungsversuche in der Weise zu genehmigen, dass die Genehmigung für einen bestimmten Standort erteilt und zugleich die Nachmeldung weiterer Standorte für zulässig erklärt wird, ohne hinsichtlich der nachgemeldeten Standorte eine weitere Anhörung der Öffentlichkeit durchzuführen.[137]

---

135) Vgl. dazu den Veröffentlichungstext der Bekanntm. v. 23. 3. 1995(BAnz 1995, 4241) sowie die Begründung zu Art. 1 Nr. 1 e ÄnderungsVO v. 15. 2. 1996(BR – Dr 124 / 96, S. 6, 7). Der Bundesrat hat dieser Auffassung mit seiner Entschließung v. 3. 5. 1996 ausdrücklich widersprochen und die Bundesregierung aufgefordert, eine Rechtsverordnung nach § 14 Abs. 4 GenTG vorzulegen(Anl. Zur BR – Dr 124 / 96).

136) OVG Berlin, NVwZ 1999, 96.

137) Kniesel / Müllensiefen, NJW 1999, S. 2568; OVG Berlin, NVwZ 1999, 96.

3. Genehmigungsvoraussetzungen zu § 16 GenTG

Das im Rahmen einer Freisetzung theoretisch nie auszu-
schließende "Restrisiko" einer Schädigung geschützter Rechtspo-
sitionen steht der Erteilung einer Freisetzungsgenehmigung nicht
entgegen. Der im Gesetz zum Ausdruck kommenden Grundsatz
der bestmöglichen Gefahrenabwehr und Risikovorsorge lässt
Genehmigungen nur dann zu, wenn es nach dem Stand von
Wissenschaft und Technik praktisch ausgeschlossen erscheint, dass
Schäden an Leben, Gesundheit und Sachgütern Dritter eintreten.
Das danach verbleibende Restrisiko ist den potentiell betroffenen
Dritten sozialadäquat zumutbar.[138]

Mit der Verwendung der Begriffe "Stand der Wissenschaft" und
"Stand von Wissenschaft und Technik" in § 16 Abs. 1 Nrn. 2
und 3 GenTG hat der Gesetzgeber den zuständigen Verwaltu-
ngsbehörden eine Entscheidungsprärogative für wissenschaftliche
Streitfragen eingeräumt. Diese Auslegung lehnt sich an die
höchstrichterliche Rechtsprechung zum Atomrecht an, weil § 7
Abs. 2 Nr. 3 AtG hinsichtlich der Normstruktur, des für die
Beurteilung geltenden Maßstabes des Standes von Wissenschaft
und Technik sowie der anzustrebenden Reduzierung der mit der
eingesetzten Technik verbundenen spezifischen Risiken auf ein
hinzunehmendes Restrisiko mit der Regelung in § 16 Abs. 1 Nrn.
2 und 3 GenTG prinzipiell vergleichbar ist.[139]

---

138) OVG Hamburg, ZUR 1995, 93(94) m. w. Nachw.

Der eigenverantwortliche Beurteilungsspielraum der Exekutive hinsichtlich der Risikoermittlung und — bewertung unterliegt einer nur eingeschränkten verwaltungsgerichtlichen Kontrolle. Es ist weder möglich noch Aufgabe der Gerichte, die eigenen Bewertungen an die Stelle der Bewertung der Exekutive zu setzen.[140] Die Gerichte haben lediglich zu überprüfen, ob die Bewertung durch die zuständigen Behörden auf Willkürfreien Annahmen und ausreichenden Ermittlungen beruht,[141] wobei den Empfehlungen und Stellungnahmen der ZKBS besonderes Gewicht beizumessen ist, da dieser Einrichtung sowohl gesetzessystematisch als auch inhaltlich eine herausgehobene Stellung zukommt(vgl. § 5 GenTG).[142] An der insoweit eingeschränkten gerichtlichen Kontrolldichte ist auch nach dem durch das Erste Gesetz zur Änderung des Gentechnikgesetzes vom 16. 12. 1993 bewirkten Wegfall des Erörterungstermins im Genehmigungsverfahren festzuhalten.[143]

---

139) OVG Hamburg, ZUR 1995, 93 m. w. Nachw. Auch der Rspr. Zu § 7 AtG; ebenso OVG Berlin, NVwZ 1999, 96.

140) VG Berlin, ZUR 1996, 147(148).

141) VG Berlin, NVwZ — RR 1994, 150(152); ZUR 1996, 41(42), sowie Beschl. v. 19. 4. 1994 — 14 A 156/94; ebenso OVG Berlin, Beschl. v. 12. 2. 1996 — 1 S 156/95(abgedr. Bei: Eberbach / Lange / Ronellenfisch, GentechnikR — ES, § 16 GenTG Nr. 8); NVwZ 1995, 1023(1024 f.) m. w. Nachw., sowie NVwZ 1999, 96.

142) VG Berlin, Beschl. v. 20. 1. 1995 — 14 A 379/93(abgedr. Bei: Eberbach / Lange / Ronellenfisch, GentechnikR — ES, § 5 GenTG Nr. 1); ZUR 1996, 41(43).

143) Kniesel / Müllensiefen, NJW 1999, S. 2568; VG Berlin, ZUR 1996, 147(148).

4. Genehmigungsentscheidung

Im vorstehend erwähnten Beschluss räumt das OVG Berlin dem RKI bezüglich der Risiko − und Sicherheitsbewertung eine Einschätzungsprärogative ein, die gemeinschaftsrechtlich ebenfalls angezweifelt werden kann.[144] Die Genehmigung hat keine Konzentrationswirkung(§ 22 Abs. 1 GenTG gilt nur für die Anlagengenehmigung). Soweit jedoch weitere behördliche Genehmigungen erforderlich sind, regelt die Freisetzungsgenehmigung diesen gegenüber abschließend und verbindlich alle Frage, die den Schutz vor den spezifischen Gefahren der Gentechnik betreffen(§ 22 Abs. 2 GenTG). M.a. W.: Die Prüfungs − und Sachentscheidungskompetenz für die gentechnischen Aspekte liegt ausschließlich bei der nach Gentechnikrecht zuständigen Behörde.[145]

VI. Ausblick

Die Entwicklung des Gentechnikrechts im nicht − menschlichen Bereich wird auch in den kommenden Jahren vielfältigen Anlass zu rechtspolitischen Diskussionen und juristischen Streitigkeiten geben. Auch die Gerichte werden sich weiterhin zunehmend mit

---

144) Ronellenfitsch, VerwArch. 93(2002), S. 457.
145) Lege, Schulte(Hrsg.), 2003, S. 733; Hirsch / Schmidt − Didczhn, GenTG, § 22 Rn. 20.

Fragen des Gentechnikrechts zu befassen haben, wozu nicht zuletzt die mittlerweile in der Rechtsprechung gefestigte Ausweitung des Drittschutzes auf den klassischen Bereich der Risikovorsorge einen wesentlichen Beitrag leisten dürfte. Mit der zunehmenden Zahl von Freisetzungsanträgen wird im übrigen der Rechtsprechung des für Anfechtungsverfahren örtlich zuständigen VG Berlin eine nicht unerhebliche Bedeutung beizumessen sein. Insoweit bleibt allerdings zu hoffen, dass das Gericht seine äußerst restriktive Rechtsprechung zum Begriff der "schädlichen Einwirkungen" I. S. des § 16 I Nr. 3 GenTG nochmals einer kritischen Prüfung unterzieht.

| 參考文獻(Literatur) |

Beaucamp, Guy－Zum Beurteilungsspielraum im Gentechnikrecht, DÖV 2002.

Bock, Schutz gegen Risiken und Gefahren der Gentechnik－Zum Regierungsentwurf eines Gentechnikgesetzes, 1990

Dederer, Hans－Georg－Gentechnikrecht im Wettbewerb der Systeme, Freisetzung im deutschen und US－amerikanischen Recht, Berlin 1997.

Determann, BVerfG zur staatlichen Pflicht zum Schutz der Gesundheit vor elektromagnetischen Feldern, NJW 1997.

Eberbach, Wolfram / Lange, Peter / Ronellenfitsch, Michael(Hrsg.)－Recht der Gentechnik und Biomedizin(GenTG / BioMedR), Kommentar und Materialien, Heidelberg 2003(Stand: 39. Ergänzungslieferung).

Graf Vitzthum / Geddert－Steinacher, Standortgefährdung－Zur Gentechnikregelung in Deutschland, 1992

Hawkes, David－Der Faktor Mensch im Gentechnikrecht, Frankfurt am Main, 1995.

Kniel, Michael & Müllensiefen, Wolfgang－Die Entwicklung des Gentechnikrechts seit der Novellierung 1993, NJW, 1999.

Krekeler, Nikola－Die Genehmigung gentechnischer Anlagen und Arbeiten nach dem GenTG unter Berücksichtigung europarechtlicher Vorgaben, Frankfurt a. M. 1994.

Lege, Joachim－Das Recht der Bio－und Gentechnik, in: Martin Schulte(Hrsg), Handbuch des Technikrechts, 2003.

Pietzner / Ronellenfitsch, Das Assessorexamen im Öffentlichen Recht, 10. Aufl. 2000.

Ronellenfitsch, Michael－Die Entwicklung des Gentechnikrechts: VerwArch. 93(2002).

_____ － Die Mischverwaltung im Bundesstaat, Erster Teil: Der Einwand der Mischverwaltung, 1975.

Schenke, Polizeirecht － und Ordnungsrecht, 2002.

Schlacke, Sabine － Die Entwicklung des Gentechnikrechts von 1989 bis 2001 － ein Rechtsprechungsüberblick, ZUR 2001.

事項索引(Sachverzeichnis)

法律用語索引

데이터 보호(Datenschutz)
데이터 보호감독관(Datenschutzbeauftragter)
디엔에이(DNA)분석(DNA – Analyse)

《라》

리스크 사전배려(Risikovorsorge)
리스크 판단의 여지(Risikobeurteilungsspielraum)

《마》

무효(Nichtigkeit)
민영화(Privatisierung)
민주주의(Demokratie)

《바》

바이오의학(Biomedizin)
배아보호법(Embryonenschutzgesetz)
법규(법명제)(Rechtssatz)
법률(Gesetz)
불확정법 개념(unbestimmter Rechtsbegriff)
비례성의 원칙(Verhältnismäßigkeitprinzip)
비유전공학농업(Gentechnikfreie Landwirtschaft)

《사》

생명·유전공학(Bio – und Gentechnik)
생명·유전공학법(Bio – und Gentechnikrecht Gentechnikgesetz)
생물학적 안전을 위한 중앙위원회
  (Zentrale Kommission für die Biologische Sicherheit(ZKBS))
생식세포 – 유전자치료(Keimbahn – Gentherapie)
생존배려(Daseinsvorsorge)
생태상 민감한 지역(ökologisch sensible Gebiete)

시설개념(Anlagenbegriff)
시설계획(Anlagenkonzeption)
시설허가(Anlagengenehmigung)
시장경제(Marktwirtschaft)
실권, 행정권한의(Verwirkung)
실권, 제소권의(Präklusion)
심사강도(통제밀도)(Kontrolldichte)
심사척도(Kontrollmaßstab)

《아》

억압적 위험방지(Repressive Gefahrenabwehr)
유전공학법(Gentechnikrecht; Gentechnikgesetz(GenTG))
유전공학의 리스크(Risiken der Gentechnologie)
유전공학의 유용성(Chancen der Gentechnologie)
유전자변형생물체
　(gentechnisch veränderter Organismus(GVO);
　Genetically Modified Organism(GMO))
유전자변형작물(GM Pflanzen)
유전자작물(Gen－Pflanzen)
원고적격(Klagebefugnis)
원리(Prinzip)
위험방지(Gefahrenabwehr)
인간 존엄성(Menschenwürde)
일반적 인격권(allgemeine Persönlichkeitsrecht)

《자》

자기구속(Selbstbindung)
자기규율(Selbstregulierung)
전통·유기농작물(non－GM Pflanzen)
정보 자기결정권(Recht auf informationelle Selbstbestimmung)

《차》

청구권(Anspruch)
체세포 유전자치료(Somatische Gentherapie)
취소소송(Anfechtungsklage)

《타》

통치행위(Regierungsakt)
투명성(Transparenz)
특별권력관계(besonderes Gewaltverhältnis)

《파》

판단수권(Beurteilungsermächtigung)
판단 여지(Beurteilungsspielraum)
판례법(Präjudizienrecht; Richterrecht)
평가특권(Einschätzungsprärogative)
평등원칙(Gleichheitssatz)
포괄적 권리구제(umfassender Rechtsschutz)
포섭(Subsumtion)

《하》

행정(Verwaltung)
행정강제(Verwaltungszwang)
행정개입청구권(Anspruch auf Einschreiten der Verwaltung)
행정계약(Verwaltungsvertrag)
행정규칙(Verwaltungsvorschrift)
행정벌(Verwaltungssanktion)
행정법관계(Verwaltungsrechtsverhältnis)
행정법의 일반원칙
   (allgemeine Grundsätze des Verwaltungsrechts)
행정보조자(Verwaltungshelfer)

행정사법(Verwaltungsprivatrecht)

허용된 유전자작물(zugelassene Gen−Pflanzen)

현 위치(입지) 등록(Standortregister)

확약(Zusicherung)

확언(Zusage)

확인소송(Feststellungsklage)

· 저자 ·

조인성

·약 력·

전남 해남 출생
광주제일고등학교 졸업(1982)
서울대학교 사회과학대학 정치학과 졸업(1990)
독일 Tübingen 대학교(법학박사, Dr. iur.)
한남대학교 법과대학 교수(현재)
한국토지공법학회, 한국환경법학회 이사(현재)
공정거래위원회 전문위원
경남 지방공무원교육원, 명지대학교, 협성대학교 등 강사
영산대학교 법과대학 교수
행정고시, 9급 등 국가시험 출제위원

·주요논저·

Zur Einführungsmöglichkeit des deutschen Gentechnikrechts in Korea, SOFORT
－DRUCK, Tübingen, 2005.
행정법총론(공저), 형설출판사, 2007.
행정법각론(공저), 형설출판사, 2007.
獨逸 遺傳工學法의 理解 Ⅰ—遺傳工學法(GenTG)·胚芽保護法(ESchG) 및
줄기細胞法(StZG)을 中心으로—, 한국학술정보, 2008.
"生命工學分野에 있어서 施設物許可의 起源과 法的 性質", 토지공법연구
제25집, 2005.
"獨逸 遺傳工學法의 最近 動向,—消費者, 農業從事者 그리고 環境保護를
위하여—", 환경법연구 제27권 1호, 2005.
"獨逸法上 遺傳子變形生物體에 대한 檢討,—인간을 중심으로—", 토지공법
연구 제26집, 2005.
"獨逸 地方自治行政에 있어서 地方任務의 民營化에 대한 法的 限界", 지
방자치법연구 제5권 제1호(통권 제9호), 2005.
"生命工學 施設物槪念에 관한 法的 考察—獨逸 聯邦임미시온保護法과 遺
傳工學法을 中心으로—", 공법연구 제34집 제3호, 2006.
"獨逸 遺傳工學法의 2005年 改正과 그 示唆點—유전자변형(GM)작물과 전
통·유기농(non－GM)작물의 共存方案—", 공법연구 제34집 제4호 제2권,
2006.
"독일법상 DNA 분석에 있어서 데이터 보호", 공법연구 제35집 제4호, 2007.
"遺傳工學法上 리스크 判斷의 餘地—독일에서의 논의를 중심으로—", 환경
법연구 제29권 2호, 2007.
"Die Entwicklung des deutschen Gentechnikrechts im nicht－menschlichen
Bereich", Hannam Journal of Law & Technology, Vol.14 No.1, 2008.
"公的施設로서 地方自治團體의 인터넷사이트에 대한 法的 問題", 토지공법
연구 제41집, 2008 등.

·주요 연구분야·

헌법, 행정법, 환경법, 과학기술법, 생명·유전공학법

獨逸 遺傳工學法의 理解 I

• 초판 인쇄   2008년 11월 28일
• 초판 발행   2008년 11월 28일

• 지 은 이   조인성
• 펴 낸 이   채종준
• 펴 낸 곳   한국학술정보㈜
            경기도 파주시 교하읍 문발리 513-5
            파주출판문화정보산업단지
            전화 031) 908-3181(대표)·팩스 031) 908-3189
            홈페이지 http: / / www.kstudy.com
            e-mail(출판사업부) publish@kstudy.com
• 등   록   제일산-115호(2000. 6. 19)
• 가   격   18,000원

ISBN 978-89-534-7487-1 93360 (Paper Book)
      978-89-534-7488-8 98360 (e-Book)